U0910945

国家社会科学基金项目成果
重庆市市级重点学科成果
重庆市人文社会科学重点研究基地成果

城市化进程中失地农民的利益表达机制研究

>>> 王　勇◎著

Chengshihua Jinchengzhong Shidi Nongmin De Liyi Biaoda Jizhi Yanjiu

中国社会科学出版社

图书在版编目（CIP）数据

城市化进程中失地农民的利益表达机制研究／王勇著．—北京：中国社会科学出版社，2014.10

ISBN 978-7-5161-4575-3

Ⅰ.①城… Ⅱ.①王… Ⅲ.①农民问题—研究—中国 Ⅳ.①D422.6

中国版本图书馆CIP数据核字(2014)第163940号

出 版 人 赵剑英
责任编辑 王 茵
责任校对 任晓晓
责任印制 王 超

出 版 中国社会科学出版社
社 址 北京鼓楼西大街甲158号（邮编100720）
网 址 http://www.csspw.cn
中文域名:中国社科网 010-64070619
发 行 部 010-84083685
门 市 部 010-84029450
经 销 新华书店及其他书店

印 刷 北京市大兴区新魏印刷厂
装 订 廊坊市广阳区广增装订厂
版 次 2014年10月第1版
印 次 2014年10月第1次印刷

开 本 710×1000 1/16
印 张 13.25
插 页 2
字 数 212千字
定 价 39.00元

目　　录

第一章 导论

构建社会主义和谐社会，是中国共产党在新形势下提高执政能力，贯彻落实“以人为本”的科学发展观，更好地推进我国经济社会发展的战略举措，是适应我国改革发展进入关键时期的客观要求，反映了广大人民群众的根本利益和共同愿望。新中国成立后，特别是改革开放以来，围绕实现社会和谐这一目标，中国共产党引领人民艰辛探索、不懈奋斗，取得了重大进展，使我国在经济、政治、文化和社会生活等各个领域都发生了翻天覆地的变化，综合国力显著提高，人民物质、精神和文化生活水平明显改善，中国已经进入社会总体和谐[①]的良性发展时期。然而，在总体和谐的社会之中，伴随经济转型、体制转轨、社会结构变迁和社会利益分化，以失地农民为代表的“弱势群体”却存在着底层固化[②]的危险，这无疑会对社会主义和谐社会构建带来诸多挑战。

---

① 本书编写组：《和谐十题：构建社会主义和谐社会专题精解》，人民出版社 2006 年版，第 2 页。

② “底层固化”概念既从布迪厄“区隔理论”得到启发，更受到陆学艺、徐晓军等社会学者“社会阶层固化”观点的影响。我们认为，在中国现有社会分层机制中，一方面，由于教育机制、再分配权力、市场转型等能够催化社会阶层流动的因素和力量却表现出极强的“嫌贫爱富”特征和属性，弱势群体突破阶层边界向上流动的能力进一步弱化；另一方面，基于政治地位、经济收入、消费方式、居住模式、文化品味等方面的区隔，强势群体与弱势群体之间的边界日益清晰，阶层间的边界进一步维护和强化，因此，弱势群体有着“凝固于社会底层”的危险。而社会阶层合理流动是实现社会和谐的内在规定性，动态、分化、多元是和谐社会的基本特征，从这个层面来看，“底层固化”显然无益于和谐社会的构建。

一 选题缘起及意义

（一）选题缘起

改革开放以来，在工业化和现代化的双重作用推动下，中国城市扩张的速度达到了一个前所未有的高度。镇变城、城变市、小市变大市，短短30多年时间，中国城市化率就由1978年的18%猛增到2011年的51.3%。①

城市化本来是件好事情。通过对人口、土地、空间和环境等社会资源统筹规划和利用，以发挥资源最大效用和潜能为目标，能够在最短的时间内推动整个社会经济的发展。然而，正如人们常说的那样，“城市化是一柄双刃剑”。在人们为各色城市在开疆辟域进程中不断创造出的“城市传奇”惊叹不已的同时，我们却又不得不直面这样一个事实：“疾风骤雨”的城市化骄人战绩主要是靠征占农地这条道路走出来的。在“赶超拼位”和“GDP至上”的诱惑下，形式多样的城市拓展规划竞相出台、层次级别不等的开发区纷纷上马，越来越多的农业用地以种种合法或非法的、公开或隐蔽的形式变为城镇用地，失地农民数量急速增加。“随着我国城市化和工业化进程的加快，农村集体土地被大量征用，失地农民作为农民中的一个特殊群体，数量迅速扩大。据预测，2020年我国失地农民总数将超过1亿。”②

城市扩张必然需要更多的土地，城市化同时亦是农民实现非农化转移的过程。中国城市化率基数小、城市化潜力大，加之我国农村人均占有耕地少，城市向郊区的每一次拓展都可能使无数农民失去土地。因此，我国失地农民总量上庞大本是一个不足为奇的社会问题。在此我们关切的问题是：对众多为中国城市化作出了巨大贡献和牺牲的失去土地的农民来说，在遭遇“土地一去不复返”的尴尬，并被迫陷入“无奈

① 《中华人民共和国2011年国民经济和社会发展统计公报》（http：//www. stats. gov. cn/tjgb/ndtjgb/qgndtjgb/t2012022_ 402786440. tml）。

② 《2020年失地农民超1亿 国家应出台法规保障权益》，《中国青年报》2009年3月13日。

失地、补偿偏低、就业无路、保障无门"[①] 的生存困境时，作为社会行为者的他们，是通过何种途径和方式来陈说其主张、诉求其合法权益和利益的?

带着这样的追问，通过对相关著述的系统分析，我们发现：无论是从制度层面入手还是从文化价值理念起因，已有失地农民问题研究成果中大多有意或无意地回避了这一问题。他们的研究结论的确有助于我们深化对失地农民问题的理解，然而，在"远近高低各不同"的种种讨论和陈述中，我们仍然无法准确地获知失地农民利益表达的途径和方式。笔者以为，造成既有研究对此问题阐释力不足的原因，除了问题自身的敏感性和复杂性外，对失地农民"主体性"关注不够才是其主要症结所在。与其他社会阶层一样，失地农民同样有着多种利益诉求和表达的欲望。而在结构断裂的社会中，作为被抛在社会主体结构之外的一个群体，[②] 恰是其利益诉求不能、利益表达无果的事实在不断强化着他们的边缘化生存处境。基于这样的认识，出于对社会公正和社会安全的关怀，在已有研究的基础上，本书以"利益表达"为研究视角，拟通过对城郊失地农民利益表达行动的实证考察，围绕失地农民利益表达行动、利益表达的社会空间、地方政府的应对策略等问题展开论述，由此来揭示城市化进程中失地农民的边缘化处境形成的深层根源，并从完善利益表达制度空间、组织空间和社会空间等方面着力，为构建弱势群体利益有序表达机制提出有针对性的对策建议，以期为增促社会和谐、同享社会繁荣尽绵薄之力。

（二）选题的意义

1. 理论意义

一方面，能不断拓展弱势群体问题的研究视域。弱势群体问题长期以来都是社会学理论关注的一个重要方面，总体来看，社会冲突理论注重从社会剥削、资源分配不均等层面探究弱势群体产生的社会和历史根

---

① 张冉燃：《利益博弈》，《瞭望新闻周刊》2004 年第 19 期。

② 孙立平：《断裂——20 世纪 90 年代以来的中国社会》，社会科学文献出版社 2003 年版，第 69 页。

源，而结构功能主义更关注弱势群体对维持社会有效运转所具有的功效和作用。近年来，随着中国社会弱势群体问题的日益凸显，相关理论探索也不断深入，并且取得了许多重要的研究成果。然而就学界对弱势群体问题的既有研究来看，也还存在进一步拓展研究视域和深化研究层次的巨大空间，这在对失地农民问题的研究上表现得尤为明显。在已有对失地农民问题的研究中，无论是对失地农民生活、生产、就业、心态等方面的现状描述，还是对与失地农民利益相关的现行政策、制度、法规的解释和评价，研究者多从经济发展与社会保障层面展开，这显然与失地农民多层面利益受损之社会现实极不相符。当前失地农民所受到的损害是多个层面的，仅仅从政治、经济或文化的单一视角是无法予以充分解释的。与此同时，任何政策和法规都需要人来执行，“见物不见人”的制度解释和评价其信度是可疑的，这也能解释为什么从这种研究路径出发提出的各种方案和设计大多流于纸上。利益指涉经济、政治、文化、社会等多个维度，利益表达尤其突出了置身于问题中心的失地农民的主体性建构能力，因此，它既是多维的，也是动态的。这种从问题的起因而不是结果入手的研究视角，不仅有助于人们深化对失地农民问题的理解，循此思路也能探寻到确保弱势群体有序表达利益的恰切对策和措施。

另一方面，能不断开创党全心全意为人民服务的新局面。中国共产党是代表中国最广大人民根本利益的党，全心全意为人民服务是中国共产党的价值取向。在现阶段，包括失地农民在内的弱势群体问题已经成为我国政治、经济和社会生活中日益凸显的重大社会问题。中国共产党要努力践行全心全意为人民服务的宗旨和实现构建社会主义和谐社会的奋斗目标，就必须进一步完善弱势群体表达利益的制度空间与社会空间，及时回应弱势群体的利益诉求。如果对弱势群体利益不尊重、对其利益诉求视而不见，弱势群体的利益表达渠道就会不畅通，弱势群体的利益就会不断遭受损害，党的执政合法性就会出现危机，执政地位就会发生动摇。因此，从“利益表达”视角来全面把握弱势群体利益表达行动类型、探讨弱势群体利益表达行动逻辑、构建弱势群体利益有序表达机制，既是实践党的宗旨的有益探索，也是实现社会和谐的内在要求。

2. 现实意义

一方面，有利于维持社会动态稳定。构建社会主义和谐社会是一个不断化解社会矛盾的持续过程，是一个利益分殊客观存在、利益冲突可以调控能够化解的社会，是一个经济、政治、文化和人民生活秩序保持动态稳定的社会。要保持社会动态稳定，要实现社会和谐，就需要协调统筹和妥善处理社会各阶层的利益，就需要及时回应各利益主体的利益诉求。无论是罗尔斯的差异原则还是社会冲突论的“安全阀”理论，无论是马克斯·韦伯对政治合法性的真知灼见还是亨廷顿关于政治稳定鞭辟入里的分析，都充分表明这样一个道理：在利益分化的社会中，民众利益表达诉求行动与社会秩序的稳定之间存在密切的辩证关系。就当下中国而言，在构建社会主义和谐社会的时代背景下，在以改革促进和谐、以发展巩固和谐、以稳定保障和谐的发展理路中，中国共产党提出了“三个代表”和科学发展观重要思想，指出要妥善处理最广大人民的根本利益、现阶段群众的共同利益和不同群体的特殊利益的关系，统筹兼顾各方面群众的关切，妥善处理社会矛盾。作为一门“关于社会良性运行和协调发展的条件和机制的综合性具体社会科学”①，探讨以怎样的制度安排来容纳弱势群体的利益表达、提升其利益表达实效已成为中国社会学需要直面的崭新而又紧迫的课题。正是基于上述思考，本书以失地农民这一弱势群体为对象，通过对他们利益表达行动类型和行动逻辑的探讨和分析，旨在为弱势群体利益有序表达机制构建提供具有一定价值的决策参考，从而进一步增促社会稳定，实现社会和谐。

另一方面，有利于创新弱势群体帮扶思路。目前，我国已进入一个社会结构多元和利益明显分化的社会。在这样的一个社会里，不同社会群体的利益诉求的表达渐成社会生活的常态。②“天下熙熙，皆为利来；天下攘攘，皆为利往”，利来利往的不断纠结主导了社会利益分配格局

① 郑杭生：《中国特色社会学理论的探索：社会运行论、社会转型论、学科本土论、社会互构论》，中国人民大学出版社2005年版，第20页。

② 孙立平：《和谐社会：用制度规范利益表达》，《学习月刊》2005年第8期。

的建构。农民身处十大社会阶层的底层，① 是中国最大的弱势群体，失地农民更是农民中的弱者。失地农民之所以如此弱势，恰是其利益表达能力弱质的反映。根据社会冲突理论的解释，在利益表达渠道不畅的情况下，当弱势群体的合法利益要求和权利主张突破一定的阈值时，他们将通过一些非常规的形式予以排解，这也就是我们常说的社会危机与动荡。因此，从利益表达的视角探寻失地农民边缘化生存的深层原因，可以有的放矢地为失地农民"增能"（Empower）制定行之有效的社会政策，从而确保社会公平公正，增进社会融合，保障社会安全。

二　既有研究述评

现代意义上的失地农民问题首先出现在资本主义原始积累时期的欧洲，农民大规模失地最早可追溯到15世纪末到19世纪中叶的欧洲"圈地运动"。通过"羊吃人"式的"圈地运动"，资本家用暴力手段获得了资本社会化生产所需的土地和劳动力，并迅速推进了这些国家的城市化与工业化进程。在历经长达数个世纪的农民失地与非农化转移之后，欧美国家失地农民问题到20世纪50年代左右基本解决。由于西方国家农民失地与非农化转移发生的时代背景、体制条件、经济基础等与中国迥然不同，因此这些研究成果对于中国失地农民问题研究的借鉴意义极为有限。

在计划经济年代，由于整个国家城市建设规模不大，加之当时推行了对被征地农民"农转非"的安置政策，因此，那时虽然有农民失地现象出现，但在城乡二元严重分割的制度框架下，失地农民问题并没有显现出来。改革开放后推行的家庭联产承包责任制虽然在"明确责、权、利，提高农村生产力"方面获得了巨大的成功，但农地也被农民赋予作为基本生产资料之外的其他意义，② 这在一定层面上为后来失地农民问题的产生埋下了伏笔。而随后我国发生的三次大规模"圈地热"，城镇面积急速膨胀，工业园区、开发区蜂拥而上，失地农民数量

① 陆学艺：《当代中国社会阶层研究报告》，社会科学文献出版社2002年版，第22页。

② 对许多农民来说，拥有一份责任田就意味着获得了稳定的生存、发展和养老保障。

激增，由此引发的社会矛盾和社会问题不断凸显，学术界对此问题的理论探讨也相应跟进。综合起来看，已有的研究成果主要集中在以下几个方面：

（一）对农民土地权益的考察

学者们普遍认为，现行农地制度缺陷是导致失地农民土地权益屡遭侵犯的根源。这主要表现在以下两个方面：一是农村集体土地产权不清。有学者指出，虽然《宪法》、《土地管理法》和《土地承包法》等相关法律均明确规定了集体土地所有权主体是农民集体，但是对农民集体的组织形式并无明确的界定，这不可避免地造成了农村集体土地所有权不明确。[①] 导致土地征用时，农民集体和个人始终处于被动、弱势的地位，缺乏必要的知情权、参与权和选择权，只能丧失自己应有的权益。[②] 在我国土地公有的条件下，政府既是城市土地的“地主”，又是国民经济的管理者，这种双重身份决定了政府可以随时以征用的名义将农地“征走”，使失地农民处于一种两难的境地。[③] 二是政府行政权对农民土地财产权的肆意侵犯。政府征地审批权滥用，征地程序混乱，征后监管不严，寻租行为蔓延。[④] 陈锡文认为，现行征地制度是导致大量失地农民悲剧的根本原因。[⑤] 为此，有学者提出，中国的农地征用制度尚需改革，政府的权力应该得到限制。[⑥] 应当严格控制政府征地权限，

---

① 冀县卿、钱忠好：《基于市民化后失地农民视角的征地制度满意度研究：来自江苏省的调查数据》，《中国土地科学》2011 年第 11 期。

② 国土资源部 2002 年征地制度改革重点调研课题组：《征地制度改革研究课题组总报告》，2002 年。

③ 国务院发展研究中心课题组：《中国失地农民权益保护及若干政策建议》，《改革》2009 年第 5 期。

④ 于学花、栾谨崇：《国外征地制度的特点与中国征地制度的创新》，《理论探讨》2007 年第 4 期；吴东作：《“土地财政”的政治经济学分析——基于马克思地租“国债（国税）”理论视角》，《经济问题》2010 年第 8 期；史清华、晋洪涛、卓建伟：《征地一定降低农民收入吗：上海 7 村调查——兼论现行征地制度的缺陷与改革》，《管理世界》2011 年第 3 期。

⑤ 陈锡文：《中国城市化：农民、土地与城市发展》，中国经济出版社 2004 年版，第 86 页。

⑥ 罗伊·普罗斯特曼：《特供信息》，中国市场经济研究会，2003 年。

规范其征地行为，尽可能少征地，特别是农用地转为建设用地。[①] 也有学者指出，“缩小征地范围”应以满足城市建设用地需求为限，这就要求建立有效的宏观调控机制。[②]

（二）对失地农民补偿安置问题的审视

征地补偿标准偏低、安置方式单一、土地收益分配不明是学术界对当前我国失地农民补偿安置问题的总体性结论。有学者认为国家征地补偿标准偏低是造成对农民利益剥夺的重要原因。现行《土地管理法》规定的征地补偿标准不能真实地反映被征土地的价值，由于“公共利益”范围界定模糊，导致政府征地中未能区别征用和征购的补偿差别。[③] 对于失地农民的安置问题，有学者认为，征地补偿是由于土地被征用而起，是一次性的，而安置涉及失地农民的长远生计，是个根本性问题。招工安置是计划经济的产物，随着社会主义市场经济体制的逐步建立，它已失去原有的意义和作用。[④] 在市场经济条件下，让失地农民自谋职业是有效的选择，但是必须相应建立起完善的社会保障制度。对失地农民的安置，在用低保兜底的同时，一方面要提高补偿标准，一方面要探索系统性的安置办法。[⑤] 为此一些学者还提出将农民土地补偿费作为各项开发性项目的投资转化成为生产性的物质资本，从而通过股金

---

① 郭立芳：《土地征用范围界定探讨》，载《征地问题探索改革之路（二）》，中国大地出版社 2003 年版。

② 王鹏翔：《中国土地政策改革的选择与取向——中国土地政策改革国际研讨会会议综述》，《中国农村观察》2006 年第 6 期；汪晖、陶然：《论征地制度的系统性改革与突破》，《东南学术》2009 年第 6 期；冯晓平、江立华：《农民与政府互动下的征地制度变迁》，《科学社会主义》2011 年第 6 期。

③ 张孝直：《中国农村地权的困惑》，《战略与管理》2000 年第 2 期；刘燕萍：《征地制度创新与合理补偿标准的确定》，《中国土地》2002 年第 2 期；李国际：《我国征地补偿与安置法律问题探析》，《湖北社会科学》2009 年第 11 期；陈尔彪：《被征地农民安置问题探讨——基于广东省的调查》，《中国行政管理》2012 年第 6 期。

④ 国土资源部耕地司、利用司、规划院联合调研组：《征地安置专题调研报告》，2002 年。

⑤ 刘海云、刘吉云：《失地农民安置模式选择研究》，《商业研究》2009 年第 10 期。

分红或租金收入进行“开发性安置”的思路。[①] 对于土地补偿收益分配问题，有学者认为，由于农民的土地使用权的原始取得既非继承又非购买，而土地的用途变换所产生的增值是来源于国家和社会的投资，因而，其增值收益理应回归社会和国家。[②] 周诚教授认为，我国农村土地集体所有是一种“共同共有制”而非“按份共有”，因此，农地补偿费应交由农村集体组织作为公积金留存，而不应该直接支付给土地被征占的农民。[③] 与上述观点不同，一些学者认为土地补偿收益应该给予农民。杜业明认为，《农村土地承包法》明确赋予了农民的土地承包权已经发展成为一项独立的物权，其法律地位应该得到相应的尊重。[④] 美国农村发展研究所所长罗伊·普罗斯特曼先生经过精密的测算后指出：按照不同的贴现率，中国农民 30 年土地承包权的净现值相当于土地价值的 75%—95%。因此，土地被征用后，土地承包权人应得到土地补偿费用的 75%—95%。[⑤]

（三）对失地农民就业问题的探讨

就业是民生之本，对农民来说，拥有一份土地使用权，也为自己带来某种身份和职业的认同。失地之后，农民虽然手持城市“绿卡”，却缺乏在城市安身立命的手段和技能，这种“漂泊无依”的状况自然引起了学术界的注意。学者们普遍认为，被征地农民一旦失去土地，也就失去了维持家庭可持续生计的主要来源，要切实保障他们的基本生活，根本的出路在于就业。针对失地农民就业所面临的困境，有的学者分析了失地农民自身存在的不利因素，例如农民自身素质低下，在城市中能从事的一般都是低声望、低技术劳动和低社会参与的职业，社会地位低

① 吴玲、周冲：《中部农业大省土地流转以及失地风险研究》，《当代世界与社会主义》2010 年第 6 期。

② 白呈明：《农民失地问题的法学思考》，《人文杂志》2003 年第 1 期。

③ 周诚：《农地征用中的公正补偿》，《中国土地》2004 年第 1—2 期。

④ 杜业明：《现行农村土地发展权制度的不均衡性功能及其变迁》，《西北农林科技大学学报（社会科学版）》2004 年第 1 期。

⑤ 罗伊·普罗斯特曼：《特供信息》，中国市场经济研究会，2003 年。

下；[①] 有学者从就业市场环境角度分析了造成失地农民就业困难的社会根源，认为在城市劳动力市场供大于求的结构性失衡状况下，加之就业市场对失地农民客观上存在的制度性排除和社会歧视等因素综合作用，失地农民一般只能从事一些收入微薄、稳定性差、技术含量低的工作，长期处于失业的边缘。[②] 面对失地农民就业难题，许多学者提出了促进失地农民再就业的建议。如有序推进城市化进程；着力促进经济社会发展；丰富就业岗位，加大培训力度；实施保护性就业措施，建立失地农民就业保障金，鼓励失地农民自谋职业，发展第三产业完善就业服务体系等。[③]

（四）对失地农民社会保障问题的分析

土地是农民的命根子。对农民而言，土地实际上承担了双重功能，它既是生产资料，同时又是农民的生存保障；失去了土地就意味着失去了重要的收入来源，同时也就失却了其赖以生存的保障。所以建立失地农民的社会保障体系是解决失地农民问题的基础性工程。为此，学术界给予了较多的关注，形成的研究成果非常多：

一是对失地农民生活无保障现状的描述。大多数学者认为，失地农民成为城市化和工业化最大的受损者，许多农民失去土地以后，生活水平明显下降，成为新的弱势群体。如葛如江等对城市化浪潮中失地农民艰难生活的调查；[④] 刘丽英以新闻报道的形式，阐述了失地农民所遭遇的生活困境；[⑤] 2004 年全国政协会议第一号提案中，也对失地农民生活无保障的现状做了深入的调查，要求社会各界高度重视失地农民的社会保障问题。

---

① 张瑞、郑金香：《城市化过程中失地农民的就业问题探析》，《生产力研究》2009 年第 9 期。

② 陈晨等：《关注城市化进程中的弱势群体——对被征地农民经济补偿、社会保障与就业情况的考察》，《经济体制改革》2004 年第 1 期。

③ 王勇、王淑卿：《失地农民就业困境与出路》，《广东农业科学》2011 年第 18 期。

④ 葛如江、潘海平、王新亚：《谁制造了 2000 万失地农民——城市化浪潮中的新弱势群体调查》，《中国改革（农村版）》2004 年第 1 期。

⑤ 刘丽英：《GDP 诱惑与失地农民》，《中国新闻周刊》2003 年第 12 期。

二是对失地农民生活无保障原因的阐释。失地农民生活无保障的原因可以归纳为以下几个方面：首先，失地农民得到的补偿费严重偏低，补偿费发放后的两三年内，大部分家庭补偿费全部用完，难以保证生活水平不降低。[①] 其次，失地农民非农化转移艰难是造成其生活艰难的主要原因。由于很多地方均对失地农民采取货币化补偿的安置措施，失地农民就业安置基本上不再被政府列入计划，再加上失地农民文化素质和知识技能较低，他们能够找到一份适合自己的有稳定收入的工作难度很大。许多农民失地之后，生活无着落，而且未来的生存、就业都将陷入困境。[②] 再次，现行城乡分割的二元社会保障制度是造成失地农民生活困境的原因。在土地担负着农民生活保障的现实情形下，农民失去土地，也就失去了生活保障。当国家把土地从农民手中征用之后，就应该使农民从一个保障体系进入另一个保障体系。然而，失地并没有使失地后的农民改变农民身份，城市的保障体系依然拒绝他们进入。[③] 最后，农民自身素质的影响。农民总体上文化程度较低，社会转型能力较差，消费没有规划。有学者从农民的消费观念和安置方式之间的内在矛盾的角度指出，"虽然一次性货币补偿和实物补偿简单易行，但是大多数农民对现金消费的短期化行为，导致货币补偿不能起到养老保障的作用"，[④] 随着时间的推移，许多失地农民的生活将会因征地补偿费趋于衰竭而逐步陷入贫困。

三是关于失地农民社会保障体系的建构。一些学者指出，现在应该考虑根据各地经济社会发展条件为失地农民设定不同的保障方式：对在城市中定居并有稳定的收入和生活来源的农民，如果当地财政无力将其纳入城市社会保障体系，可以鼓励其参加商业保险；对脱离土地又丧失工作机会和劳动技能的农民，应在充分调查的基础上建立起最低生活保障制度；对那些有条件的城镇，可以逐步建立规范的养老和医疗保障制

---

① 姚蕾：《城市化进程中失地农民的利益损失及对策》，《兰州学刊》2005年第2期。

② 徐琴：《可行能力短缺与失地农民的困境》，《江苏社会科学》2006年第4期。

③ 邹富良：《土地资源商品化与土地资源资本化——对失地农民社会保障效果的比较》，《调研世界》2009年第5期。

④ 朱明芬：《浙江失地农民利益保障现状调研及对策》，《中国农村经济》2003年第3期。

度，待条件成熟时，再将其纳入当地统一的社会保障体系。[①] 胡必亮虽然对各地建立自己特殊的社会保障体系的建议不予赞同，但也强调了为失地农民建立多层面社会保障制度是农民失去土地后维持可持续生计的唯一资本，政府利用这一“历史性时刻”，积极引导农民投资于养老保障，是维护他们切身利益的重要举措。[②] 在此基础上，部分学者还提出了“土地换保障”的思路，指出应以被征地所承载农民的实际社会成本为依据，建立失地农民分享工业化、城镇化和现代化成果的内在机制，并就失地农民社会保障基金的来源、运行机制和保障体系的内容提出了自己的看法。[③]

（五）对失地农民“市民化”问题的论述

城市化并不简单等同于城市面积的扩张和城市人口数量的增加，城市社会结构升级转化和城市社会生活和谐融洽才是城市化的根本。而我国城市化是通过行政手段低成本征用农村土地换得城市低成本扩张来实现的。这种城市化路径选择虽然有着历史和现实诸多因素的影响，并且中国城市化也的确取得了举世瞩目的成绩。但是，为城市化推进作出巨大贡献的广大失地农民并没有分享到城市化的果实。[④] 为此，有学者指出，“失地农民市民化问题如果没有及时解决，人数众多的这一群体产生的问题将不仅是他们自身生活的问题，还会对城市市民生活构成危险，更主要的是破坏社会正常的运行秩序，导致社会的无序，这是最严重的后果”。[⑤] 考察大量有关农民市民化的研究，我们发现，目前学术界多从农民现代性的获取这一视角来理解“市民化”的含义，认为市

---

① 李炳坤：《论加快我国小城镇发展的基本思路》，《管理世界》2000 年第 3 期；丛旭文、黄晶梅：《城市化失地农民的社会保障问题研究》，《求索》2012 年第 3 期。

② 胡必亮：《关于城市化与小城镇的几个问题》，《唯实》2000 年第 1 期。

③ 纪晓岚、朱逸：《我国发达地区失地农民社会保障模式比较与对策研究》，《毛泽东邓小平理论研究》2011 年第 2 期。

④ 陆学艺认为，对广大农民来说，城市化就是“要了你的土地、要了你的树、要了你的粮食却不要你的人，中国的城市化一直粗暴地把农民排除在外面”。（佟达：《为什么乡村开始仇恨城市?》，《新周刊》2005 年 1 月 11 日。）

⑤ 杨盛海、曹金波：《失地农民市民化的瓶颈及对策思路》，《广西社会主义学院学报》2005 年第 2 期。

民化不仅仅是农民社会身份和职业的非农化转变，也不仅仅是农民居住空间的城市化转移，它更是一系列角色意识、思想观念、社会权利、行为模式和生产生活方式的变迁，是农民角色群体向市民角色群体的整体转型过程（市民化）。① 在主动市民化与被动市民化两种理想类型之间，失地农民的市民化过程往往属于被动市民化的过程，他们在市民化过程中面临的障碍性因素与主动市民化的农民相比有所不同。对失地农民市民化障碍的原因探悉，因侧重点不同，目前学者主要是从农民个人因素和社会因素两个方面展开。一些学者认为，农民自身文化素质的低下和劳动技能的缺乏，加之农民生活的散漫和无序性，对城市生活的陌生感、恐惧感导致了失地农民对城市生活的不适应，而部分失地农民固有的不思进取、堕落懒散传统思想更助长了他们奢侈畸形的短期消费行为，使他们市民化进程受阻。② 而另一些学者则认为，城市对失地农民政治、经济、文化和社会方面设置的种种排斥是阻碍失地农民市民化的根源。③ 为促进失地农民平稳有序地实现市民化，研究者大多承认，除了失地农民应努力提高自身素质外，政府提供的职业培训、就业信息网络建设和制度保障尤为关键。④

（六）简要述评

综观失地农民问题已有研究成果，我们可以看到，伴随经济社会的发展和城市化推进中失地农民的大量出现，该问题正日益受到学界的关

① 郑杭生：《农民市民化：当代中国社会学的重要研究主题》，《甘肃社会科学》2005年第4期；文军：《农民市民化：从农民到市民的角色转型》，《华东师范大学学报（哲学社会科学版）》2004年第5期。

② 张文宏、阮丹青：《城乡居民的社会支持网》，《社会科学研究》1999年第3期；许欣欣：《从职业评价和择业取向看中国社会结构变迁》，《社会科学研究》2000年第4期；王慧博：《失地农民市民化社会融入研究》，《江西社会科学》2011年第6期。

③ 陈映芳：《征地农民的市民化——上海市的调查》，《华东师范大学学报（哲学社会科学版）》2003年第3期；周军、刘晓霞：《失地农民市民化身份转换的障碍分析及其对策》，《理论探讨》2010年第2期。

④ 姜作培：《农民市民化必须突破五大障碍》，《中共杭州市委党校学报》2002年第6期；张琪：《农村城市化过程中促进转居农民就业的对策研究》，《人口与经济》2003年第1期。

注和重视，并在城市化过程中农民失地的必然性、失地农民生活无保障问题的客观现实性以及解决失地农民问题的紧迫性和重要性等方面获得了普遍共识，部分学者提出的改革思路和政策主张还得到政府部门的采纳①。这些研究对于我们了解实情、把握现状、探索规律和最终解决问题无疑是十分重要的。然而，要真正寻得失地农民问题的“解”，就应当从深层次探求失地农民问题产生的“根”。因此，从这个角度来审视已有失地农民问题研究成果，笔者以为它们存在着以下几点局限：一是对失地农民主体性的忽视。在已有的研究中，无论是对失地农民生存状况的调查研究、对失地农民“无地、无业、无保障”现状进行的各种归因，还是就建构失地农民保障体系、确保失地农民顺利实现市民化而提出的种种政策建议，我们看到的都是在政策、制度框架下哀怨无助、期盼社会同情、渴求社会救济的失地农民，我们还难以看到有血有肉、有多种需求和愿望的失地农民们的身影。② 诚然，在以行政主导的中国城市化进程中，政府相关政策、制度推行对失地农民利益的影响的确是非常巨大的，研究者因此将批判的焦点对准政府所施为的种种“滥权、渎职”行为也是有一定道理的。但是，在一项以保障失地农民利益为主旨的研究活动中，缺乏对利益主体自身权益诉求活动应有的关注，其研究结论的解释力是有限的。二是实证性研究明显不足。已有研究成果或拘泥于制度层面的纯理论分析，缺乏对制度现实运行层面的考察；或局限于经验层面的现象描述，缺乏应有的宏观视野和理论关怀。笔者以为，造成这种局面的主要原因是由于第一手资料的缺乏和研究层面的粗浅，从而使得研究成果对现实阐释不清，提出的政策方案可行性不强。

---

① 例如学者们提出的“区分征用与征收”的建议就被国家权力机关采纳，并写入2004年宪法修正案。

② 虽然少量聚焦农民维权行动的学术研究中，对失地农民的自主行为也作过一些具有学术创新意义的阐释（如应星的《大河移民上访的故事》，王道勇的《国家与农民关系的现代性变迁——以失地农民为例》），但相较于当前我国失地农民规模和失地农民问题的严峻程度而言，学界对此问题的研究还显得相当不够。

三 核心概念与分析框架

（一）核心概念的界定

1. 弱势群体

弱势群体，一般也称社会脆弱群体、社会弱者群体等，在英语文献里一般表述为 social vulnerable groups，它是一个用来分析现代社会经济利益和社会权力分配不公平、社会结构不协调、不合理的概念，是社会学、政治学、社会政策研究领域中的一个核心概念。① 从社会学研究传统来看，学术界一般坚持用社会分层理论的视角来探讨“弱势群体”问题。早在社会学萌芽时期，古希腊先贤亚里士多德就提出等级分化理论，他在其名著《政治学》中清晰地阐述了按照财富多寡来将社会分为富有阶层、中产阶层和贫穷阶层三个阶层的观点。在社会学形成时期，以卡尔·马克思的阶级分析理论和马克斯·韦伯的多元分层理论为代表的社会分层理论，开创了社会分层研究领域内两个具有不同价值取向的理论流派。卡尔·马克思的阶级分析理论认为，社会分层本身只是一种社会历史现象。而在阶级社会中，由于人们对生产资料占有的不同，社会被划分为有产者和无产者两大基本阶级，有产者（在资本主义社会即为资本家）依凭其对生产资料的独占和垄断，进而对无产者（在资本主义社会即为无产阶级）进行剥削和压迫，这既是造成无产者贫困的原因，也是造成阶级社会一切社会不平等的制度根源。因此，只有通过改变阶级结构才能改变不平等结构，才能真正消除阶级社会中存在的弱势群体问题。马克斯·韦伯强调社会分层标准的多维性，认为应从财富、权力和声望三维指标来划分社会阶层，正是由于人们占有财富、权力和声望等社会资源的不同，那些处于社会结构底层的民众才成为社会的弱势群体。②

在我国，对弱势群体的研究起步较晚。自朱镕基总理在 2002 年

① 王思斌：《社会转型中的弱势群体》，《中国党政干部论坛》2002 年第 3 期。

② 更详细的分析请参见戴维·格伦斯基编《社会分层》，王俊等译，华夏出版社 2005 年第 2 版。

的《政府工作报告》中首次提出“弱势群体”一词以来，为及时回应我国社会转型中出现的弱势群体问题，学术界对此问题的关注不断增强，学者们从不同的角度、不同的层次、不同的学科分别对弱势群体予以界定，综合起来看，研究者主要从以下三个层面来把握弱势群体的内涵：一是为什么“弱势”，也即“弱”的原因。研究者认为弱势群体多因某些肢体残障或者社会转型和社会利益结构分化所引致的经济、政治和社会发展机会的缺失，① 由此可将弱势群体分为生理性弱势群体和社会性弱势群体两种类型。二是如何界定“弱势”，也即“弱”的内容。弱势群体一般体现为生活水平低下、政治影响有限、在社会上处于不利地位，依靠自身的力量或能力无法保持个人及家庭成员最基本的生活水准等基本特征。三是如何消解“弱势”，也即扭转“弱”的对策。造成弱势的原因是多方面的，为此需要政府、社会和弱势群体自身等多主体通力合作，通过政策帮扶、制度构建、素质提升、环境营建等多层面来帮助和支持弱势群体改善、改变其不利生存处境。

通过上述对弱势群体含义的系统梳理，我们发现，弱势群体其实是一个内涵和外延都具有相当延展性的概念，② 必须将其置于特定的社会情境之中才能准确把握其本质属性。为此，我们尝试给弱势群体做如下界定：所谓弱势群体是指在生活物质条件、合法权益主张、社会竞争能力以及发展机会等方面均处于相对弱势地位的社会群体。失地农民作为中国社会转型期出现的一个特定群体，就其在社会利益调整中的阶层属性而言，他们在生活物质条件、合法社会权益主张、社会竞争能力以及发展机会等方面，均处于弱势地位。

---

① 崔凤、张海东：《社会分化过程中的弱势群体及其政策选择》，《吉林大学社会科学学报》2003 年第 3 期；骆群：《“弱势群体”再界定》，《南京社会科学》2007 年第 3 期。

② 我们认为，弱势群体概念的延展性主要表现在以下几个方面：首先，它是一个相对性概念，“弱势”是相较于“强势”而言的，因此需要从特定情境中去把握和理解；其次，它是一个宽泛性概念，包括经济、政治、社会、文化等多个层面；再次，它是一个发展性概念，其形成和演变轨迹是社会在一定的发展时期政治经济文化综合作用的结果；最后，它是一个地域性概念，应从地区（国家）经济社会发展现状出发去把握和理解，而不能不加选择地完全套用。

本书拟以这一特定弱势群体为研究对象，重点探讨其利益表达类型与行动逻辑。

2. **失地农民**

什么是失地农民，或者说失地农民究竟是一个什么样的术语，其内涵和外延又有什么样的规定性，这是我们开展“失地农民利益表达”这一课题时应当首先搞清楚的问题。

从目前公开发表的文章著述来看，研究者大多认为“失地农民就是城市化进程中失去土地的农民”①。从某种角度来说，对“失地农民”作这样的理解也是适切的，它表明这类群体的身份属性是农民，失去土地这种最重要的生存和发展资源是此类人群的主要特质，而造成他们失去土地的原因在于城市化的推进。然而，在对这个习以为常的通用词汇给予社会学反思②后，我们会发现对“失地农民”所给出的那个既简单直白又清楚明晰的界定，仅是研究者们获得的一个“普遍误识”而已。为什么这么说呢？这是因为：第一，众所周知，基于对传统土地制度的历史反思和现实国家性质的体认，公有制被确立为我国经济制度的基础，③ 而这一制度在农村土地权属方面的体现则是：农村的土地，除由法律规定属于国家所有以外，属于农民集体所有。④ 农地所有权既然属于集体所有，农民又何来失地问题呢？然而，当这类特定群体或以唠叨、抱怨，或以上访、堵塞交通、对国家机关及其工作人员进行群体围

---

① 虽然在对“失地农民”这一术语的理解上不同的人采取了不同的进路，有的研究者将其作为一个人所共知的常识（如张汝立《农转工——失地农民的劳动与生活》，社会科学文献出版社 2006 年版；廖小军《中国失地农民研究》，社会科学文献出版社 2005 年版），有的研究者从词源构成方面对此进行了初步界定（如杨涛《社会公正视角下的失地农民》，《农业经济》2006 年第 10 期；陈俊《失地农民问题与制度变迁》，《市场与人口分析》2006 年第 2 期），但无论怎样，他们都先在地认为：“失地农民就是失去土地的农民。”“失地农民”似乎已然成了一个不言自明、人所共知的惯常词汇。

② 在反思社会学看来，对社会现象的研究中，只有在特定情境的关系架构中去观察某一行为发生的连续关系和意义，进入特定的情境中去探究行动发生的环境，才能真正了解人们作出行动的意义（详见皮埃尔·布迪厄、华康德《实践与反思——反思社会学导论》，中央编译出版社 1998 年版）。

③ 《中华人民共和国宪法》第 6 条第 1 款规定：中华人民共和国的社会主义经济制度的基础是生产资料的社会主义公有制，即全民所有制和劳动群众集体所有制。

④ 《中华人民共和国土地管理法》第 8 条第 2 款。

攻等方式不断诉说着自己的种种不满或不幸的时候；从中央或地方政府或是为了危机应急，或是为了谋求长期的稳定针对此类问题所出台的各种政策、法规、条例中，我们又切实感知到了农民失地问题存在的客观性。在这里，理论与现实、逻辑与历史似乎发生了严重的背离。我们认为，造成这种困惑的原因是我们并没有对农民的土地权属问题认真清理。从法理上讲，所有权包括所有权人对标的物的占有、使用、收益和处分等项基本权能，而农民通过家庭联产承包责任制所获得的仅仅是一种它项期权。① 从这个层面来看，对失地农民的准确表述应为“失去了对农地的使用、有限制的处分和从土地中获得收益权利的特殊人群”。第二，从学理上看，农民是指直接从事农业生产的劳动者（不包括农奴和农业工人）②，他们具有两个显著的特征：一是从户籍制度上来看，他们属于农业户口；二是以耕种土地为业，并以耕种土地所得作为供养自己和家庭成员主要生活来源的社会成员。而在人们的日常生活用语中，农民这一称谓是职业与身份的统一体。作为职业的农民，是指那些经营农地并主要依赖于从农地中所获得的收益来维持基本生活的社会群体；作为身份的农民，是指那些在行为方式、价值观念、社会认知态度等方面迥异于其他社会群体，带有厚重乡土特质的人群。③ 无论从其中任何一个层面来看，与土地紧密相连都是农民最显著的特征。以此来审视那些与土地的关联性正在不断剥离的特殊群体，我们会发现，惯常的“农民”概念④是无法对“失地农民”这一术语加

---

① 民法中完整的所有权是一种独占的、排他的专有的权能，而农民对土地的权利并不具有这些特征。（更详细的分析请参见秦晖《农民中国：历史反思与现实选择》，河南人民出版社 2003 年版，第 42—53 页；白呈明《农民失地问题的法学思考》，《人文杂志》2003 年第 1 期。）

② 《辞海》（上卷），上海辞书出版社 1999 年版，第 1075 页。

③ 作为身份的农民，费孝通在《乡土中国》中曾有精辟的论述（见费孝通《乡土中国·生育制度》，北京大学出版社 1998 年版，第 6—11 页）。如果人们说某人是农民，一般会用“保守、落后、封闭、固执”等含有蔑视甚至是侮辱性的词汇加以界定，如果非要找一句话来归纳的话，也即是人们常说的“土气”。

④ 郑杭生、吴力子：《“农民”理论与政策体系急需重构》，《中国人民大学学报》2004 年第 5 期。

以准确界定的。[①] 我们认为，产生这种尴尬的原因除了在户籍管理、社会保障制度和土地权益分配制度等方面所存在的二元结构之“过错”外，缺乏对这一问题的动态分析也是一个重要的原因。[②] 事实上，我们所探讨的失地农民是指那些处于农民（身份与职业同一）……农民（职业与身份分离）……非农民（职业与身份同一）连续体中的特殊社会群体。对这一群体来说，他们正主动或被动地在与“农地”相剥离，他们正处于从“农民”到“非农民”这一“痛并快乐”的艰辛历程。[③] 因此，我们认为，失地农民是指“农民职业与农民身份的同一性正在不断分离的特殊群体”。第三，在如何获得对社会现象的正确认识上，迪尔凯姆认为“比较社会学并不是社会学的一个特别分支”[④]，社会学就是比较学。利用这一方法，通过对我国不同地域失地农民之间、失地农民与其他社会群体之间的比较分析，我们可以发现，失地固然是这类群体最典型的特征，但在纷繁杂乱的失地表象背后，围绕农地展开的利益、权力纠葛和争斗才是失地农民问题发生的根源。[⑤] 因此，要准确地

① 针对“失地农民没有土地居然还被称为农民”的奇特现象，赵树凯先生认为“从根本上，他们（失地农民）的认同和真实状态还是农民”。由此可见，在农民这个称呼之下，这个群体其实已经成为某种社会制度人为划定的“身份群体”，可以说，他们是制度规定的“身份集团”。（参见赵树凯《农民的政治》，商务印书馆 2011 年版，第 10 页。）

② 惯常“失地农民”的悖论还在于，地方政府在考察城市化率时，通常会把那些所谓的“失地农民”统计在新增城市人口中，而且往往还会有意识地加以夸大。但在城市最低生活保障、医疗保险、失业救济和养老保险等权利配置时，他们又会特别强调这些“失地农民”的农民身份，从而可以“合理合法”地漠视这类人群的各项应得权利。

③ 当然，从我国大多数失地农民的现实生存处境来看，从“农”到“非农”给他们带来的是“苦痛多于快乐”，这在某种程度上也赋予了那些对“农民非农化”极力鞭挞者“先在的道德正义”。但是，笔者以为，不能由此就全面否定“农民非农化”的积极意义，从中国社会进步和农民自身发展的归宿来看，我们有理由相信，农民最终会从“非农化”中体味到“美好和快乐”的。

④ 迪尔凯姆：《社会学方法的准则》，耿玉明译，商务印书馆 1995 年版，第 150 页。

⑤ 例如在免除农业税之后，县乡政府、开发商、村集体与农民都将目光聚集在了有限的土地上，他们各打各的算盘、各出各的主意（更缜密的学理分析请参见周飞舟《生财有道：土地开发和转让中的政府和农民》，《社会学研究》2007 年第 1 期），由此而引发各种矛盾和冲突在所难免。为了使自己的算盘实现、主意落实，他们不断调动各种资源以确保事情按照自己预设的路径发展。当然，由于资源占有不同，他们所采取的行动与最终收益也是不一样的，而本书的焦点将放在失地农民的利益诉求上。

把握“失地农民”这一概念，就不仅要关注他们失去的土地中所具有的客观物质利益，更要对作为社会行动者的他们因土地失去而进行的利益诉求历史详加考察。

综合上述分析，我们尝试给“失地农民”做如下界定：失地农民是指处于从“农民”到“非农民”职业与身份转换过程中，因为各种主、客观因素制约而导致的与农地相关的物质利益和其他权能受到伤害的一类特殊社会群体。从这个定义中，我们大致可以得到这样一些启示：第一，失地农民既表现为一种现实的社会现象，同时也是一个客观真实的社会群体。作为一种社会现象，失地农民最明显的特征表现在土地权益正部分或全部丧失；作为客观真实的社会群体，失地农民最突出的特征在于其权益保障受限、利益表达不畅。因此，欲全面真实地理解失地农民，就必须抛弃那种就“农民失地”而言“失地农民”、“头痛医头，脚痛医脚”的旧路，从主客观相融、行动与结构相连接的路径推进。第二，失地农民问题是我国实现从“农”到“非农”这一历史转换中产生的一个阶段性、非常态社会问题。从人类社会发展的规律来看，农民与土地的分离固然是农业文明过渡到工业文明、乡村社会行进到都市社会的历史必然，但是由于历史禀赋不同、现实国情各异，各国在从“农”到“非农”进程中所应对的问题也是不一样的。具体就我国来说，一方面，由于城市化空间大、土地资源稀缺以及农民总体数量大等原因，农民“失地”将是一个与整个国家“非农化”相生相随、同进互推的过程；另一方面，当前农民“失地”是在社会利益关系重构和国家治理结构重建这一变革期发生的，由于制度、体制等诸方面可能存在的各种偏差和错位，使常态的农民“失地”不断演变为“非常态”的失地农民问题。因此，欲从整体上把握“失地农民问题”，就必须抛弃那种就问题谈问题的旧路，采取一种“将问题前置与后移相结合”的进路，从问题产生的历史原因、现实社会背景、发展变化趋势等方面综合起来动态地加以考察，从而探寻到解决该问题的方案与措施。

3. 失地农民利益

在古汉语中，“利”与“益”最初是分开使用的：利的本义是指人们的物质需要，引申为便利；益乃溢之本义，初指盈、满，引申为善行。尔后“利”、“益”两个字连用，表示“好处”。对于利益，古今中外很多学者从不同角度对其进行过不同表述。马克思主义认为，“一切人类生存的第一前提也就是一切历史的第一个前提，这个前提是：人们为了能够‘创造历史’，必须能够生活。但是为了生活，首先就需要衣、食、住以及其他东西”。[①] 利益观念的形成正是源于人类对各种“需要”的理性思考。从古希腊哲学家德谟克利特的“需要”到中国古代思想家的“利”，再到第一个明确指出利益社会历史作用的维柯，人类对利益的认识随着时代的发展在不断地深化。率先把利益问题提到社会首要位置的是18世纪的爱尔维修。他认为，利益是社会生活的基础，是社会生活中唯一的、普遍起作用的社会发展动力和社会矛盾根源，一切错综复杂的社会现象都能够从利益那里觅求到解释。爱尔维修之后，英国古典经济学家亚当·斯密以“利己心”范畴从经济关系入手对利益问题进行了论述。功利主义者边沁也进一步发展了爱尔维修等人的观点，建立了资产阶级功利主义的思想体系。[②]

人的需要是利益观念形成的根源，然而，对利益问题的思考仅仅停留在个体抽象的、永恒的“趋利避害”、“快乐至上”的纯粹生物学意义层面仍无法正确认识利益的本质及其历史作用。从辩证唯物主义的立场出发，在总结前人在探索利益问题中所形成的理论成果基础之上，通过对现实社会生活中的物质利益关系的深入分析和全面考察，马克思、恩格斯开创性地建构了科学的利益观，指出追求利益是人类一切社会活动的动因。“人们所争取的一切，都同他们的利益有关。”[③] 利益是“生产的推动因素”；“利益冲突是现代历史的动力”；[④] “每一既定社会的经济关系首先表现为利益”；[⑤] 利益决定、支配政治权利、政治活动。[⑥]“政治权力不过是用来实现经济利益的手段。”[⑦]

① 《马克思恩格斯全集》第3卷，人民出版社1960年版，第31页。

② 王伟光：《利益论》，人民出版社2001年版，第11—16页。

③ 《马克思恩格斯选集》第1卷，人民出版社1972年版，第82页。

④ 《马克思恩格斯选集》第4卷，人民出版社1995年版，第250页。

⑤ 《马克思恩格斯选集》第3卷，人民出版社1995年版，第209页。

⑥ 王伟光：《利益论》，人民出版社2001年版，第33页。

⑦ 《马克思恩格斯选集》第4卷，人民出版社1995年版，第250页。

根据马克思主义的论述，利益是具有自然和社会双重属性的。人的利益的形成源于人的需要，恰是出于对各种需要的满足，人们才开始了物质生产活动。因此马克思说“没有需要就没有生产”。“为了进行生产，人们便发生一定的联系和关系：只有在这些社会联系和社会关系范围内，才会有他们对自然的关系，才会有生产”。[①] 在社会关系形成之后，作为一种生物学意义上的人的需要从此获得了社会学属性。而这种由一定的社会关系决定的、能反映出人与人之间围绕需求对象（社会生产成果）所形成的分配关系，具有社会内容和特性的人的需要，就是利益。

利益既然是在一定社会关系基础上形成的一种对社会主体需要的满足，那么对本书所涉及的“失地农民利益”这个概念，我们认为可作这样的理解：凡是能够满足失地农民多种需要的有形或无形的要素，皆为失地农民利益的范畴。[②] 作为整个社会利益体系中的一个子系统，失地农民利益是一个由功能各异、性质不同、表现形式多样的利益组成的利益集合体。在这个不同利益构成的失地农民利益集合体中，可以按照不同的标准对其加以分类。例如，根据利益内容的不同，可大致分为经济利益、政治利益、社会利益和文化利益；按照利益主体的不同，可分作失地农民个体利益、小团体利益和集体利益等；按照利益实现的时间可将其划分为短期利益和长期利益、当前利益和将来利益等；根据利益的合理性的不同可分为正当利益、不当利益，等等。

4. 利益表达

何谓利益表达？在政治学中“利益表达”常常被理解为政治参与的基本形式。在早期精英理论代表人物哈罗德·D. 拉斯韦尔看来，公民或各个利益集团可能通过各种形式的政治参与来表达利益，以对统治

① 《马克思恩格斯选集》第2卷，人民出版社1972年版，第94页。

② 《韦氏大词典》对“interest”的定义总是冠以“something”、“the state of”、“a feeling”之类的虚位用语，这说明“利益”是一个边界模糊、内涵不明的概念，因利益主体的不同，其具体内容也迥然各异。从此角度看来，“失地农民利益”真的是一个筐，几乎什么东西都可以往里面装。“失地农民利益”语义上存在的不确定性无疑也增加了笔者研究的难度，由于能力及精力所限，后文对“失地农民利益表达”的考察中，如果没有特别注明，皆指其正当利益，亦即从法理或社会正义理念看来属于他们应得之权益。

者施加影响并迫使统治者做出有利于大多数人利益的决策，因为“一个精英如果不能使自己与经济繁荣联系在一起，他是要受到内部攻击的。不断上升的不安全感将会毫无理智地朝着现行制度的各种象征及其实际措施发泄出来”。[①] 这种公民或利益集团对精英施加压力的过程实际上就是利益表达的体现。

戴维·伊斯顿也曾提出过类似利益表达的概念，只不过他将其称为“意向的表达”。在他看来，政治是作为一个系统而存在的。作为系统的政治就是对有社会性的价值进行权威性分配的互动体系，这一互动体系“包含着所有那些有助于把种种价值进行权威性分配的相互影响的因素”，“任何具体的政治体系的存在本身要求满足某些基本需要或履行某些基本职责”。[②] 在《政治生活的系统分析》一书中，戴维·伊斯顿进一步明确指出：“要求”就是“意向的表达”，[③] 即社会的各个团体或个人，将其在社会中分享利益的要求和愿望，通过各种形式反映并提交给政治系统去解决。

美国政治学家加布里埃尔·A. 阿尔蒙德从结构功能主义理论视野出发，对利益表达给出自己的理解。阿尔蒙德认为，政治系统是一个具有特定结构并履行相应功能的有机整体，这里的结构是指政治系统中相关政治角色之间规则化关系的集成，即政治行为规则化的形成模式；与之相对应，政治系统所发挥的功能可分为三个层次，即“体系层次，过程层次和政策层次”。利益表达就是三大过程层次的第一阶段，“当某个集团或个人提出一项政治要求时，政治过程就开始了。这种提出政治要求的过程称为利益表达”，[④] 利益表达将人们的利益要求传递到权威性机构当中，中间经过利益综合，然后形成政策并加以执行。

中国政治学者朱光磊认为利益表达是政府过程的起始阶段，“一个

---

① ［美］哈罗德·D. 拉斯韦尔：《政治学：谁得到什么？何时和如何得到?》，杨昌裕译，商务印书馆 2003 年版，第 47 页。

② ［美］戴维·伊斯顿：《政治体系》，马清槐译，商务印书馆 1993 年版，第 298 页。

③ ［美］戴维·伊斯顿：《政治生活的系统分析》，王浦劬等译，华夏出版社 1989 年版，第 41 页。

④ 加布里埃尔·A. 阿尔蒙德、小 G. 宾厄姆·鲍威尔：《比较政治学：体系、过程和政策》，曹沛霖等译，上海译文出版社 1987 年版，第 199 页。

具体的政府过程，包括中国的政府过程，要经过以下几个基本环节：利益表达、利益综合、政策制定、政策执行等”①。刘学峰提出，利益表达就是“一定社会和国家中不同利益群体通过某种方式和途径把他们的利益要求提出反映给执政党和政府的行为”②。程同顺则进一步指出，利益表达“主要是公民向国家或政府提出某种愿望和要求的行为，它有可能成为政府决策，也可能对政府决策不起任何作用，但它却是政府决策形成的基础和前提；并且在政策过程的这个环节中，利益表达还是公民个人或一定的利益集团影响决策的唯一的主要环节”③。

上述论断基本上概括了利益表达的某些特征，强调了利益表达在国家政治生活中的重要作用，并提出“利益表达”需要有明确的主体、适当的接受对象和相应的途径方式的观点，基本揭示了利益表达发生的模式，反映了利益表达的基本过程。然而，在肯定上述概念的学术价值的同时，笔者以为，在各种利益诉求的表达将成为常规现象的社会中，④ 这种将“利益表达”仅视为政府决策过程中一个环节的观点至少存在以下两方面的局限性：第一，从理论层面来看，上述概念含有的“利益表达具有高度政治性”和“目标与手段内在一致”宣称，无法对那些客观存在的各种非意识形态的或目标异化的利益诉求行为给予合理的解释。第二，从操作层面来看，以这种具有“政治化”偏向的理论来指导实践，难免会导致我们对现实社会中广泛存在的各种利益诉求活动进行“道德批判、意识形态责难”等误读，这既无助于我们对各种社会问题的解决，又将带来更多的不安定因素，并从根本上阻碍了整个社会利益表达制度的构建。⑤

在利益结构日益分化和利益主体趋于多元的今天，面对急剧变迁的

① 朱光磊：《当代中国政府过程》，天津人民出版社1997年版，第26页。

② 刘学峰：《关于公共政策的本质思考》，《首都师范大学学报（社会科学版）》1999年第4期。

③ 程同顺：《当代中国农村政治发展研究》，天津人民出版社2000年版，第115页。

④ 孙立平：《和谐社会：用制度规范利益表达》，《学习月刊》2005年第8期。

⑤ 在当下中国政治生态中，拘泥于“政治参与”之狭隘视角来释解“利益表达”，无形之中给这一概念平添了几分政治色彩，从而也消解了其对现实社会生活的诠释力，也进一步阻碍了中国社会和政府建构有序利益表达机制的进程。

中国社会中各种社会主体不断涌动的利益诉求和利益主张，“利益表达”理应被赋予更加丰富的内涵。在总结已有研究成果的基础之上，结合研究需要，笔者尝试对“利益表达”作如下界定：利益表达是利益主体向社会或他人陈说自己的利益要求，并通过一定途径或方式以获致利益要求的行动。① 从这个定义中，我们可以看到利益表达具有下列几个基本特征：其一，利益表达主体的广泛性。利益表达主体可能是独立的社会成员，也可能是特定的社会群体或社会组织，还可能是整个社会阶层或社会集团。在社会利益分化日益明显的今天，我们不仅要重视社会群体利益的表达，也要对作为具象化个体的社会成员的利益诉求给予关注。其二，利益诉求对象的多样性。利益诉求对象既不单指执掌权力的政党和国家相关行政机构，也不限于金钱在握的资本拥有者或主导社会话语权的文化精英们。任何一个社会群体、任何一个社会组织，不论其存在形式如何、构成结构怎样、资源掌握的多寡；任何一个公民，无论其社会地位高低、受教育程度怎样、价值取向如何，他们都可以是利益主体表达利益的受众。其三，利益表达内容的宽泛性，利益主体既可能是有关平等、民主、自由等政治权利的诉求，也可能是有关财产分割、物质分配等经济权益的主张，还可能仅仅是群体或个人牢骚和不满的无目的式排遣，等等。其四，利益表达渠道和方式的复杂性，在一个利益表达要求与日俱增和相关利益表达机制缺失的社会中，② 利益表达既可能采取检举、控告、申诉等体制内渠道进行，也可能诉诸自杀、阻塞交通、爆炸等制度框架之外的途径；表达方式既可以是明示的，也可能采取沉默、不作为等间接的方式完成。其五，利益表达结果的不可预期性，在利益表达主体的多样化和利益表达内容的宽泛性及表达途径范式的不确定性等客观现实下，利益表达行为将导致许多“无法预料之后果”。

---

① “政治过程论”对笔者深有影响，但孙立平教授对“利益表达”的相关论述对笔者的启发更大，在《和谐社会：用制度规范利益表达》一文中，孙立平对利益表达做了一个极为宽泛的定义，将利益表达直接表述为利益表达的各种具体行为。（参见孙立平《和谐社会：用制度规范利益表达》，《学习月刊》2005 年第 8 期。）

② 孙立平：《构建以权利为基础的制度安排》，《南方日报》2003 年 12 月 31 日。

（二）分析框架

1. 理性行动理论：从个体行动到系统行动

理性行动理论关注的基本问题是“人与社会作为两个独立而又相互作用的行动系统（个人行动系统与社会行动系统），怎样共存”①。为回答这个社会理论的基本命题，首先必须对社会理论的目标给予合理的解释。为此，科尔曼认为“社会科学的主要任务是解释社会现象，而不是解释个体行为”。② 但他同时指出，为达到对社会现象的解释，就必须抛弃那种理论与实际严重脱节的研究路数，而应该采取一种“系统行为的内部分析”路径（见图1—1）：③

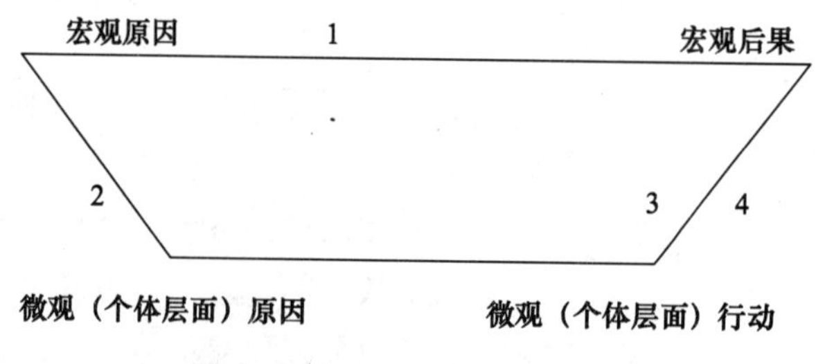

图1—1　科尔曼—林登伯格图

初看起来，可以认为此图指明了因果关系的四种一般类型，不过此处还是有几点需要给予特别说明：首先，从理性选择的视角看来，对于类型1（宏观或系统层面）关系的说明通常是通过其他三种类型的结合而得出的。换言之，产生宏观层面令人难解的事件的那些潜在机制，通常被认为是通过微观（个体）层面而运作的，这也就是理性选择理论的化约论或方法论个体主义。

其次，此图向上可以扩展至“更高系统层面”，也可以向下拓展至

① 詹姆斯·S. 科尔曼：《社会理论的基础》，邓方译，社会科学文献出版社1990年版，第6页。

② 同上书，第2页。

③ 布赖恩·特纳：《社会理论指南》，李康译，世纪出版集团、上海人民出版社2003年版，第277页。

亚个体层面，例如，系统层面可以首先关注社会群体，然后关注组织，再关注社会。

再次，位于关系之起点与终点的那些宏观“变量”可以是同一的，只是在彼此分离的不同时点上表示出来；有关宏观状态维持（也就是均衡）的观点描述就是由此而来的。

最后，对于理性行动理论来说，最为关键的一点就是力求在必要之处（也即当我们困惑时）给出有关类型2（宏观层面或系统层面到个体层面或微观的关系）、3（微观关系或个体关系）和4（微观层面或个体层面到宏观层面的关系）的关系演绎模型，使它们可以组合起来，获得对类型1关系之“因果”生成的某种“理解”。[①] 为达到此目的，科尔曼又提出了行动（包括个体行动和系统行动）的几个假设：个体主义（Individualism）、最优状态（Optimality）、虑己（Self-regard）。[②] 在上述基本假定之上，科尔曼建构了理性行动理论的分析框架（如图1—2）。[③]

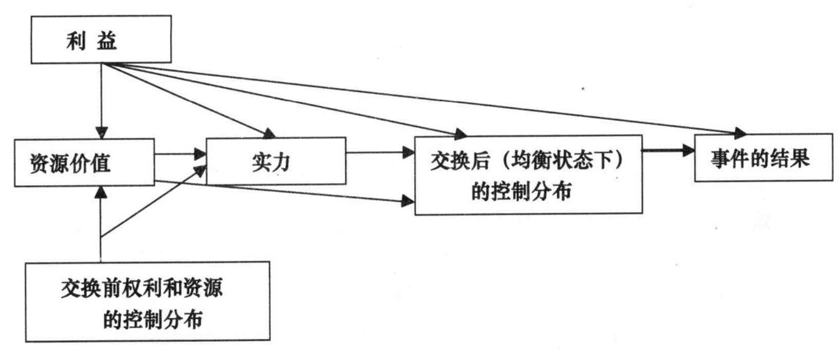

图1—2 科尔曼建构的理性行动理论的分析框架

① 布赖恩·特纳：《社会理论指南》，李康译，世纪出版集团、上海人民出版社2003年版，第277—278页。

② 布赖恩·特纳：《社会理论指南》，李康译，世纪出版集团、上海人民出版社2003年版，第281页。[P. 阿贝尔在此还加上一个范式上的特许（paradigmatic privilege），但引者认为这样的添加是多余的，因为理性行动理论本身就是在结合了经济学中的均衡分析和理性选择模型、社会学中的交换理论的成果基础上提出来的，开放性是其理论型构的特征，而非一个假定。]

③ 杨善华：《当代西方社会学理论》，北京大学出版社1999年版，第111页。

利用这个分析框架，科尔曼搭建起了微观个体行动与宏观系统行动之间的桥梁，凭借这座桥梁，我们可以将那些无法直接观察到的高度复杂的机制，表述为理论上可以处理的东西。①

2. 资源动员理论

在对集体行动进行研究和探讨的理论中，目前占主导地位的研究范式是资源动员理论。② 在集体行动的早期研究中，研究者或强调行动参与者个体的心理紧张等非理性因素，或过于关注外在结构性压力，行动参与者被视为边缘的滋事分子，集体行动的形象受到极大的扭曲。进入20世纪60年代后，研究者们发现，传统的集体行动理论既难于很好地解释当时暴露的社会运动及集体暴力，也无法解释新收集的历史资料。在对既有集体行动理论反思的基础上，麦卡锡和扎尔德于1973年发表了 *The Trend of Social Movement in Amercia*：*Professionalization and Resoruce Mobilization* 这篇著名的文章，1977年他们又在 *American Journal of Sociology* 上发表了 *Resoruce Mobilization and Social Movements*：*A Partial Theory* 同一个主题的论文，在这两篇文章里，他们提出了著名的资源动员理论。③ 资源动员理论强调集体行动是源自理性的利益追求，并通过资源汇集与组织运作的方式来达成这个目标。④ 在理论立场上，资源动员理论认为集体行动的根源是出于政治与理性，而非传统的"民心论"。资源动员理论家认为，民心论的分析方法是探讨为何人们会产生不满，

---

① 布赖恩·特纳：《社会理论指南》，李康译，世纪出版集团、上海人民出版社2003年版，第279页。然而正所谓"成也萧何，败也萧何"，通过"尽可能简明"，理性行动理论为我们提供了一个通过微观行动探视宏观社会结构的研究路径，但是，"尽可能简明"也许会变成"简单化约"的诡辩，对此，我们应予以高度警惕。

② 张磊：《业主维权运动：产生原因及动员机制——对北京市几个小区个案的考察》，《社会学研究》2005年第6期。

③ McCarthy, John D. and Mayer N. Zald, *The Trend of Social Movement in Amercia*: *Professionalization and Resoruce Mobilization*, in Social Movements in an organization Society, edited by Mayer N. zald and McCarthy. Morristown: N. J. General Learning Press, 1973, pp. 337 – 392; McCarthy, John D. and Mayer N. Zald, "Resoruce Mobilization and Social Movements: A Partial Theory", *American Journal of Sociology*, Vol. 82, 1977, pp. 1212 – 1241.

④ 何明修：《社会运动概论》，三民书局2005年版，第123页。

再从不满来解释集体行动的出现。[①] 事实上，不满总是无处不在的，但是并没有因此而直接导致集体行动。如此一来，分析的重点并不在于人们是否想要改变现状，而是在于他们是否具有改变现状的能力。[②] 欲对此种能力予以分析，资源动员理论提出了自己的理论假设：（1）集体行动需要成本，成本—收益的权衡，无论多么原始，却总意味着（存在）某种程度的选择和理性。（2）对资源的动员可能发生在受到侵犯的群体之内，但也可以从其他途径获得。（3）资源是泛指有利于行动动员的各种条件，它需要经过组织动员才能发挥作用，因此，组织行动是十分关键的。（4）集体行动的成本，可能随着政治机会结构的开放与封闭程度而升降。（5）正如动员是一个大问题，运动的后果也是如此。[③] 在上述假设基础上，资源动员理论主要从政治机会、动员结构、策略性框架（strategic framing）等几个分析概念入手，建构了自己的集体行动研究架构。[④]

3. 本书的分析框架

在中观和微观的层次上，本书旨在运用理性行动理论和资源动员理论来分析我国失地农民的利益表达行为。具体而言，在研究策略上，由于失地农民利益受损与他们的利益表达之间是一个宏观—宏观命题，在强调政治制度和经济社会结构对失地农民利益表达行为的影响时，受科尔曼处理微观—宏观关系思路的启发，本书采取了一种个体行动选择的分析路径：（1）农民因为失去土地导致利益受到损害而形成某种希望表达的欲求；（2）具有利益表达欲求的人充分利用现有的各种资源，积极创造行动的机会；（3）对行动成本—收益进行权衡，以做出行动之决策；（4）个体应对利益受损而做出利益表达之行动；（5）个体的利益表达行动被固化为失地农民群体利益表达结构。与此同时，针对失

① McCarthy, John D. and Mayer N. Zald, *Social Movements in a Organizational Society*, New Brunswick, NJ: Transaction, 1987.

② 何明修：《社会运动概论》，三民书局 2005 年版，第 123 页。

③ 艾尔东·莫里斯、卡洛尔·麦吉拉·吉缪勒：《社会运动理论的前沿问题》，刘能译，北京大学出版社 2002 年版，第 382—384 页。

④ Mark Irving Lichbach and Alan S. Zuckerman, *Comparative Politics: Rationality, Culture, and Structure*, Cambridge: Cambridge University Press, 1997.

地农民群体性利益表达行动，本书将应用资源动员理论框架，从失地农民群体性利益表达行动的政治机会、动员结构、行动的社会空间等方面展开讨论。

四　研究方法

（一）研究方法的确立

本书采用实地研究的策略。实地研究是一种深入到研究对象的社会背景中，以参与观察和非结构访谈的方式收集资料，并通过对这些资料的定性分析来理解和解释现象的社会研究方式。置身“实地”之中，通过“看、听、问、想，甚至还有体验、感受、理解等”[①] 手段，发挥“微型社会学”“深入人际关系深处、进入语言难以表达的传神之意”[②]的优点，研究者可以达致对“事件、过程和行为”[③] 的全面而深入的了解。作为一项以“失地农民”这一中国社会转型中新近出现的特殊群体为对象的探索性选题，在技术路线的选择上，我们之所以采取“进入”实地、“感知”失地农民的研究路径，其原因在于：第一，研究对象的特点。在一项具体的社会学研究课题中，决定研究方法的因素有很多，但研究对象的特质应该是其中较为关键的原因之一。本书研究的失地农民是一个边界十分模糊的社会群体，[④] 即使我们在村社或街道等微观层面上能够获知失地农民的人数，可农民在失地后主动或被动的迁徙流动的客观现实，会使我们对其展开大规模的问卷调查计划难以实施。[⑤] 第二，研究切入点的规定性。在社会学研究中，由于这样或那样因素的影响，对一个相同的问题，研究者可以采用不同的研究路径。具

① 风笑天：《社会学研究方法》，中国人民大学出版社 2001 年版，第 238—239 页。

② 费孝通：《江村经济》，商务印书馆 2004 年版，第 230 页。

③ 袁方、王汉生：《社会研究方法教程》，北京大学出版社 1997 年版，第 142 页。

④ 失地农民边界的模糊性既表现在其概念界定的不确定性上，又表现在其总量的不可知上。时至今日，我们仍然无法获知我国失地农民规模的确切数字。

⑤ 当然，针对农民失地后其利益如何表达我们曾做了一个小型问卷调查，只是由于调查对象基于这样或那样的顾虑，此次问卷调查并不成功，但是从回收上来的问卷中我们仍然能够发现一些问题，在接下来的资料收集部分笔者会做进一步交代。

体到失地农民问题来说，如前所述，偏重宏观、关注制度与法律、纠葛于利益分配公正与否是当前学界对这项研究最突出的特点。这样的研究固然有其意义与价值，但是我们认为，在复杂多义的失地农民问题上，需要一种开放的、全景式的研究理路，将失地农民放置于问题的中心，以“从内往外看”、“从下往上看”① 的视角，认真倾听那些“无名者”言、详细记录那些“被忽视”的事件，然后对这些言说与事件进行归纳、分析和比较，是能够概括出深层次、本质的东西的。因此，实地研究应该是一个十分切合的研究路径。第三，研究主题的特征和性质。在对社会群体的利益表达的关注中，人们惯常的路径是从结构考察行动、从法律制度层面分析既有利益表达路径是否合理合法，这类研究的最终价值追求在于探究是否可以用官方话语、用现有制度机制来统摄各类社会群体的利益表达行为。在失地农民这一特殊社会群体所开展的各种利益表达行动中，既定结构对处于特定时空中的行动者当然有一定的甚至是重要的影响，② 因此我们也关照制度、结构对行动的规制和约束，但是在“前所未有”的地权关系剧烈变动③中，我们认为失地农民所施行的各种利益表达行动本身更值得我们深入探讨。④ 为此，在研究方法的选取上，采取从静态制度结构分析转向动态过程分析⑤的策略，强调以

① 曹锦清在《黄河边的中国》中曾指出，观察转型中国社会有两个不同的视点（或立场），每一个“视点”可以有两个不同的“视角”。“从内向外看”与“从下往上看”就是站在社会生活本身看在“官语”与“译语”指导下的中国社会，尤其是中国农村社会的实际变化过程。（曹锦清：《黄河边的中国》，上海文艺出版社 2000 年版，前言。）

② 徐昕：《论私力救济》，中国政法大学出版社 2005 年版，第 60 页。

③ 张静：《规则的不确定：一个法律社会学的解释框架》，《中国社会科学》2003 年第 1 期。

④ 或许恰如人们常说的那样，理论是灰色的，实践之树常青。只有投身于轰轰烈烈的社会实践之中，只有对人们的实践行为、实践过程给予应有的关注，学术研究才能体现出应有的价值。（参见孙立平《迈向实践社会学》，《学海》2002 年第 3 期；孙立平《实践社会学与市场转型过程分析》，《中国社会科学》2002 年第 5 期。）

⑤ 棚濑孝雄认为，过程分析是一种“从参加社会过程的个人行动层次力图把握其现实动态的研究方法”。通过这种方法，结合个人行动与行动动机和周遭环境，可以“弄清制度在实际上的运行过程”（棚濑孝雄：《纠纷的解决与审判制度》，王亚新译，中国政法大学出版社 1994 年版，第 35 页）；孙立平认为，通过“由宏观的结构转向‘微小实践’”的动态分析，可以“截获和破解统治或生活的要义和密码”（孙立平：《“过程—事件分析”与中国国家—农民关系的实践形态》，载《清华社会学评论》，鹭江出版社 2000 年版，第 1—20 页）。

利益表达主体为中心，强调通过对事件流变及利益表达策略逻辑详加考察，并以“制度如何思考”为中心命题的实地研究方法，应该是对路的。

（二）研究实地的选择

1. 安北工业开发区基本情况

本书所选择的调查点安北工业开发区①（以下简称为开发区）位于秦巴省安北县境内。安北县地处秦巴省东北部，迦临江中游，属秦巴盆地丘陵区，中亚热带湿润季风气候。② 安北全县辖39个乡镇，598个行政村，幅员1334平方公里，总人口68.5万（农业人口60.4万，城镇人口8.1万），地貌以丘陵低山为主，浅丘平坝为辅，耕地面积54.9万亩，人均耕地0.9亩。2005年全县地方生产总值为29.54亿元，其中：规模以上工业企业销售收入18.22亿元，农业生产总值18.88亿元，农民人均纯收入2659元，人均地方生产总值5486元，全县财政总收入4.21亿元。③ 安北历史悠久，人杰地灵。早在新石器时代就有人类活动，春秋系巴国地，秦属巴郡，汉初即独立置安北县。安北水陆交通便捷、物产资源丰富。全县公路里程1946.13公

---

① 依循学术研究惯例，本书中所提及的人名与地名都做了必要的技术处理。

② 巴东省安北县志编纂委员会：《安北县志》，秦巴人民出版社1994年版，第1页。

③ 刘伯忠：《政府工作报告：2005年11月23日在安北县第十一届人民代表大会第四次会议上》。在“统计数据出政绩”的政治生态中，著名的历史学家黄仁宇认为中国历史上一个根深蒂固的缺陷就是缺乏在“数目字上管理的能力”（黄仁宇：《赫逊河畔谈中国历史》，生活·读书·新知三联书店1997年版，第109页）；曹锦清以实地调查的事例说明了地方政府在有关贫困县统计数据上存在的“随意裁断”问题（曹锦清：《黄河边的中国》，上海文艺出版社2000年版，第750页），对政府工作报告中存在的数据不实、数据造假等现象国人也见怪不怪。由于精力与个人能量的不足，笔者无法对这份报告中提供的数据加以仔细核实，从报告中的数字来看，安北应该是一个“县强民富”的富裕县了，这一判断笔者从《安北县志》中得到了确认，在《安北县志》经济篇中，笔者了解到2003年安北“一举甩脱了省级贫困县的帽子”，成为从南市所辖9个县（区）中的三个富裕县（区）之一。但是在2005年国家卫生部办公厅下发的《关于进一步加强肺结核疫情报告和病人管理的通知》和《肺结核病人转诊和追踪实施办法（试行）》中，安北又出现在“国家级或省级贫困县”的名单之列。对地方政府来说，安北县究竟是富裕县还是贫困县？这个问题虽然超出了本书的论域，但是与我们所要讨论的“失地农民利益表达”这一主题却还是有相当的关联的。

里，国道831线穿境而过，大成铁路安北站紧邻县城，迦临江在境内流程长达89公里，水能蕴藏量多达28万千瓦。改革开放以来，在党的富民为民政策的指引下，经过全县人民的共同努力，安北县经济文化事业取得了丰硕的成果，曾先后获得“全国商品粮生产基地县”、“中国南方制种大县”、“中国锦橙第一县”、“巴东北地区电力大县”等殊荣。

开发区位于安北县城南郊周和大道两旁，从其发展历史来看，它源于1992年全国大兴“开发区热”时由安北县政府自主设立的一个工业园区。为抓住铁路建设和修建安北国家粮食储备库的“发展契机”，在“先开发，后报批”的思想指导下，当时的县委县政府一班人在对县城南郊进行为期一周的考察后，决定在“地势平坦、交通便捷、基础建设成本低、发展前景好的藤子沟片区进行集中开发，着力将其打造成巴北乃至整个秦巴外向型经济最活跃的工业园区”①。开发区刚成立时的规划面积为500亩，计划实现工业总产值8000万元。然而在举国大搞开发区、各地尽兴“筑巢引凤”的年代，既无资源优势又无区位之利的贫穷山区小县，无论地价如何的优惠也实在难以吸引到投资者的目光。从开发区的资料中我们看到，1992—2002年，在10年的时间里真正入驻开发区的企业仅有5家②。眼瞅着被围墙圈起的大片农地上疯长的杂草，不仅老百姓心痛，领导们心里也着急。2003年初，在“安北经济振兴计划”全面启动的过程中，为实现“拓展规模、发挥其（开发区）在招商引资中的平台和载体作用”，沉寂了很久的开发区被再度激活，开发区的触角急速向四周扩展。短短的3年时间，开发区已“升格”为“北起庆喜桥，南临兆迩垭，整体规划面积7平方公里，工

① 安北工业开发区管理委员会：《安北工业开发区资料汇编》（内部资料），2003年，第2页。

② 这5家企业中，有一家火砖厂，一家饲料厂，一家复合肥厂，一家果汁厂，还有一家生产白酒的私人小作坊。这5个所谓的企业这几年来的年平均销售总额仅为240万元。（见《安北工业开发区资料汇编》（内部资料），2003年，第2—5页。）

业可用地 10000 亩以上的省级开发园区”①。自 2003 年 4 月开发区项目重建以来，至课题组调查结束为止，开发区征地可分为两个明显的阶段。第一期征地从 2003 年 5 月开始，仅用一个月左右的时间就完成了对 5345 亩农地的征用，涉及舟蔻镇（现在已经改为香茹街道办事处，但为叙述方便，下文仍称镇）和鹤素镇两个镇 6 个村委会 12 个自然村，有 1747 户农民房屋进行了拆迁，搬迁农民 8913 人。第二期征地自 2005 年 6 月开始，② 计划征用农地 3500 亩。由于在第一期征地过程中县政府做出的许多承诺均无法兑现，农民失地后普遍遭遇生存困境，因此，农民对政府的征地进行了各种形式的抵制。这一期的征地工作进展十分缓慢，历经数次启动—停滞—再启动—再停滞的反复，到 2008 年底，整个开发区的征地任务才全面结束。

2. 为什么要选择安北工业开发区

本书之所以选择安北工业开发区为研究实地，是基于以下两方面的原因考虑：第一，进入研究现场相对容易，能够确保调查研究顺利进

① 在调查时，当我们向安北工业开发区管委会唐副主任提出查阅开发区相关批文的请求时，他以“批文在档案馆”为由十分委婉地予以拒绝，而笔者到县档案馆查阅文件时，县档案馆陈馆长先是以文件涉及政府机密予以拒绝，在该县黄副县长的一个电话后，李副馆长在一大堆报刊、文件、报表中忙活了大半天还是没有找到我们想见的批文，档案馆最后给我们的结果是“由于档案馆场地有限、各机关事业局的文件仍然由他们自己在管理”。因此，直到我们此次调查结束时仍然没有见到唐副主任所说的省政府批文。不过我们后来从省政府的一位朋友那里获悉，秦巴省政府办公厅的确曾下发了一份通知，在该通知中安北工业开发区位列保留的 47 个省级开发区之中。不过在通知中也明确规定了“对保留的省级开发区，各有关市（州）政府应按照开发区所在地的城市总体规划、城镇体系规划和土地利用总体规划确定开发区的具体开发建设范围，编制开发区建设规划方案，报省政府批准后实施。开发区必须按照科学规划，依法实施开发建设，建设用地和规划管理纳入当地同级政府统一管理，开发区管理机构不得非法实施征地、供地和农用地转用”（见巴办函〔2004〕48 号文件）。而根据《中华人民共和国土地管理法》第 45 条的规定，安北工业开发区 3000 多亩的用地规模必须呈报国务院批准。据我们推测，该开发区可能没有取得合法的用地文书，而这正是他们无法提供用地批文的真实原因吧。

② 2005 年 6 月，在秦巴“工业强省”和从南市“集中精力抓产业，突出重点抓工业”的战略部署和总体要求下，安北县召开了党委扩大会议，在这次会议上正式提出了建设“工业经济强县”，力争 GDP 10 年翻两番，20 年翻三番的奋斗目标。实现上述奋斗目标的关键就是要进一步加大招商引资的力度，就是要加快工业开发区的建设、拓展工业园区的规模、扩大园区承载能力，就是要举全县之力着力打造一个“进入无禁区，发展不设防，服务无止境，政商零距离”的投资高地。

行。在当前中国的政治生态中，在“维持社会稳定”、“落实科学发展观”、“共建和谐社会”等宏大话语的语境之下，“失地农民问题”不仅仅表现为这类特殊人群的生存窘困，它更是一个指涉“稳定”与“和谐”的敏感社会问题。欲对这一敏感的社会问题展开调查，如何进入现场就成了研究者必须首先解决的问题。安北是作者的家乡，在安北20多年的生活和工作经历不仅培育了其纯正的“乡音”① 和真挚的“乡情”，也为研究者编织起了一张由众多亲朋好友织成的“关系网络”②。通过这张“关系网络”，时刻知悉着家乡的政治、经济和社会变化，自然也就省却了熟悉“实地”的步骤；也正是这张“关系网络”，让课题组在调查中可以同时启用“官方”和“民间”两条通路“入场”，既能“保持现场”，又能审视“外来影响”，从而可以达致对研究问题全面深入的了解。③ 第二，安北工业开发区征地引发的问题，在同类问题中具有一定的共性。在对样本的选择上，许多学者都强调研究实地应具有相当的代表性。艾尔·巴比认为：“实地研究观察对象的一切情况，在这个意义上，它不做抽样；但事实上，研究者不可能观察到一切现象，在这个意义上，他所观察的部分事实上又是从所有可能的观察中抽出的一个样本……这个样本虽然不是事先设计好的，但还是应当服从具有代表性这一原则。”④ 风笑天认为，实地研究只收集个别单位的

① 在研究者开展调查时，安北因在发放中央粮食直补款中给农民打白条一事被南方某媒体曝光，县领导为此甚是恼火，在全县副科级以上干部大会上，县委书记要求今后凡是遇到“说普通话的人”采访时，必须事先向县级主要领导请示，违者给予纪律处分，造成严重后果的一律就地免职。而研究者一口纯正的乡音自然少了这些麻烦，这倒是我们在调查之前真正没有预料到的。

② 在客观条件许可时，我们应尽量选择那些既与研究的问题或现象密切相关，又容易进入、容易观察的背景。（风笑天：《社会学研究方法》，中国人民大学出版社2001年版，第244页。）

③ 在这张“关系网络”中，安北政法委领导是作者的本家，主管工业的黄副县长（他同时兼任安北工业开发区管委会主任）是其大学师兄，在司法机关和其他政府部门也有他的不少亲戚朋友。在原有研究方案中，课题组本计划通过这些“正式”的渠道了解开发区失地农民的一些情况，但是在地方官员为我们组举行的“接风宴”上，相关领导向我们提出“别去整土地问题、少接触农民”的要求既让我们感到十分意外，又让我们直觉到自己触及一个“真问题”。事实上，在调查中研究者更多的还是采用“非正式”的方式入场的。

④ 艾尔·巴比：《社会研究方法》，李银河译，四川人民出版社1987年版，第208页。

多方面信息，得出的结论也不要求具有抽样调查所要求的普遍意义。但是个案的代表性与典型性是实地研究对象选择的一个重要因素。[①] 我们认为，其实任何个案都具有共性和个性，是共性和个性的统一。如果一个个案能较好地体现某种共性，那么，对于这个共性来说，这个个案就有了典型性。典型性是关于某一类共性的集中体现。因此，要判定某个个案是否典型，就要先弄清楚某一类共性是什么，以及它包含哪些特征。我们要选取那些最能体现所有共性特征的个体作为所要研究的个案。[②] 安北工业开发区是在安北县委县政府为追求 GDP 快速增长、为建成“工业强县”而上马的一个开发项目，其“筑巢引凤，扩地招商”发展战略所牵涉的农地面积较大，由此引发的失地农民群体纠诉缠讼、群体抗争等社会问题较为突出。而从我国长久以来形成的“家长作风、重工轻农、好大喜功、GDP 至上”等行政组织文化[③]来看，安北工业开发区由于征地而引发的“失地农民问题”，与各地城市化过程中出现的失地农民问题具有一定的共通性。因此，从可行性和典型性两方面考虑，我们选择安北工业开发区作为调查地点基本上是恰适的。

（三）资料收集方法

1. 访谈法

个案访谈是具体地剖析典型、挖掘深层次材料的有效方法之一。为了充分发挥个案访谈法的作用，我们按照这一方法的要求事先准备好了一份半结构式的访谈提纲，并对多数人进行了多次重复采访以及对同一访谈对象就同一问题的看法从不同角度发问。实地调查的时间可分为两个阶段：第一阶段为 2006 年 5—10 月，历时约 5 个月，主要由项目负责人实施；第二阶段为 2009 年 7—8 月，历时 2 个月，主要由项目负责

---

① 风笑天：《近十年我国社会学实地研究述评》，《社会学研究》1998 年第 2 期。

② 王宁：《代表性还是典型性——个案的属性与个案研究方法的逻辑基础》，《社会学研究》2002 年第 5 期。

③ 行政组织文化是以一定的社会文化和政治文化为背景，在长期的行政活动中形成的，对行政组织及人员起决定或影响作用的共同思想、价值观念、思维方式、心理状态、行为标准、生活方式与情感取向。（参见董晓宇《行政组织学》，中共党史出版社 1999 年版，第 241 页。）

人所指导的研究生实施。在调查中，研究者对绝大多数的访谈都进行了现场录音，少部分是现场笔录和根据回忆整理。最后共形成5万字的访谈材料，这些材料是本书分析的主要依据。

本书涉及的访谈对象主要包括：第一，开发区管委会、国土局、"统征办"（即统一征地办公室）、招商局、信访办、公安局、法院、检察院、广播电视局等单位和部门的领导、管理人员，了解他们对征用农地的看法、态度和对失地农民主张权益行动的见解、策略。第二，入驻开发区的厂商代表，了解他们进驻开发区的背景、企业运作规则以及安置失地农民的态度和看法。第三，开发区失地农民，特别是一些积极主张其权益的活跃分子，这是我们访谈的重点对象。通过对他们的访谈，了解其对土地被征用和伸张权益的路径、策略和预期结果的态度、意见。

2. 实地观察法

在调查中，我们首先运用了参与观察法。本书作者的姑姑家就在开发区内，很多时候研究者都以她家作为自己观察失地农民、体验失地农民生活的"观察哨"。事实上，除了实在推不开的应酬外，第一阶段历时5个月的调查期内，作者更多的时间还是住在他的姑姑家里，以期能更加方便地获得完整翔实的调研资料。其次用非参与观察法，观察开发区农村城市化的现状和失地农民的生活、工作状况，以便更好地了解情况和进行客观的描述。

3. 文献法

本书以第一手资料作为主要研究资料，辅助采用第二手资料。其来源包括：（1）与本书主题相关的中国共产党和中央人民政府及地方政府（尤其是秦巴省政府、从南市政府及安北县政府）的政府文件与资料、各类报纸杂志，以及安北工业开发区文档资料，当地新闻媒体有关宣传材料。（2）网络资源，主要包括南方报业集团网站、农民维权网、瞭望东方新闻周刊等。（3）大学学报、学位论文以及其他学术研究报刊。（4）课题组收集到的与研究主题相关的包括起诉书、申诉状、上访信、审判书、逮捕书、抗辩材料等在内的有关司法文书、图片及其他实物资料。

第二章
城市化推进与农民失地

作为“人口由农村流入城市的运动”①，“城市化”包括下列两个层次的含义：一方面，城市化是农民由乡村向城市、由农业向非农业转移的过程，即农民转变为市民的变迁过程，它包含了这一群体在生产方式、生活方式和社会关系等各个方面的实践活动。“确定一个地方是否为城市的最重要因素，不在于其规模，而在于其居民的谋生方式。”②只有农民成功地向市民转化，城市化过程才算真正完成；另一方面，城市化的主要对象是农民，通过城市化改变农民的生产方式、生活方式，提高其生活水平、文化水平和生活环境，摆脱落后的状态，与城市居民共享现代化城市的文明成果。城市化在推动城市经济发展和人类社会繁荣的同时，也给经历这一“运动”的广大农民带来了前所未有的影响。首先，城市化进程彻底改变了农民既有的谋生方式。城市化意味着对农民和土地关系的变革，使农民与土地分离。丧失了“土地”这个最主要甚至是唯一的生产资料后，失地“农民”必须尽快另谋生路，否则，其基本生存将陷入贫困的窘境。其次，城市化进程改变了农民长期习得的生活方式。离开同质性较高、生活节奏舒缓的乡土，被迫进入城市的失地“农民”，必须尽快适应这个以异质性、流动性和变动性为特征的高风险、强竞争的现代城市生活，为此，如何融入城市社会成为他们急需解决的重要问题。再次，城市化改变了农民的身份认同。从“农民”到“市民”，并非仅仅是生活环境和谋生方式的变化，其中还存在“角

① 戴维·波普诺：《社会学》，李强等译，中国人民大学出版社2000年版，第566页。

② 同上书，第566页。

色转换”这一更为重要也更为艰难的问题，失地农民必须为此做好充分的物质和精神上的准备。[①] 最后，城市化后农民的社会关系及社会支持网络也将发生很大的改变。原先建立在血缘和地缘关系上的社会关系网络和社会资本，将随着城市化后生活场域的变更或贬值或失效，失地农民必须尝试从业缘、位缘等对他们而言十分陌生的视角，去重新构建自己的行动支持网络。社会支持网络的变化，又反过来加大了农民身份转化的难度。

当城市化已经成为人类社会发展不可更改的趋势时，置身于这一巨大变革中的广大失地农民群体，其合法权益和利益又如何能得以体现和保障呢？这就涉及到人们对城市化的看法了。一般来说，如何看待城市化有两个视角：一是农村的视角，即站在农村的立场看待城市化，“城市化是一个变传统落后的乡村社会为现代先进的城市社会的自然历史过程。”[②] 这一视角除了关注规模、面积等外在特性外，它更加注重农村中城市特质的增强。二是城市的视角，即站在城市的角度来看待城市化。与前一个视角不同，“城市的城市化”[③] 更强调城市规模的扩张和城市人口的增长。从某种意义上说，目前我国的城市化视角仍然是一种城市的城市化。[④] 这种政府主导下的城市化，追求的主要是城市规模的扩张和政府自身利益的最大化，而对失去土地的农民应该给予的帮扶和补偿，却因为认知偏误或财力所限等主客观原因而考虑甚少。

① 郑杭生主编：《社会学概论新修》，中国人民大学出版社 2003 年第 3 版，第 119—122 页。

② 高佩义：《中外城市化比较研究》，南开大学出版社 1991 年版，第 159 页。

③ 伊藤滋：《城市与犯罪》，夏金池、郑光林译，群众出版社 1988 年版，第 163—164 页。

④ 张汝立：《农转工——失地农民的劳动与生活》，社会科学文献出版社 2006 年版，第 249—250 页。

一 开发区启动的梦想

（一）农民失地前的生产和生活①

腾紫构村位于安北县城南郊，从县城中心——五行花园到该村步行仅40多分钟的路程，全村1992年时共有8个生产队，256户，952人，耕地面积789亩，人均耕地面积0.82亩，低于当年安北人均耕地1.2亩的水平。

从农田耕作情况来看，水稻、小麦、玉米向来是腾紫构村农民的主要农作物。但是到20世纪90年代以后，由于粮食价格持续走低，种子、化肥与农药的投入不断加大，再加上毗邻县城“摆动式”② 进城打工的便利，使得小规模家庭农业的生产成本不断增高，农业收入在家庭收入中的比重不断下降，所以许多农民都不愿意种粮食。出于政府禁止农田抛荒和家庭自我食用与饲喂畜禽的考虑，不少农民仍在侍弄自家的承包地。至于那些在外做生意的“农户”，一方面出于对抛荒撂荒巨额罚款的恐惧，一方面基于对国家宏观政策与自己经商前景不定的顾虑，“两害相权取其轻”，纵然“不经济”，他们还是花钱请人代为耕种责任田。在访谈中我们获知，此种情况基本上是村民们当时的普遍共识。例如在与7生产队何定邦访谈时，他回忆说：

> 我屋头那时总共有4亩半地，其中3亩用来种菜了，就是大白菜，那东西发得快，一年可以收好几季，又不费劳力和肥料，长大了就拿到城头去卖，一年下来好歹也有千把块吧。种粮就不行咯，

① 由于舟蔻镇腾紫构村（现名为安北县香茹街道办事处腾紫构村居民委员会）9生产队和7生产队村民是成建制整体搬迁的，开发区对其采取的是就地后靠、划地自主修建房屋的安置政策，因此村民居住相对集中，所以关于土地被征用前农民的社会生活情况，资料主要来源于笔者对这两个生产队居民的入户调查。

② 所谓“摆动式”务工是指改革开放初期我国城郊地区的农民利用邻近城市的地利之便，采取农忙时在家务农、农闲时进城务工，或者白天进城务工、夜晚下地干活的就业模式，在相当长一段时期里，这种亦农亦工模式被视为填补城乡发展鸿沟、消化农村过剩劳动力的有效手段（对“摆动式”务工模式的分析，请参见马戍《小城镇的发展与中国的现代化》，《中国社会科学》1990年第4期）。

挖地、施肥、打药又费劳力又费钱，见钱又慢。可不种粮嘛也不行，自己要吃，喂鸡鸭、喂猪也要，没得办法，还得种。好在全部用自己的劳力，还不会“亏老本”，假设是请人的话就不划算了，不给工钱总还得供伙食、供烟酒钱嘛！①

回想起20多年前的日子，9生产队王明石说：

你莫看我现在没存到好多钱，要晓得九〇年那个时候安北县好多人都晓得我王麻子哟！八九年我到街上开了个裁缝店，就在磨子街烟厂门口那条街，30多平米的店，我和婆娘娃儿吃住都在店里，到重庆朝天门进布来卖，又给人打衣服，不像现在，那时候钱真的好挣！屋头的地嘛，只有找人种呀，土又不敢荒起，荒起了公社队上都要来找你麻烦！种的时候请人，收到时候也还是请人。都是挨邻左右的人，要长期麻烦别个，好烟好酒外总得给钱哟，一去一出算下来土里哪里刨得到钱哟！莫得法哟，现在想起来当时胆子小了，要是把精力都放在街上，现在我老早就发了咯！②

也正因为如此，在腾紫构村没有出现种粮大户。在对该村7、9两个生产队“村民”的访谈中我们发现，当时只有一个农户王汉文种有10亩地，其中4亩是从同一生产队何伟红（全家搬到县城里开饭馆了）那里转包过来的。此外再也没有种地在10亩以上的农户。同时在农户的耕作中也极少有转包、雇工等情况发生，③ 多数是把种粮当作种蔬菜、打工之外的“兼业”行为。

家庭收入是家庭使用人力或物质资源所得到的经济收益，家庭收入是反映家庭经济地位最重要的指标之一，因此在几乎所有的农村社会调

① 何定邦访谈录（2006年6月29日）。

② 王明石访谈录（2006年7月20日）。

③ 农户之间的互换劳动的情况当然是经常存在的，尤其是在外出打工人员较多的巴东省，当“38、61、70（妇女、儿童、老人）”为农村“常驻民”时，为不违农时，村民间彼此互助往往成了确保农事活动按期完成的必要条件，但这与“长期雇用某人承担特定劳动，并支付相应的报酬的雇工”行为还是有着明显不同的。

查中，农户家庭收入状况都是调查者希望获知的关键数据，但是，被调查对象出于这样或那样的考虑①，农户家庭收入是最不可回避又最难得到真实资料的问题。② 与腾紫构村失地农民访谈时，在农户家庭收入方面我们也遇到同样的困惑。为此，在访谈中我们主要关注受访家庭在土地被征收前的农业收入、外出打工的劳务收入和自有房屋的价值情况，因为我们觉得上述两项收入是客观可算的，而且"村民"也愿意回答。而之所以将农户自建房屋的价值纳入我们的考察范围，是因为对农民来说，他们对房屋的理解虽不是所谓"风雨能进、国王不能入的城堡"③，但乡民固有的"房子情结"使住房成为家庭拥有的最重要的财产，而且在农村，由于房屋固着不易变动、客观可见等特征，也使其价值能够比较准确地计算出来。

从表2—1所列数据来看，腾紫构村村民还是比较富裕的，在2002年户均收入达到了9510元。但是对农户收入来源作进一步分析我们能发现，农业收入在农户家庭收入中的比重较小，而外出务工的劳务所得已经占到了家庭总收入的60%。这一方面再次印证了种地的"兼业"地位，④ 一方面也说明该村农民外出务工赚钱的普遍性。而就农户房屋价值来看，年收入接近万元的农户其房屋价值也仅为10194元，这样的结果的确让调查者颇觉费解。因为在人们的常识中，无论从改善现实的居住条件、为子女结婚打算、家庭保障还是维持农户在乡里社区中的地

---

① 例如20世纪90年代曹锦清教授在河南农村开展农户收入调查时就遭遇到这样的困境，当他恳请村民老刘为其找几户农民来做家庭收入对比时，老刘这样对他说："如今发了财都怕露富，来了也不会实说。村里人都知道这几家发了财，但谁也不知他们到底发了多少财。"（参见曹锦清《黄河边的中国》，上海文艺出版社2009年版，第47页。）

② 万向东：《都市边缘的村庄》，中国社会科学出版社2005年版，第164页。

③ 英国人称住房为"个人的最后城堡"，18世纪中叶英国首相老威廉·皮特曾说："即使是最穷的人，在他的寒舍里也敢对抗国王的权威。风可以吹进这所房子，雨可以打进这所房子，房子甚至会在风雨中飘摇，但是英王不能踏进这所房子，他的千军万马不敢跨入这间已经损坏了门槛的破房子。"（见刘军宁等编《自由与社群》，生活·读书·新知三联书店1998年版，第152页。）我国农村居民的住房由于宅基地所有权属问题的模糊等因素制约，农民还不拥有自建房屋的完全产权。

④ 因为在农户的家庭收入中，农业收入是包括了劳力、化肥、农药和税费等生产成本在内的毛收入，而打工所得则表现为现实的货币收入，是无须考虑身体成本的纯收入，假如把这些因素考虑进去的话，对农民来说，种地真正成了他们"不得不操持的把戏"了。

表 2—1　　腾紫构村 7 生产队 2002 年家庭收入及房屋价值[①]

家庭农业收入（万元）	频数	百分比	家庭劳务收入（万元）	频数	百分比	房屋价值（万元）	频数	百分比
< 0.1	12	38.7	< 0.1	3	9.7	< 0.1	4	12.9
0.1—0.5	9	29.0	0.1—0.5	13	41.8	0.1—0.5	5	16.1
0.5—1	8	25.8	0.5—1	6	19.4	0.5—1	12	38.7
1—2	2	6.5	1—2	6	19.4	1—2	8	25.8
> 2	0	0	> 2	3	9.7	> 2	2	6.5
原始数据平均值：3953 元；中位数：2356 元			原始数据平均值：5557 元；中位数：4752 元			原始数据平均值：10194 元；中位数：7589 元		

位需要出发，农民都会将房屋问题置于非常重要的位置。为什么会出现这样的结果呢？笔者分析可能有以下两个方面的原因：一是土地将被征用的预期效应。开发区征地早在 1992 年就已启动，2002 年时村民们虽然无法确知自家的房屋和土地何时会被征占，但电视节目里关于城市化的报道和近年来安北县城向周边地区不断拓展的现实，已“告诉”他们脚下的这块地被征用这一结果迟早会发生。当他们通过各种途径获知拆迁房屋补偿方案后，[②] 对他们来说，继续在房上“添砖加瓦”已是极为不经济的行为了。二是当地“打工经济”的影响。该村虽然毗邻县城，但安北县域经济的不振和近年来乡镇企业破产改制、下岗分流所造成的就业压力，使这个小县城已无法向它附近的“老乡们”提供打扫卫生、看护大院等依附性工作岗位了。在此情形下，外出打工已然是村民们一条行之有效的谋生途径。事实上，早在 20 世纪 90 年代中期，安北县政府就将“打工经济”列为本县财政增收的重要

① 当然，由于时间隔膜与社会事件的压力，村民们的“历史还原”定然有诸多的可疑之处，但是“整体后靠”安置政策使社区生活基本保持着原貌，这就为言说者设置了“别人能够判断自己言说真伪”的语境，而“事后述说”也给言说者提供了对现象进行甄别、从而寻找出真实信息所需的必要时间。因此，我们认为，言说者“事后编纂”的可能性还是相当小的。

② 按照安府发〔1992〕24 号文件规定，房屋拆迁补偿费标准为：不论房子装修情况如何，只按住房的建筑面积计算，平房每平方米 120 元，楼房每平方米 180 元。

渠道。当“各色男女齐奔走，一家老少皆打工”成为一种“潮流和时尚”的时候，对农村社区而言，有效劳动力的缺乏也就成为一种必然。而修房造屋不仅需要金钱的投入，更需要足够劳动力的保障。在寻求帮手出现困难的同时，农村零工的工钱和房屋造价又在不断增长，在这诸多因素的影响下，当地村民们房屋年久失修自然就成为一种非常普遍的现象了。

（二）开发区启动的梦想

通常在有关农民土地问题的论述中，人们引用得最多的一句话就是“土地是农民的命根子”。诚然对传统中国农民来说，土地不仅是财富的源泉、生活的保障，而且是情感和生命的依托，体现着一种源远流长的人文精神。[①] 改革开放以来，随着家庭联产承包责任制的推行、市场化的持续跟进、劳动用工制度的结构性调整……在“农业收益概念”[②]的支配下，土地在很多农民眼中已然进入了一种“紧急状态”[③]。从农民对待征地的态度中，我们或许能够窥探到他们对土地所表现出的那份既令人心伤又令人心寒的漠然。

表 2—2　　浙江省农民对征地的态度

	大城市郊区（%）	中小城市郊区（%）	平均年龄（岁）	年人均收入（元）
愿意征地	14	59.6	43.1	6783
不愿意征地	86	40.4	46.3	3712

资料来源：朱明芬：《浙江失地农民利益保障现状调查及对策》，《中国农村经济》2003年第3期。

① 在乡土社会，地缘与血缘是融为一体的，人们世世代代生活在这块土地上，与土地融为一体，乡土成为农民安身立命的根基。人们对祖宗家族的认同追思，使他们对故里依恋、归属和崇拜（参见袁银传《小农意识与中国现代化》，武汉出版社 2000 年版，第 68 页）。

② 孙立平：《断裂：20 世纪 90 年代以来的中国社会》，社会科学文献出版社 2003 年版，第 99 页。

③ 张柠：《土地的黄昏：中国乡村经验的微观权利分析》，东方出版社 2005 年版，第 303 页。

从表2—2我们可以看出，在经济较发达的浙江省中小城市郊区，由于土地附加值相对较高，竟然有接近60%的农民愿意土地被征用。对于安北这个西部小县城的郊区农民来说，由于外出打工业已成为家庭的主要收入来源，加之种田既辛劳且担受着“靠天吃饭”的风险，平均每亩地负担在170—200元之间，加上农药、化肥等生产物资价格的持续上涨，种地最多也仅能维持一种不赚不赔的状态，因此从理论上讲不愿意种田的农民会更多。实地调查也印证了我们的判断。[①] 在访谈中，我们遇到的年轻人普遍认为，现在谋生的路子多得很，只要肯干，做什么事情都比种地收入要高得多，土地越少越好，能征就征吧，征完了就真正不用再当农民了；多数中年农民则认为土地可要可不要，对土地抱着无所谓的态度；而对那些有一技之长的农民来说，没了土地反而省却了请人种地的烦恼，这样跑运输、加工、商业、饮食、服务业投入的时间会更多，赚的钱可能也会多一些。在腾紫构村我们遇到一位刚从外面打工回来的年轻人，当问起其对征地的态度时，他这样说：

> 我是个农民，正宗的农民，祖上三代全是农民，我爷爷我爸爸一辈子都守着队里分的那一亩三分地，秦巴嘛，本来就人多地少，每家分到的都是东一坨、西一块的豆腐块。还好，虽然地少了点，收成也不太好，但如果安分种地的话，也还可以养活全家老小，只是那几年税费太高了，靠种地根本赚不了几个钱。

① 在一项关于“失地农民问题”的调查报告中，有研究者通过问卷调查得出了“发达地区愿意土地被征用的意愿较为普遍，较发达及欠发达地区愿意土地被征用的意愿较低”的结论（见王慧博《城市化进程中失地农民市民化调查状况比较分析》，《宁夏社会科学》2010年第7期）。我们认为，这样的研究结论与当前农民对待土地的真实态度是相背离的。但凡长期从事农村调查的学者都会发现这样一个现象，在我国广大的中西部欠发达地区，一方面是远离城镇的大量土地被抛荒撂荒，杂草灌木丛生；另一方面是城镇郊区的农民寸土必争。造成农民对土地态度迥然不同的原因何在？我们认为，这与农民的职业活动无关，与农业生产无关，与乡村生活无关，甚至与土地本身无关，其终极原因还在于土地所带来的各种利益，正是对土地征收可能带来的各种利益预期，才导致了城郊农民对征地充满了某种期盼，而恰是征地后各种预期利益无法得到切实保障的严峻现实，又引起了城郊农民对土地征收的“愤恨、不满意、不愿意”。

> 这几年，好多地方都在搞开发区、在整城市化，我们安北虽是慢了点，但后来也开始搞了。眼看着开发区一天天向我们村逼近，我的心里呀，别提有多高兴了！那时候我就在想，瞧瞧吧，我们也要进城了。真的，我心里特高兴，终于可以摆脱“农民”这皮了，要不了几年，我也是个城市人了吧，嘿嘿。
>
> 不过，更重要的，不在于称呼上的改变。我们这里，如果地被征到，那绝对是件很幸福的事。一般如果土地被征了，每个农村户口至少可以分到7000块钱以上，7000块，在我们农民眼里可不是个小数目哟。一个农村家庭，最少也有4个户口，四七二万八，再加上拆房子给的赔偿，那少说又有两三万吧，这些钱可以让我们好好过几年了。如果再找点钱来盖房子，修个三四层像样的房子也没多大问题吧，然后把房子来出租，一年租金也有个万儿八千吧，日子能混得很不错哟！对于一辈子跟泥土打交道的我们来说，能有什么事比这更舒服？所以，我很开心地觉得，开发区要是能发展得更快，那就更好，因为这意味着我们早日脱离“乡下人”，告别粗茶淡饭，抛弃粗布麻衣，踏上康庄大道。另外，再跟你说个事，其实我们这边的地是越来越不好种了，沙化严重，以前的很多良田，现在只能种点豆子什么的。很多人家都把地卖给工程队，挖沙，很有赚头，一块地大概能卖个两万，地还是自己的，工程队把沙挖完了还给你把地给填上，多好的事啊，现在我们这边卖地挖沙很流行。所以那时我就想呀，趁我们还没挨饿之前，赶紧给征了吧！①

就在很多村民盼望着彻底割断土地这根将他们缠绕在农村的脐带之时，开发区建设提速为他们提供了迅速融入城市的契机。

由于连续几年在全市目标考评中均位列倒数第一，加之因拖欠教师工资所引发的全县教师集体罢课事件让从南市委、市政府蒙受全省通报批评这一“奇耻大辱”，2003年初，上级对“开拓不够、创新乏力”的安北县领导班子来了个“大换血”。为避免重蹈上届领导的覆辙，在

① 王红军访谈录（2006年6月6日）。

全县范围深入开展“安北要发展，我该做什么”、“无功就是过、无绩就是耻”的大讨论之后，经过“全面洗脑、更新观念”的新一届领导班子意识到：只有“紧紧抓住经济发展这个第一要务”，才能避免“集体下课”。为此，在“超常规”思想指导下，安北县党政主要领导探寻到“以地生财、以地招商、以地扩城”从而实现安北经济新跨越的发展道路。“安北开发区重建计划”自此全面启动：2003 年 4 月 11 日，安北县经济发展领导小组成立，县委书记亲任组长；2003 年 4 月 14 日，安北县经济发展目标考核办公室成立，县长亲任主任；2003 年 4 月 18 日，安北县招商局成立，主管工业的副县长兼任局长；2003 年 4 月 27 日，由县长亲自主持，省市各级领导莅临，并力邀国家级著名歌星、影星捧场的，有 2 万群众参加的，安北历史上规模空前的开发区管理委员会成立大会及经过精心包装与科学规划占地面积 7 平方公里的开发区奠基仪式，在腾紫构村一块宽阔的空地上举行……①

在喧天的锣鼓声和轰响的鞭炮声中，在愉悦的歌声和酣畅的欢笑声中，这个沉寂了十年之久的开发区再一次被人们插上了腾飞的翅膀，它载着 68 万安北人民求强盼富的梦想、载着安北县党政官员焦灼的期望，更载着开发区大多数农民对未来美好城市生活的向往，一路向前……

二　开发区建设中政府行为的失范

失范（anomie）作为当今社会科学为数不多的几个中心概念之一，② 自涂尔干最早将其引入社会学以来，对“应然”的反动和与社会通识规范、行为准则的背离是社会学家对“失范”一词惯常的理解。③ 借用这一术语来考察开发区中政府所为所动，就应当先对政府“应然行为”给予必要的考问。国家作为垄断合法使用暴力与征税权力的特

---

① 安北科技信息网，2003 年 4 月 26 日。

② Parsons. T.，“Durkheim”，*In International Encyclopedia of the Social Sciences*，Vol. 4. N. Y.：Macmillian and Fress Press，1968.

③ “在标准的社会学理论史中，失范充其量只是个边缘概念或小角色……失范能够走上理论舞台，只不过是因为它的‘反面角色’具有某种独特的‘反衬功能’。”（渠敬东：《缺席与断裂：有关社会失范的社会学研究》，上海人民出版社 1999 年版，前言。）

定机构，其目的不在于为国家机构自身或国家机构的成员谋求福利，而在于为一国的人民提供“公共产品”。[①] 政府是国家的核心，政府的组建源于公众的委托和权利的让渡，[②] “公众是政府的‘所有者’，不是‘顾客’”，[③] 为公众服务是政府不可推卸的责任。因此，“民有、民享、民治”[④] 不应仅是一种美好的社会理想，增促公共利益、提升公众福祉更应成为政府一切行为的出发点和最终目的，“政府的任务是服务和增进公共利益”。[⑤] 近年来，在国家自主性理论[⑥]启发下，人们已经逐渐认识到，作为代表国家实现社会控制和管理职能的权力机构，“政府也是一个有着相对独立利益与目标的主体”。[⑦] 但是正如有学者指出的那样，作为社会生活中的利益主体与作为市场中的利益主体是完全不同的两回事，[⑧] 无论从政府权力的理论溯源还是从维持政权稳定的现实需要来看，确保整个利益博弈的公正和在利益博弈格局中的保持相对超然，满足民众公共利益要求、获取民众的普遍认受才是政府之应然行为取向。

“公共利益”模糊，任意滥用征地权限。与当前中国各地不断掀起的“圈地”热潮一样，作为整个游戏规则的制定者和执行者的安北地方政府，在开发区建设、农地征用和农民房屋的拆迁、失地农民补偿安置中一个最理直气壮的口号就是：“为了68万安北人民的公共利益”。然而当我们面对各种暴力拆迁、蛮横征地和失地农民“四无”困境时，最紧要的是对“何谓公共利益”进行必要的反思。公共利益的概念最

---

① 李强：《后全能体制下现代国家构建》，《战略与管理》2001年第6期。

② 王振海：《公共政治论》，山东人民出版社2005年版，第168页。

③ 张成福：《公共行政的管理主义：反思与批判》，《中国人民大学学报》2001年第1期。

④ 《林肯选集》，朱曾汶译，商务印书馆1983年版，第240页。

⑤ 詹姆斯·E.安德森：《公共决策》，唐亮译，华夏出版社1990年版，第222页。

⑥ 国家自主性理论重在强调国家在促进公共利益增长中所体现出的对个体利益的超越和国家作为社会生活主体自我特殊利益的认受。（江红义：《国家自主性理论的逻辑：关于马克思、波朗查斯与密里本德的比较分析》，知识产权出版社2011年版。）

⑦ 齐明山：《转变观念　界定关系——关于中国政府机构改革的几点思考》，《新视野》1999年第1期。

⑧ 孙立平：《博弈：断裂社会的利益冲突与和谐》，社会科学文献出版社2006年版，第21页。

初源自于古希腊社会，从其演变过程来看，公共利益的概念大致经过了“共同的善”、“公共幸福”以及与个人利益相对应的范畴几个阶段，人们对公共利益内涵的理解随着社会的发展而不断地变化。可见，这是一个极其主观的概念，以致有学者发出这样的感慨：“何为公共利益？因非常抽象，可能言人人殊。”① “公共利益概念的最特别之处，在于其概念内容的不确定性。这种内容不确定性，可以表现在其利益内容的不确定性及受益对象的不确定性两个方面。利益内容的不确定性主要是指对利益形成和利益价值的认定，受利益主体和当时社会客观事实所左右，无法固定成型；利益是价值判断的结果，是人们以感觉肯定其存在之实益，也是民之所好的不定对象。而受益对象的不确定性则是指享有公共利益者的范围难以确定，因为公共一词无法完全清晰定义。”② 综观理论界已有研究成果，无论概括列举式③、“六条标准”④ 还是“四项标准”⑤，至今尚无人能给公共利益以明确的界定，似乎在“什么是公共利益的问题上，永远不能达成一个广泛的共识。公共利益有如一个空盒，每个人都可以往其中注入自身的理解”⑥。

“政府是必要的邪恶”，⑦ 国家权力运作应当促进公共利益的增

---

① 陈锐雄：《民法总则新论》，三民书局 1982 年版，第 913 页。

② 陈新民：《德国公法学基础理论》（上册），山东人民出版社 2001 年版，第 182—184 页。

③ 坚持这种观点的学者认为“首先应给‘公共利益’下一个简单的定义，如公共利益是指涉及国家安全和广大社会公众福祉的利益，然后尽可能较全面地列举出属于公共利益范畴的事项”。（参见姜明安《界定“公共利益”，完善法律规范》，《法制日报》2004 年 7 月 1 日。）

④ 中国人民大学莫于川教授认为“在把握公共利益这一概念时，应坚持如下六条判断标准：1. 合法合理性；2. 公共受益性；3. 公平补偿性；4. 公开参与性；5. 权力制约性；6. 权责统一性”。（参见莫于川《判断“公共利益”的六条标准》，《法制日报》2004 年 5 月 27 日。）

⑤ 有学者认为，要正确界定公共利益，通过应该遵循公共性、合理性、正当性和公平性四大基本原则，同时坚持直接与间接设定结合、实体与程序结合、授权与控权并重。（参见袁曙宏《“公共利益”如何界定?》，《人民日报》2004 年 8 月 11 日。）

⑥ Deborah Stone, *Policy Paradox*: *The Art of Political Decision Making*, W. W. Norton Company, Inc. , 2001, p. 23. 转引自陈庆云主编《公共政策学》，北京大学出版社 2006 年版，第 254 页。

⑦ 卢梭：《社会契约论》，何兆武译，商务印书馆 1980 年版，第 24—27 页。

长，[①] 作为保护公共利益最强有力的组织，国家设立政府的根本目的就是保护并推进公共利益的实现。然而如我们分析的那样，又正是公共利益内涵与外延存在非确定性的“悬置状态”，赋予了政府“模糊”公共利益界限的“自由裁量权”。作为社会公共利益的典型代表，政府在实质上独享“是否为公共利益之需”的裁判权，而法律法规的疏漏以及监督制约机制匮乏，以至于政府可以对“公共利益”做任意解释。具体到土地征用制度来说，我国《宪法》规定，“国家为了公共利益的需要，可以依照法律规定对土地实行征用”。但是包括宪法在内的所有关于土地征用的相关法规对“公共利益”没有做出明确说明，这就造成“公共利益”实际上没有边界。例如《土地管理法》不仅未对“公共利益的需要”予以清晰的界定和明确的阐释，还进一步规定，“任何单位和个人进行建设，需要使用土地的，必须依法申请使用国有土地”，从而赋予了作为国家权力代表的各级地方政府，在征地过程中模糊、扩大“公共利益”的绝对“自由阐释权”。国家征地是“为了公共利益的需要”，政府认为搞经济建设也是为了公共利益，所有的经济建设，不管是公益建设，还是商业开发，都“搭乘”着公共利益的“便车”，由此造成了近年来中央政府屡禁不止、愈演愈烈的“圈地运动”。此外，依照《征用土地公告办法》第 15 条之规定：“征地补偿、安置争议不影响征用土地方案的实施。”原土地所有者同意与否已是无关紧要，对于地方政府开出的补偿标准，农民即使不满意，既不能协商，也无处寻找救济。在安北调研时我们就发现，开发区管委会仅仅给农民下发了一个限期前来办理征地手续的“通知书”，土地征地必经的公告程序即告结束。至于农民接受征地补偿标准与否、他们对安置方案有什么意见，在开发区管委会来说，那都是那些土地将被征用的农民自己去思量的事情了，“公告”之后，征地工作立马就能开展。

“政绩效率”至上，漠视社会公正。在改革开放前的总体社会里，由于资源配置中央高度集中和权力分配中央高度集权的制度安排，遵循

① 李琼：《政府管理与边界冲突：社会冲突中的群体、组织和制度分析》，新华出版社 2007 年版，第 305 页。

既有安排对所分得的“蛋糕”再次切割和维持地方社会的稳定，既是地方政府工作的重心，也是考核地方官员政绩的主要依据。改革开放以后，随着社会工作重心向经济建设转移，“GDP增长、资本扩张、财富积累”逐渐演变为中国社会的主流话语。在全部社会生活经济化的时期，从过去“国家代理机构”这一单纯的角色中“解放”出来的地方政府却不得不面临着“如何把自己的蛋糕做大”的难题。而就在地方政府正在为如何发展地方经济劳精伤神的同时，它们又遭遇到财权向上“抽汲”与事权层层下解所带来的财政挤压。面对经济增长压力和财政无钱的窘困，在“以经济增长论成败、以官场升迁论英雄”的现行干部考核升迁机制和官员荣辱观念中，在“为官一任，造福一方”社会舆论与宏观氛围的强力渲染下，“一件事情只有有利于经济增长，才有其合法性；一个事物只有能换来金钱，才能证明其价值”①。在这种片面政绩观诱导下，“以经济建设为中心”蜕变成“以GDP为中心”，“发展才是硬道理”被片面化为“GDP增长才是硬道理”。“政绩效率当先、公平正义无前（前途和钱财）”也成为一些地方政府和官员“不由自主”的行为选择。在安北开发区这片土地上，无论从“重商护商”氛围的形构、“三个代表”推进征地工作竞赛②、农地征用安置补偿安排还是对失地农民群体性事件的应对方案中，我们都能看到，卢梭眼中的那个强力和公正无私的政府③，“在发展的名义下”，为求项目能越上越多、问题处置能越快越好、GDP增长能越来越明显，正逐步将维持社会公平、正义，促进社会和谐等重要的“政府责任伦理”置身度外，这种以牺牲底层农民的利益和整个社会发展的长远利益为代价、“惟增

① 孙立平：《博弈：断裂社会的冲突与和谐》，社会科学文献出版社2006年版，第69页。

② “为树立党员干部一心为公、群众满意形象”和“通过多种途径和手段着力将各种社会矛盾化解在基层”，结合党的先进性教育活动，安北县委县政府在开发区开展了为期一个月的“‘三个代表’推进征地工作竞赛”。来自县直机关的优秀党员干部80多人被分成4个小组，按照竞赛组委会规定，以拆迁速度快、被拆迁农民对抗性事件发生低、群众反映问题少的小组获胜。获胜小组除给予一定物质激励、“‘先进性教育’活动模范”奖励及在安北电视台公开表扬外，活动中表现尤为突出者还将被推荐为上一级领导干部后备人选。（安北科技信息网，2005年6月26日。）

③ 卢梭：《社会契约论》，何兆武译，商务印书馆1980年版，第75—77页。

长是图的发展”[①] 造成的后果只能是城乡裂痕的进一步增大和社会结构的进一步断裂。

饥不择食、盲目招商。通过文件出台、会议讨论、班子构建和媒体轰炸等多种形式的“广宣传、大造势”之后，曾在上级领导和全县群众面前信誓旦旦地做出“安北不发展，我们就下台”的新一届领导班子却不得不面对这样一个事实：作为一个山区贫困小县，安北既不靠海也不沿边，交通不便，财力薄弱，比照1996年时开发区建设成本，每平方公里土地的前期开发费用，加上修建工厂、购置设备等，最低也要超过4亿元人民币，[②] 而资金奇缺的安北何以能撬动这个规划面积达7平方公里的“开发区”的杠杆？“穷则思变”，在为期十天的沪粤浙“南方取经”后，“全心全意求发展”的领导们悟出了“无中生有兴产业、以地生财广招商”，“筑巢引凤”的“超常规、跳跃式”发展模式。为了在最短的时间内打造出一个“进入无禁区，发展不设防，服务无止境，政商零距离”的投资高地来，一时间，招商引资成为安北“一切工作的重中之重”[③]。在“一切服从于招商引资，一切服务于招商引资”思想指导下，各式各样的“招商引资目标考核”制度和“末位淘汰制度”纷纷出台，各个部门的招商引资优惠政策、招商引资奖惩办法纷纷出笼，招商引资目标任务层层下解，“百日招商引资竞赛”在街道、在村社、在学校、在机关全面铺开……为避免因为招商引资不力而被通报批评、被电视台曝光乃至被末位“淘汰”，各单位处处托人情、到处找关系。为了在招商引资大跃进中抢得先机，不问产业，不问效益，不问来源，千方百计抓住一切机会实现“签约率”。至于什么规模

① 景天魁等：《社会公正理论与政策》，社会科学文献出版社2004年版，第14—19页。

② 田江海：《中国开发区概论》，载《中国开发区综览》编委会《中国开发区综览》，中国建材工业出版社1996年版，第22页。

③ 在安北县提供的招商引资宣传材料中，他们用“到安北来投资发展，凡是在外地可以享受的优惠政策，在我县都可以更加优惠地享受；凡是外地可以提供的投资条件，我们都可以更加优越地提供。只要您来安北投资，我们就为您铺路！只要您来安北经营，我们就坚决保护您！只要您来安北发展，我们就为您提供一流服务！只要您来安北投资，我们什么都可以谈！”等渐次推进的排比句式和饱含深情的措辞，展露了地方政府“求财若渴”的焦灼心情。

经济、主导产业、科技含量、市场竞争力等等，通通在所不问。在开发区的规划书上其产业功能定位为“高新技术开发园区”，但是为了完成“指标”，突出“政绩”，“招商引资大跃进”却使其变成了一个“大杂烩”：“家庭作坊”、“草根”企业、“开关”工厂、“空壳”公司等落后产能和淘汰企业混迹其中，化工、冶炼等污染行业占到主导地位，至于说“高新技术”倒是一家也没有。[①] 这不仅严重背离了省政府批准设置开发区的要求、造成土地资源的浪费，更为安北的生态环境带来巨大的隐患。

三　开发区内资本的无序扩张

资本扩张本是无可厚非的事情，资本的本性就是要不断地获取最高额增殖。因为只有通过资本的扩张，才能使企业形成一定的或更强的规模，才能使企业具有更强的生存能力，才能使企业在市场竞争中获胜，才能使企业得到良性的、快速的发展。然而正如经济学家曾说的那样，资本扩张既非“政府行为”，也不是“钻营投机”，它必须以遵循市场规则和经济运行逻辑为前提，否则，它就只不过是一种“泡沫”，一种于社会无益的无聊游戏。[②] 在安北开发区中，我们就看到了很多这种资本扩张的“无聊游戏”。

占而不用，土地资源浪费现象严重。土地作为人类社会赖以依存的基础，其重要性是不言而喻的。尤其对于安北这个土地资源缺乏、耕地污染和退化严重的传统农业大县来说，高度重视土地资源的规划管理，合理有效利用土地资源显得更为紧迫和重要。但在调研时我们发现，招商引资企业在开发区“占而不用、圈地不开发”的现象却十分普遍。在开发区管委会的年度经济工作总结报告中，都能见到入驻开发区企业

① 在开发区设立20多年后的今天，当我们进入该区域调查时发现，真正入驻开发区的企业共有9家，其中祺祥和齐欢为生猪饲养和肉食品加工企业，金坛电化、恒诚冶金、金鹰冶炼和航星钢铁为来料加工电化石企业，同兴橡胶、航山塑料、保捷化工系生产日用化工用品的企业，这些企业大多为高污染行业。

② 郭元晞：《资本扩张》，西南财经大学出版社1998年版，第1—22页。

数目和投资额度在逐年增长，但是真正步入开发区之中我们却发现，除了紧紧密密的围墙圈起来的大片荒芜的土地外，很难见到多少上规模的工厂。那么这些招商引资企业都去了哪里？做一番简单的调查之后我们就发现，很多招商引资企业仅仅是在开发区“圈地”而已。在政绩压力下的安北地方政府为了争取开发区项目进入省、市计划的“笼子”，在数据上大做文章的同时也不得不在招商引资方面下大力气，各种招商引资目标考核办法和制度也正是在此背景下纷纷出台的。要实现招商引资的“签约率”，就必须让投资商“尽量满意”，一时间，“招商、招商”变成了“优惠、优惠、再优惠”。然而就像我们前面已经分析过的那样，资源匮乏、地理位置偏僻的安北除了在用地政策上不断优惠之外再也没有多少能与投资商讨价还价的资本了，而小县城房地产市场的不景气①又让土地难能吸引到投资商的目光。通过地方政府充分“盘活”资源引来的投资者们，出于降低企业成本、提高利润等多方面的考虑，大多不愿到已经实现了水电气路“四通”的开发区去建厂，当他们以近乎“零成本”在开发区圈得一片土地后，又在地方政府的“帮助”下，通过兼并、收购、联营等形式在城区置办自己的实业。面对投资商这种“明显无理的请求”，出于经济增长和政绩压力的考虑，地方政府又“不得不为之”。② 面对笔者对“土地连续 2 年未使用”③ 的疑惑，开发区管委会唐副主任说：“既然它们在生产、在上税、在给安北提供就业机会，你又怎能说它的土地没有使用呢？况且它们就是我们开发区

① 2005 年安北成功引进了省城一家房地产公司到县城搞房地产开发，该集团斥资在县城的黄金地段修建了 200 多套据称是“安北最具生态魅力和人文关怀”的南方小区。2005 年 7 月该房屋上市价定为 1800 元/平方米，但开盘后不久，该小区房价便跌至 800 元/平方米，而且就是这样的价格也没有多少人购买，为此房产开发商叫苦不迭。时至今日，安北县城的商品房价格也在 2500 元/平方米左右徘徊，空置率高、资金回报率低、利润空间小，这是大家对安北县房地产市场的普遍认识。

② 其实这种情况也不惟欠发达的西部地区所独有，在中部和东南沿海经济较发达地区也随处可见。（见曹锦清《黄河边的中国》，上海文艺出版社 2000 年版；贺雪峰《新乡土中国》，广西师范大学出版社 2003 年版。）

③ 根据《中华人民共和国土地管理法》第 37 条规定：禁止任何单位和个人闲置、荒芜耕地。已办理审批手续的 2 年以上未使用的，经批准后由县级以上人民政府无偿收回用地使用权。如原土地为农民集体所有的，应当交由原农村集体经济组织恢复耕种。

的企业，我们每年的经济考评指标都是把它们框进开发区去计算的。”一些招商引资企业主则这样告诉我们说：

> 你是纯粹在搞学术研究，我就给你说实话，社会学的东西我可能没你懂得多，但搞经济我就肯定比你在行得多了！现在开发区整体框架还没成形，厂子整到那里的话不行，光职工的生活和安全什么的就要花很多钱。我把厂办在城里，成本肯定要低些，而且过几年说不定安北的房地产就炒起来了，那时呀，我现在（工厂）的这块地就更值钱了，到时我把工厂搬到开发区去①，这地要卖要炒就由我说了算！②

牺牲环境谋发展，生产废弃物污染严重。在开发区管委会统计的资金已经到位的53家招商引资企业中，真正将厂房、设备和生产线全部设置在开发区的仅有9家③，这几家企业均属于高污染行业。按照《中华人民共和国环境保护法》、《建设项目环境保护管理办法》、《建设项目环境保护设施竣工验收规定》和《关于综合利用项目与新建和扩建工程实行“三同时”的若干规定》等相关法律法规的要求，凡是技术改造项目及一切可能对环境造成污染和破坏的工程建设项目，项目中的环境保护设施必须与主体工程同时设计、同时施工、同时投入生产使用。但在我们对这几家企业的调查中却发现，仅有三家生产化工品的企业通过了县政府组织的生产环境评价，而且没有一家企业建有专门的排污设备。企业生产的各种废弃物未经任何处理就直接向空中、地表和河流中排放掉了。在这些工厂周围经常能见到夹杂着大量粉尘的滚滚浓

---

① 那位投资者的话在我与开发区管委会唐副主任的访谈中得到确认，唐副主任告诉我说：为解决开发区“缺乏人气”和招商企业“占地不用”的问题，县委县政府早就酝酿着“城区企业大搬迁方案”，即“招商引资和城区新建企业原则上都进入开发区”，搬迁费用由企业对现有土地自主开发给予解决，如果企业现有土地开发有难度或开发所得与搬迁费用之间差距较大的，由县财政按搬迁总费用的15%给予补贴，但财政补贴总额不能超过10万元。但是因为搬迁经费没有着落，加之很多企业的抵制，最后这个搬迁方案也只有不了了之。

② 方洪声访谈录（2006年8月22日）。

③ 这9家企业大多属于污染严重的行业，为避免生产废弃物对县城的影响，县委、县政府“特意”将它们安排在了离城区有一段距离的开发区内。

烟、闻到浓烈刺鼻的氯气和猪粪便发出的臭气，更不用说那些在地上四处流淌着的污秽不堪的垃圾。环境法关于“三同时”和“开发者养护、污染者治理”等相关规定在这里全都成了没有丝毫法律效力的一纸空文。针对这些企业对生活环境的破坏，开发区周围的农民也曾通过找企业主论理、向开发区管委会投诉、到县环保局反映、向新闻媒体求助等多种途径主张自己的权利，但是在企业“降成本、提速度、增效益”和地方政府“你赚钱，我保护；你纳税，我服务；你发展，我铺路；你有难，我帮助”的“安商、助商、富商”大环境下，在“谁敢阻碍企业发展，就砸谁的饭碗”① 的话语霸权下，农民们唯有以“安北要发展，我们做牺牲”来自我安慰了。②

四 失地引发的困扰

2003 年 5 月，随着开发区第一期征地工作正式启动，眼看着彻底摆脱土地的束缚和从此不再交“皇粮税赋”的梦想马上就能成为现实，农民对征地工作表现出极大的支持和拥护。许多村都出现村民主动要求主持征地工作的开发区干部征用自己承包田的现象。因此这一时期的征地工作进展十分顺利，③ 短短一个月左右的时间，就实现了对 5345 亩土地的征用。我们分析这一时期征地工作开展得如此顺利的原因，除了我们在前面已经提及的种地“兼业”地位、农民负担较重以及农地经营收入不断下降之外，还有下述几个重要的原因：第一，农民对自己依

---

① 《安北县优化发展环境大力招商情况的调查》（http：//www. sc. cei. gov. cn/eptsalon/paperboard/showre. asp?）。

② 在既定的权力关系中，权力的弱势方无论居于多么不利的地位，都可以借助某种操纵资源的方式对权力强势方实施一定程度的控制，反过来，权力的强势方无论多么强大，只要仍然停留在权力关系之中，就会在某个方面受制于权力的弱势方。因此，权力弱势方的农民除了“认命”外，还是能找到一些可用但未必有效的利益表达方式，而这也正是笔者接下来予以讨论的问题。（杨善华主编：《当代西方社会学理论》，北京大学出版社 1999 年版，第 327 页。）

③ 当然，这一时期的征地工作并非完全“一帆风顺”，其间也遇到了不少阻力和麻烦，如下文要讲到的“黄玉富事件”，但总体上来说，当时的征地工作进展还是不错的。

法承包的土地应享有的权利认识不清。由于农地调整频繁，[1] 土地产权模糊，[2] 加之农村土地的每一次调整或变动皆是由国家及其各级代言人[3]来启动的，农民对土地的承包经营权能的取得也并非以“等价支付”而是靠国家赋予的形式获得的，这就使得很多农民认为，土地是国家的，[4] 政府要收回土地就像将土地的承包期由 30 年再延长 30 年一样，是再理所当然不过的了。第二，农民尚未意识到土地所蕴含的商业价值。由于许多农民急于摆脱土地对自己发展的束缚或者因为土地而背负的各种税赋，加之知识能力欠缺与信息资源通道堵塞，使他们根本无法预知自己承包的土地经过“炒作”后会产生多大的价值，所以当开发区管委会叫农民选代表在征地合同上签字时，村民们你推我让，最后大多委托在任的村社干部代为签名，并将征地的一切手续交由这些干部

---

① 虽然根据国家相关土地法律规定，农民对其承包耕地享有长期的使用权，农村现有土地联产承包经营格局应该长期保持不变。但在农村调查中我们发现，由于农户人口增加、农地因水淹埋而自然消解等原因而发生的农地调整时有发生。在一项有关农地经营制度的调查中，研究者也发现：“据调查，从 1978 年以来，农民承包的土地已经平均调整 3.01 次，至少有超过 60% 的村庄和 60% 的农户经历过土地调整。”（迟福林：《赋予农民长期而有保障的土地使用权》，《人民日报》1999 年 1 月 5 日。）

② 我国《宪法》第 10 条规定“农村和城市郊区的土地除由法律规定属于国家所有的以外，属于集体所有”，《土地管理法》和《农业法》规定“农村土地属于乡、村、组集体经济组织所有”。但是这些法律并没有具体规定土地归属哪一级集体所有，表面看来我国农村土地由集体所有，具体是由农村集体经济组织、村民委员会或者村民小组占据所有者身份，但是事实上却又都不是，土地的产权由此而显得相当模糊。何·皮特认为，通过维持农村土地集体所有权的“有意的制度模糊”，中央一方面希望给地方留出足够的回旋余地，让它们试着以新的方式处理土地产权问题，另一方面也是为了阻止社会矛盾的继续蔓延（参见何·皮特《谁是中国土地的拥有者》，林韵然译，社会科学文献出版社 2008 年版，第 99 页）。

③ 从法理上讲，作为村民自治机构成员的村干部不能成为国家的代言人，但是在压力型体制下，有关村委会干部角色的理论分析与实证经验业已表明他们更多的时候是充任乡镇在村庄的“脚”或“腿”，而且在村民的日常话语中大多将这些村委会干部称作“当官的”。因此，由这些“官”们启动的土地承包期调整虽然也可能存在合理与合法性问题，但是这丝毫不影响村民们对“调整来自于国家意志”的体认。

④ 其实农民对承包土地产权的这种认识甚至具有相当的社会认知基础。国务院发展研究中心副主任韩俊在一篇文章中指出，在一项对 1080 户农民的调查中，有 57% 的农民认为中央政府拥有农村土地（韩俊：《中国农村土地制度建设三题》，《管理世界》1999 年第 3 期）；于建嵘开展的岳村调查也发现，有 33% 的农民认为农村土地归国家所有（于建嵘：《岳村政治》，商务印书馆 2001 年版，第 371 页）。

帮助办理，农民没有提出自己应该享有的权利，他们也没有意识到自己的利益受到侵害。第三，农民对县委、县政府做出的征地补偿和拆迁安置承诺比较满意，他们对今后的“非农”生活充满期待。火线接任的安北县新一届领导班子，在对主要由于拖欠教师工资被省上通报批评而招致“集体下课”的前任们的失败教训进行深入总结后，得出的一个结论就是：虽然教师集体罢课是导致前任们下课的导火线，但是在县域经济上无所作为才是前任失败的真正原因。为此，县委、县政府将工作重心放在了开发区建设上，希望通过开发区这棵“梧桐树”引得“金凤凰”来，从而达到解决发展资金短缺瓶颈制约、促进县域经济增长、增加就业岗位和维护全县社会稳定等多重功效。建设开发区首先就要求解决好农民土地征用和房屋搬迁问题。为避免刚上任就出现农民闹事，县委、县政府在“让利于民”的思路指导下对安府〔1992〕24 号文件做了修订，全面提高了对失地农民的补偿标准。每亩土地的补偿费由 8536 元增加到 1.3 万元，青苗补偿费从 240 元增加到 300 元。对拆迁房屋的补偿规定是，不管房子装修情况如何，只按住房的建筑面积计算，平房每平方米也由 1992 年的 120 元增加到 150 元，楼房从每平方米 220 元提高到 230 元。此外，政府还承诺：①开发区建成后，将在紧邻火车站的地方开辟一块地来专门修建失地农民安置小区，每套住房面积 90 平方米，按照 167 元/平方米的成本价出售，每套 1.5 万元，除 60 岁以上的老年男性村民必须和儿子合在一起购买一套住房外，其他完全失去土地的男性村民（不论婚否）每人可以购买一套安置房。②在安置房未建成前，被拆迁农民以户为单位，每月补助 250 元的租房费，直至安置房交付使用时为止。[①] ③在失地农民就业安置问题方面，县政府还要求开发区管委会向被征地农民承诺，凡是入驻开发区的企业，必须按不低于企业员工总数 20% 的比例，安置原址上被征地农民。

2009 年 7 月，距开发区第一期征地 6 年之后，当我们再次到安北

① 在我们实地调查时发现，在安北出租房市场上，2000 元/年就能在地段不错的街面租到 70 平方米左右经过简易装修的住房，由此可见，安北县当初对失地农民们的租房补贴其实并不低。

开发区收集课题研究相关资料时，[①] 无论是与失地农民的访谈还是对他们日常生活与社会行为的观察，研究者都能清晰地感到：梦想着“无地一身轻”的农民们，“身为城里人”的他们却未能获得征地前所期望的美好与幸福；相反，当土地尽失之后，他们普遍遭遇到居而无房、干而无业、生而无保障等诸多问题的“困扰”。

经济补偿迟迟未能兑现，部分失地农民基本生存陷入困境。我国征地补偿费过低，这是许多学者的共识。[②] 但是，笔者在安北开发区调查时却发现，失地农民自始至终都没有对县政府制定的征地补偿标准提出质疑。与此相反，种田无钱可赚甚至还会亏本，而征地之后还能得到补偿费，因此，作为理性的社会人，农民普遍对县政府有关失地补偿承诺充满期待。“按那个标准，每个人最少也有 15000 块钱吧”，农民们在心里盘算着。然而到了 2003 年 7 月，包括沟渠、田坝、道路、房屋在内的 5345 亩土地早已全部推平，但农民应得的征地补偿款却迟迟没有发放。面对失地农民一次又一次的诘问，开发区管委会均以“补偿款会发给你们的，尽管放心；县上的标准肯定不会变，绝对要逗硬”为搪塞。2003 年 11 月，开发区管委会向土地被征用农户都印发了安北县政府《关于征地拆迁补偿款发放办法的补充规定》。在这份补充规定中，县政府对补偿款支付手段和支付方式做了进一步修订：由于开发区招商引资工作才刚刚启动，外来商户入驻率还不太理想；加之当前县财政资金十分紧缺，征地补偿无法一次性付给农民。县委、县政府希望征地农民能充分体谅政府的难处，并一如既往地关心、支持开发区的建设。在对失地农民现状进行细致深入的调查研究的基础上，为使失地农民更能享受到实惠、为确保失地农民补偿款能最大效率地发挥作用，县

① 为收集本研究相关资料，笔者曾于 2006 年到安北开发区开展过为期 5 个月的调查。

② 文军：《“被市民化”及其问题——对城郊农民市民化的再反思》，《华东师范大学学报（哲学社会科学版）》2012 年第 4 期；张学英：《可持续生计视域下的被征地农民就业问题研究》，《贵州社会科学》2010 年第 4 期；夏华：《收入分配失衡与“低价工业化”增长机制的牵扯》，《改革》2011 年第 3 期；康岚：《失地农民被征用土地的意愿及其影响因素》，《中国农村经济》2009 年第 8 期；张寿正：《关于城市化过程中农民失地问题的思考》，《中国农村经济》2004 年第 2 期；孙立平：《博弈：断裂社会的利益冲突与和谐》，社会科学文献出版社 2006 年版，第 68 页。

政府经研究决定对失地农民实行长效补偿机制，即在原有补偿标准不变的情况下，青苗补偿费采取一次性支付，并力争于2003年年底全部付清；房屋拆迁补偿费和土地补偿费采取按年分期支付的方式，力争在5年内付清；对丧失土地的年长村民（女55岁以上、男60岁以上），按照每月100元/人的标准支付生活补助费，直至补偿款全部结清为止。①

"政府决策，百姓让道"，作为"公共利益"的当然代表，政府是永远的管理者，征地多少、安置补偿方案全然由他们说了算。至此，怀着对"城市生活"的美好期盼和历经了艰难等待的失地农民们，在参与权、知情权与发言权等权能全然丧失的情形下，又必须在政府设定的"长效补偿机制"框架下，去应对土地被征、房屋被拆之后的基本生存命题。

受传统的"天人合一"的生活理念的支配，经过历史的演变，中国许多地区农民生活中的许多方面和环节都是直接来自土地赋予、亲戚邻居互助和家庭成员互补，对外支出的生活费用可多可少，带有自我服务和自然经济特点，与城市生活比较而言是一种成本低得多的生活方式。在农村生活，开门七件事，有的可省，有的可替代；而在城市生活，开门七件事样样都要钱。② 因土地征用和房屋拆迁而获得的各种补偿金，是农民从低成本的农村生活向高成本的城市生活过渡的经济保障，③ 是失地农民的"活命钱"。然而就是这样的"活命钱"，却在"更实惠、最大效率"的合法语境中给长久地"消（失）减（少）"了。依照县政府重新出台的"长效补偿机制"安排，失地农民每年仅能得到2000多块钱的现款。按照现在的存款利率，农民即使不吃不喝，

---

① 见安北府发〔2003〕26号文件。至2009年我们再次到安北开发区调研时，这份2003年出台的《关于征地拆迁补偿款发放办法的补充规定》中对失地农民的诸多承诺依然未能兑现。

② 廖小军：《中国失地农民研究》，社会科学文献出版社2005年版，第105页。

③ 征地补偿需要补偿农民因征地而引起的生存成本增加的损失，其内容包括：失去土地资源及其升值收益的成本、人力资源成本、就业风险成本、社会保障成本、居住成本、搬迁成本和信息成本等，而现行我国征地补偿制度设计中对失地农民补偿明显偏低，补偿金远不足以弥补失地农民所蒙受的损失（陈新锋：《从生存成本看对失地农民的补偿标准》，《中国土地》2005年第5期）。因此，要确保失地农民顺利实现从农村生活向城市生活过渡，经济补偿的保障功能是极其有限的。

将这2000多块钱全部存入银行，一年也仅能获得20多块钱，这就意味着农民在土地尽失、房屋被拆后每年可以得到20多斤大米。“我们原本算计着用补偿款买房或搞些别的能来钱的行当，可是按照他们确定的补偿方法，我们什么时候才能买上房子啊？他们究竟还要不要我们活了？”在调查中，很多农民无数次向我们表达了对县政府“言而无信”的愤慨。由于补偿水平和补偿办法的不合理，导致大多数失地农民家庭生活水平极度下降。因为无房可住、无地可种，部分没有什么积蓄的家庭和完全依靠种田为生的农户一下子断了生活来源，其生活极其拮据，甚至出现了以捡破烂为生的状况，有的家庭夜里连电灯都舍不得点，到农贸市场捡拾剩菜烂菜叶吃、在租住小房子的门外支起锅灶做饭的农民也不少。失地后窘困的生存状况与政府替他们编织的城市生活美好预期之间巨大的反差，让农民们真切地感受到自己在权力面前是多么的无助，而所谓城市化的好处竟全然与他们无关。这种强烈的被剥夺感既不断地销蚀着他们对作为公权人的地方政府应有的信任，也为部分失地农民过激行为的发生潜藏着可能。

安置小区建设进展缓慢，部分失地农民居无定所。在我国许多农民心里，都有着一种执着的房子情结。很多农民起早贪黑，省吃俭用，为的就是要造一栋像样的房子，没钱的借钱也要造房子。房子里面可以没什么家什，但是房子的外观却一点也含糊不得，房子漂亮了在乡亲邻里们面前说话也要响亮些。此外，对于农民来说，房子既是他们安身立命之处，也可能是家庭经济收入的重要来源，积累财富的重要途径。农民利用房屋可饲养各种禽畜，发展家庭养殖业；可开办小作坊、小工厂、小商店等，发展非农产业。[①] 因此，如果说安北开发区地面上的许多农民对“土地”还有某种说不清的“怨恨”的话，对自己辛辛苦苦打造的房子则完全“不舍离去”，无论怎样，拆掉房子绝对是他们一辈子里最重要的大事之一。在调查中有很多失地农民这样对我们说：“那时我家的那个房子虽然说不上有多好，但它至少也算是个‘窝’吧？而且还冬暖夏凉，住起来就是安逸。哪像城里的房子，‘鸽子笼’似的，房子小不说，还不透气，待一会儿就感到憋闷。”“要不是开发区那几个

① 廖小军：《中国失地农民研究》，社会科学文献出版社2005年版，第107页。

人成天来催我搬，我才不会搬呢！他们答应的条件是还可以，但是我同意搬可不是为了钱。我主要想到为安北发展自己也得做出点牺牲吧!"农民话虽这样说，但我们分析他们同意搬迁的真正原因，还出于对政府提出建设安置小区方案感到十分满意。2003 年安北城区一般商品房价格已经达到 550 元/平方米，而方案中针对被征地农民而专门修建的安置小区房价才 167 元/平方米。在拆迁已成定局的前提下，安置房所包含的巨大的预期收益诱使农民离开了自己的房屋。2003 年 9 月，距开始征地仅仅 4 个月的时间，开发区就在靠近火车站的地块上建起了 400 多套失地农民安置房，按照开发区管委会规定的“先拆先住”原则，第一批 500 多人顺利上楼。第一批失地农民安置房建成后，由于在安置小区规划上出了一些纰漏，[①] 小区选址迟迟无法确定，失地农民安置房建设一直没有进展。眼看着建房原材料价格不断地上涨，很多农民担心房屋价格将随着建房成本的增长而不断上扬，那时自己就根本没有能力购房了。而开发区承诺的每个月 250 元钱的租房费，到 2004 年 3 月以后突然就缩减为 150 元/月。在土地被征、房子被拆之后，生活仍需继续的村民们只好四处寻找安家立身的场地。有点积蓄或有亲戚朋友周济的日子暂时还能够应付过去，原本就缺钱和根本没有什么亲友帮助的农户生活一下子陷入了困境。为节省开支，很多失地农民不断从租住的小房子搬到更小的房子，还有的干脆临时在围墙边上搭个窝棚住下。这种居无定所、不断漂泊的“无立足之地”的生活让安土重迁的农民们感到没来由的羞愧和莫名的愤怒。

人员安置期望悬空，就业压力急剧增大。与中西部许多地区的农民一样，在安北农村，农民是没有“退休”这一说法的，在土地上操持一辈子是再自然不过的事情了。可是当土地完全被征用后，要维持家庭可持续生计，无地可种的农民就必须尽快寻找到新的就业岗位或其他收入来源。按照县政府向他们做出的承诺，开发区建成后将成为秦巴省东

① 第一批安置房刚建成不久，从南市委书记就来到安北检查开发区建设情况，县委、县政府借机将安置小区作为“样板工程”向市委书记展示，谁知这一方案却遭到市委书记的严厉批评，“在这里搞居民区简直是乱弹琴，在轰隆隆的火车声中农民怎么睡得好觉？房子挡在这里火车站广场哪有法扩展了？站台经济又如何开展？”（据一些未上楼失地农民讲述）

北地区最大的高新科技工业园区，那时候年轻的可以去学技术、搞管理，年老的可以去搞绿化、搞卫生，而且所有入驻园区的企业必须按照新增岗位的20%安置失地农民。然而几年的时间过去了，水、电、气、路全通了的开发区，用围墙圈起来的地倒是有不少，也有几家生产电石、日用品和喂猪的厂子，但是失地农民们却怎么也见不到“高科技工业园区”的影子。由于下述各种原因，失地农民转岗就业陷入了重重困境：一是失地农民人口老龄化严重。由于近年来“打工经济”的影响，开发区周围农村很多年轻人都到外面闯世界去了，留在家里的大多是些老人、妇女和孩子，因此这些村子的老龄化问题还是比较突出的。而年龄较大的农民多以农业生产为主，现在失去了田地，由于年龄、文化、体力、技能等限制，转岗十分困难。对于他们来说，失地就意味着失业，大多数人事实上已很难找到合适的工作岗位。

二是失地农民自身文化素质和生活习惯阻碍了其转岗就业的可能性。由于失地农民总体上受教育少，文化程度低，再加之农村熟人社会重血缘和地缘轻业缘的生活观念，客观上造成他们很难在竞争激烈的就业市场中争得一席之地。例如开发区管委会就曾与实际入驻园区的9家企业签订了协议，要求这些企业一旦开工，必须严格按照不低于60%的比例①聘用原址失地农民，或许是基于规避环境污染治理责任的考虑，这些企业对此也比较认可。但是，企业投产后不久，很多企业宁愿违反协议进行赔偿，也不愿聘用失地农民。原因何在呢？经过我们调查了解到，很多到企业上班的失地农民纪律观念十分淡薄，遇到丁点事情就随便请假。有位企业主就曾这样告诉我们说：“他们太爱凑热闹了，只要有一家办红白喜事，我的企业就有一半职工请假，这种情况还不是一次两次，有时一个月要来几次，搞得我的厂子根本无法正常运转，客户要的货也没办法交，你说我要亏多少钱？而且他们的关系还很复杂，根本无法进行管理，往往批评一个人，就有一群人来和你理论，我们管

① 当我们就“安置比例由20%变为60%”一事向开发区管委会工作人员咨询时，他们告诉我们说这些企业都是污染行业，开发区在用地和环保等方面给予了这些企业“莫大的关照”，企业当然应该有所回报呀！更何况将农民安置在这些企业以后，如果以后发生了环境污染问题，由于安置农民的利益与企业的效益捆绑在一起了，农民们也不会随意出来闹事了。

理起来十分被动。与其这样，还不如赔点钱雇佣下岗工人，虽说工钱高点，但他们技术好，管理起来也不费事。”

三是失地农民即使勉强就业，也往往受到歧视与不公正待遇。由于中国劳动力市场供大于求的宏观社会背景和在现有权力结构中农民事实上所处的“弱势无权”地位，干最苦最累最脏的活、住最旧最破最危险的房、拿最低最差最少的待遇几乎成了转岗失地农民们的“专有权”,[①]“同工不同酬、同工不同时、同工不同权”的生活境遇更增添了他们权益遭剥夺的社会排斥感。

社会保障获取艰难，退路问题困扰加大。近年来，在“农业收益概念”[②] 和当地“打工经济”的多重夹击下，开发区附近的农民大多对土地表现出“食之无味”的“离弃”倾向。可是当土地被开发区征用这一事实真切发生之后，不少失地农民却对土地表现出了前所未有的“思恋”。在我们看来，个中原因除了政府在征地补偿款发放、安置房建设及人员安置处理中存在的种种问题外，失地农民对未来老年生活的忧虑才最为关键。由于安北财力不足，政府对农村社会保障关注不够，加上整个中国城乡二元结构的宏观社会环境影响，虽然在努力构建“和谐安北”的活动中，政府对农村某些特困户给予了一定的帮助，并将500多户纳入了“医保”、“低保”范畴,[③] 但此类活动本身所具有的“非普遍性”和受益对象的“非确定性”，为解决此类问题所内在的“局限性”和“非常规性”做了充分的注解。因此，它根本无法与通常人们所理解的“全民共享、普遍受益”的社会保障制度[④]等同起来。正是基于上述原因，在县政府对失地农民所作的各种承诺中，根本没有涉及到养老和医疗保障问题。但是，失地后所经历的那么多的艰苦岁月里，令许多失去土地的农民尤其是那些年龄较大和仅仅依赖种地产出为

① 其实这也是转型中的中国所有农民工共同面临的问题，身为农民，似乎注定就应该是“弱势无权”。

② 孙立平：《断裂：20世纪90年代以来的中国社会》，社会科学文献出版社2003年版，第99页。

③ 《关于安北努力构建和谐社会的情况调查》（http://www.sc.cei.gov.cn/eptsalon/paperboard/showre.asp?）。

④ 苏振芳：《社会保障概论》，中国审计出版社2001年版，第8页。

生的农民，真正体会到拥有一份承包土地的日子“其实真的是那么的美”。当学者和决策者们正在为“土地能否承担社会保障功能”各执一词、争论不休的时候，[①] 对于这些已经失去承包地的农民来说，土地所承载的社会保障功能一下子凸显出来。有地的日子里，虽然可能也会入不敷出，虽然生活过得也还清苦，但是粮食和蔬菜总不用花钱买，虽然清苦，但是日子也能够马马虎虎对付过去。现在土地一下子全被拿走了，征地款又迟迟没有兑现，而拿到手中的钱用不了几年也有“坐吃山空”的危险，而“单位人”[②] 享受的养老保险、失业保险、医疗保险等社会保障制度对自己来说又“遥遥无期”。在这种情况下，“老而无靠”、“看不起病、吃不起药”等诸多闹心的事深深困扰着许多失去土地的农民，尤其是那些年龄偏大、文化程度不高、缺乏体力和其他技能的纯农户，打工无门、经营无路、摆摊设点又缺少本钱，他们对以后的日子倍感忧虑。

---

① 刘春风：《强化土地保障功能与建立农村社会养老保障》，《合作经济与科技》2005年第19期；梁永郭：《论中国农村土地养老保障制度》，《经济论坛》2005年第10期；孔喜梅、杨启智：《质疑农村土地的社会保障功能》，《中国土地》2004年Z1期；刘书鹤：《农民“有土地就有保障”吗?》，《中国社会保障》2003年第2期；姜长云：《农村土地与农民的社会保障》，《经济社会体制比较》2002年第1期；等等。

② 土地被完全征用后，他们在心理上再也无法将自己和其他有地的农民等同起来了，但是他们也知道自己目前这种状况也和其他城里人是不一样的，究竟这种不同体现在哪些方面他们也说不清，其实他们也无法厘清这种关系，只是用“单位人”来统称那些与自己有很多不同的城里人。

第三章 失地农民利益的表达

在以农民为主题的抗争政治①研究文献中，围绕“农民为什么反抗?”这一中心命题，西方学术界长期以来一直存在着所谓“斯科特—波普金”论题。

美国著名农民问题研究专家詹姆斯·斯科特（James C. Scott），以自己在东南亚农村长期的田野调查资料为基础，出版了《弱者的武器：农民反抗的日常形式》和《农民的道义经济学：东南亚的反抗与生存》等有关农村底层政治的经典力作。在这些作品中，斯科特用生存伦理（subsistence ethic）、日常抵抗（everyday forms of peasant resistance）、弱者武器（weapons of the weak）和隐藏的文本（hidden transcript）等一系列重要概念，对农民中普遍却又秘而不宣的那些平凡而琐碎的反抗形式与反抗技术进行了重写浓描。② 具体地讲，斯科特认为，小农经济行

---

① “抗争政治”是美国学者查尔斯·蒂利、西德尼·塔罗和道格·麦克亚当提出的一个具有较大理论包容性和较高理论阐释力的概念，在《抗争政治》和《斗争的动力》等著作中，他们给“抗争政治”所作的定义是“诉求者和他们的诉求对象之间偶尔发生的、公共的、集体的相互作用”。“抗争政治包含了这样一些互动：在其中，行动者提出一些影响他人利益或导向为了共同利益或共同计划而做出协同努力之要求；政府则在这些互动中作为所提要求的对象、要求之提出者抑或第三方而介入其中。”（参见道格·麦克亚当、西德尼·塔罗、查尔斯·蒂利《斗争的动力》，李义中、屈平译，译林出版社 2006 年版；查尔斯·蒂利、西德尼·塔罗《抗争政治》，李义中译，译林出版社 2010 年版。）在这里，研究者通过“偶尔、公开、集体”等定语，而将常规性、隐秘性、个体性等抗争形式排除在“抗争政治”视域之外，而就前文我们对“利益表达”的内涵所作的阐释来看，“抗争政治”是包含在“利益表达”的范畴之中的。

② 詹姆斯·斯科特：《农民的道义经济学：东南亚的反抗与生存》，程立显、刘建等译，译林出版社 2001 年版；James C. Scott, *Weapons of the Weak: Everyday Forms of Peasant Resistance*, Yale University Press, 1985.

为是遵从“安全第一、避免风险”的生存逻辑，传统的村庄是一个具有高度集体认同感的内聚型道德共同体。对于在生存逻辑指导下的农民来说，公开的、有组织的政治行动的确是过于奢侈了，因为那即使不是自取灭亡，也是过于危险的。为了回避这些风险，农民更多的是采取日常形式的反抗，即农民与向他们索取超量的劳动、食物、税收、租金和利益的那些人之间平常的却持续不断的抗争，这些日常形式的反抗通常包括偷懒、装糊涂、开小差、假装顺从、偷盗、装傻卖呆、诽谤、纵火、怠工等等。这些日常反抗的共同特点是：它们几乎不需要事先的协调或计划，它们利用心照不宣的理解和非正式的网络，通常表现为一种个体的自助形式；避免直接地、象征性地对抗权威也是其重要特点。[①]斯科特将农民采取这些日常形式的反抗称为“弱者的武器”。在斯科特看来，贫困本身并非诱发农民反抗的根源（否则经常陷于贫困之中的农民应该总是处于反抗的状态之中），只有当他们的生存道德和社会公正感遭受到侵犯时，农民才会奋起反抗，并且反抗形式往往限于运用那些个体式的、秘而不宣的“弱者的武器”。

在 *The Rational Peasant: The Political Economy of Rural Society in Vietnam* 一书中，塞缪尔·波普金（Samuel Popkin）对斯科特的分析在方法论和具体论点上均提出了挑战。[②] 波普金认为，传统村庄并不是斯科特所描绘的“道德共同体”，村庄实际上只是一个松散的开放体，各农户相互竞争、自行其是以增加收入和达到最高收益。由于村庄中广泛存在的不信任、忌妒、摩擦、竞争和冲突，斗争与合作（抗争政治）是村庄的分配模式和集体行动中所固有的特性，因此，研究者更应关注的是农民个人获利的动机。基于理性选择（rational choice）的政治经济学立场，波普金提出了“理性小农”的概念，认为农民并不比其他阶级更看重维持乡村共同体既有秩序，也并不存在与其他阶级迥然不同的正义观念，其实从本质上来看，在权衡各种利弊得失作出理性选择后，农

① 郭于华：《“弱者的武器”与“隐藏的文本”——研究农民反抗的底层视角》，《读书》2002年第7期。

② Samuel Popkin, *The Rational Peasant: The Political Economy of Rural Society in Vietnam*, Californial University Press, 1979.

民做出的各种行为和手段都是围绕“追求自身利益最大化”这一目标而施为的。波普金虽然也承认农民会极力反对任何的冒险，但却认为农民不冒风险的原因并非基于斯科特“生存伦理”的考量，而是农民在全面审视如果冒险可能遭遇得不偿失困境之后的一种理性判断。在波普金的政治经济学视角下，农民参与集体行动也是一种投资行为，因而他必会计算反抗的可能代价与收益。自利的农民是否为一次集体行动贡献力量，取决于个体而不是群体的利益。①

从上述争论要点我们可以看出，围绕着“农民行为选择”这一命题，无论是斯科特的“道义小农”还是波普金的“理性小农”，这两者之间的矛盾与对立并非根本性的，因为他们阐释农民行为的立场和视角其实是不同的。波普金是基于“经济人”的视角来考察农民的个体行为（individual behavior）；而斯科特是从制度、社会关系和集体行动（collection action）的层面来理解农民反抗行为的。② 事实上，农民的行为选择究竟是理性的还是道德的恐怕并不是一个真问题。传统农民旷日持久的问题在于外部世界的索取与农民家户生计之间的紧张与对立关系。面对这一根本性的问题，农民要么采取内趋型策略，通过缩减家庭开支或黄宗智所谓“内卷化”③ 来应对；要么通过外趋型策略，采取各种抗争形式来回应外部世界的索取者。是选择内趋型策略还是外趋型行动，都不过是农民基于现实生存境况所做出的最合理的谋生方式而已，说到底，它们都应该归结于农民的生存智慧。④

---

① 郭于华：《“弱者的武器”与“隐藏的文本”——研究农民反抗的底层视角》，《读书》2002 年第 7 期。

② 陆益龙：《西方学者眼中的中国农民及乡村社会》，《浙江学刊》2002 年第 4 期。

③ 内卷化一词源于美国人类学家吉尔茨（Chifford Geertz）《农业内卷化》（*Agricultural Involution*）。根据吉尔茨的定义，“内卷化”是指一种社会或文化模式在某一发展阶段达到一种确定的形式后，便停滞不前或无法转化为另一种高级模式的现象。黄宗智在《长江三角洲小农家庭与乡村发展》中，把内卷化这一概念用于中国经济发展与社会变迁的研究，认为明清以来，在人口的压力下，中国的小农经济逐渐变成一种“糊口经济”，它通过在有限的土地上投入大量的劳动力来获得总产量增长的方式，即边际效益递减的方式，实则是一种没有发展的增长即“内卷化”。（参见黄宗智《长江三角洲小农家庭与乡村发展》，中华书局 1992 年版。）

④ 郭于华：《“道义经济”还是“理性小农”：重读农民学经典论题》，《读书》2002 年第 5 期。

斯科特的道义小农和波普金理性小农理论主要是对东南亚一些国家农民抗争行为的经验性解释，具体就中国农民利益表达的行为而言，长期以来中国知识分子与一般大众普遍持有这样一种观点：由于其保守的政治文化，当权益遭受到损害时，作为装在“一个口袋里的马铃薯”的中国农民顶多是以“非理性”、“非法”[①] 的手段来表达自己的不满，他们实在是难以有所作为，尽管农民各种利益表达行动已在中国乡村如火如荼地展开。

近年来随着中国乡村治理结构变革和公民权益意识的增强，作为社会行动者的农民不断以各种方式提出自己的利益诉求，这不仅深刻地改变着中国乡村社会，不断地通过赋予农民以新的时代内涵而塑造着农民自身，同时也持续地吸引着研究者对此问题展开学理探究的热情。

李连江、欧博文在对农民维权典型个案深入分析后指出，中国农民有非常强的权利意识，并且愿意通过“合法抵抗”来保护他们的权利。[②] 在对农民捍卫权利的行动进行深入分析之后，他们提出了“依法抗争”（policy-based resistance）这个关键概念。在他们看来，农民“依法抗争”是“以政策为依据的抗争”，是农民积极运用国家法律和中央政策维护其政治权益和经济利益不受地方政府和地方官员侵害的政治活动，他们有进一步提出保障选举权与被选举权、监督权和罢免权等政治权利的主张，[③] 因而具有政治参与和政治抵抗的特点。“依法抗争”以其独特的视角把握了当前中国农民抗争的主要特点，并逐渐发展成为农民抗争研究的一个典型范式。

在对“依法抗争”进行学理分析的基础上，于建嵘提出了“以法

---

① 按照二分法的研究传统，农民对政府公开或隐蔽的对抗方式一般被定义为与“合法”相对的“非法”政治参与。很多学者在开展这类课题的研究中都将其纳入“非制度政治参与”这一概念之中。（如陶东明、陈明明《当代中国政治参与》，浙江人民出版社 1998 年版；方江山《非制度政治参与——以转型期中国农民为对象分析》，人民出版社 2000 年版；程同顺《当代比较政治学理论》，南开大学出版社 2001 年版；等等。）

② 李连江、欧博文（Kevin J. O'Brien）：《当代中国农民的依法抗争》，载吴国光主编《九七效应》，香港太平洋世纪研究所 1997 年版。

③ 周晓虹主编：《现代化进程中的中国农民》，南京大学出版社 1998 年版，导论。

抗争”概念，他认为，“以法抗争”是直接意义上的以法律为抗争武器，而“依法”是间接意义的以法律为抗争依据。在“依法抗争”中，抗争者更多的是以具体利益纠葛作为行动的起源与目标，它更多的体现为一种“上位者”权威的恢复；而在“以法抗争”中，抗争者是以更具抽象意义的“公平、正义、权力”为诉求，是一种以立法者为实现抗争目标的政治性对抗。基于这种分析，于建嵘认为，20 世纪 90 年代以前中国农民更多的是以“依法抗争”或“合法反抗”来表达自己的权益，而 90 年代以后农民则进入了“以法抗争”或“有组织抗争”。① 为整合学术界流行的“日常抵抗、依法抗争、以法抗争”等关于中国农民抗争策略的经典解释框架，董海军提出了“依势博弈”和“作为武器的弱者”等概念。董海军认为，后税费时代中国乡镇社会的利益博弈已发生了重大变化：诉求领袖凭借的资源由“权力的文化网络”转到“权力的利益网络”，利用弱者，以弱者作为武器来组织实现博弈；诉求对象由基层政府转到各利益主体，呈现多元化倾向；作为博弈凭借资源的“法”面临着十分尴尬的局面，而“势”却成为博弈背后潜在的资源。②

尽管“依法抗争”已成为中国农民抗争研究具有代表性的解释话语，但有学者认为以“依法抗争”为代表（包括“以法抗争、依势博弈、作为弱者的武器”等等）的策略范式（研究者都聚焦于抗争多方的互动关系及其使用的策略上，尽管这些解释话语间在具体策略的表述上彼此各不相同）却由于过分注重抗争者的利益考虑和抗争过程，而忽视了抗争行动的道德逻辑和抗争行动可能带来的意外后果，这在一定程度上也限制了策略范式对抗争行动的解释力。③ 有鉴于此，研究者认为，应将“伦理”维度引入农民抗争研究中，因为伦理在中国农民的社会生活中具有举足轻重的地位，也是中国社会研究中的一个重要领域，

① 于建嵘：《当前农民维权活动的一个解释框架》，《社会学研究》2004 年第 2 期；于建嵘：《当代中国农民维权抗争的行动取向——对湖南衡阳县的实证研究》，载陈明明主编《权利、责任与国家》，上海人民出版社 2006 年版，第 45—59 页。

② 董海军：《塘镇：乡镇社会的利益博弈与协调》，社会科学文献出版社 2008 年版，第 215 页。

③ 吴长青：《从“策略”到“伦理”：对“依法抗争”的批评性讨论》，《社会》2010 年第 2 期。

更是中国农民抗争行动的重要维度。在农民抗争研究中引入伦理维度的目的，并非要推翻策略范式，而是为了弥补策略范式的缺陷与不足，为了不断拓展农民抗争研究视域，从而提出新的论题、作出新的解释。[①]

本书认为，上述分析对于理解中国农民利益表达（或农民维权抗争）行动的确具有相当的解释力，但是因为中国农民的行动具有多重性特点，[②] 因此只有将农民的行为放置于特定的生存境遇、社会变迁和制度安排的背景中分析，才能避免部分学者在对农民行动诠释时的"二元论"[③] 的偏向，才能在纷繁复杂的农民利益表达行动中把握农民行为的真相。在对安北开发区失地农民的调查中，我们发现，因土地被征用而致使其合法权益遭受损害的农民开展的种种利益诉求（或抗争）中，他们既不是"全然无助"到仅仅是逆来顺受；也非"透彻理解自己的权益，牢牢握紧自己的所有物不放……他们被侵害的苦痛就愈痛切，相应地其反作用愈大"[④]，随时准备操持起法律、法规来积极诉求自己各种应得的权益。其实正如已有研究表明的那样，转型中的中国政治、经济和社会已经发生了深刻变化，国家、社会与阶层内部早已不是铁板一块。[⑤] 由于资源与能力的差异、由于对事物与行为的主体判断与认知的不同，作为一个阶层的农民早已产生了某种"分化和裂变"。因此，具体到"失地"这一事件来说，在普遍遭遇土地被征用而导致的

---

① 在这方面，应星新近出版的力作《"气"与抗争政治》可谓沿此方向努力的学术研究典范。（应星：《"气"与抗争政治：当代中国乡村社会稳定问题研究》，社会科学文献出版社2011年版。）

② 黄宗智：《长江三角洲小农家庭与乡村发展》，中华书局1992年版，第141页。

③ 持"二元论"的学者纠结于农民行动的"理性与非理性、主动性与被动性、个体逻辑与集体逻辑"之中，他们或过分偏重于农民在国家正式权力结构中的"被动性生存"，认为只有把握农民的"弱者地位"才能真正了解农民；或对农民的"行动主体性"给予无限"放大"，认为中国政治、经济和社会转型业已塑造出农村"新公民"，他们有足够的知识和能力积极而主动地与地方政府、官员"以法"抗争了。

④ 鲁道夫·耶林：《为权利而斗争》，载梁慧星主编《民商法论丛》第2卷，法律出版社1994年版，第24—47页。

⑤ 孙立平：《改革以来中国社会结构的变迁》，《中国社会科学》1994年第2期；孙立平等：《中国社会结构转型的中近期趋势与隐患》，《战略与管理》1998年第5期；孙立平：《失衡：断裂社会的运作逻辑》，社会科学文献出版社2004年版；张磊：《业主维权运动：产生原因及动员机制》，《社会学研究》2005年第6期；等等。

生活困境时，同为失地农民的他们，却采取了不同的利益表达行动。

一 沉默的大多数

（一）沉默的大多数

在安北调查期间，研究者深切地感受到许多因为土地被征、房子被拆、补偿不到位的失地农民生活所面临的艰难和无奈。在某种程度上也可以说，这或许也是我国失地农民一种共同的生存状态。

> 2006年5月25日，在村民何定强的引领下，笔者去“见识”了他那个临时的“家”。在穿过那个臭气熏天的巨型养猪场，再绕过一大片用围墙圈起来的空地后，我们看到了一座两层楼的民房。据何讲，这房子是当地的一名村干部修的，主要用来出租，现在这座约400平方米的房子里共住了12户与他家一样失去田地的农户。何定强老两口和儿子一家共同挤住在一楼一个30多平方米的小套间里。套间共有里外两个房间，里间大点，老何让给了儿子一家三口住，老何老两口住外面小的这一间。由于房间太小，一张双人床几乎占了整个房间，衣柜、碗柜这样的大件根本放不下，就只好放在门廊，上面用塑料薄膜盖起来以遮蔽一下风雨。从原来那个家搬来的衣物、锅碗瓢盆等东西胡乱地堆放在地上。屋子里实在没有什么“空地”了，炒菜做饭就只能在门外将就着。
>
> 在开发区失地农民中，胡小毛或许属于日子过得最艰难的那一类。他家本来就穷，再加上小时候生病在腿上留下的后遗症，直到30多岁才娶了个有癫痫症的媳妇。在有块承包地的时候，虽然日子过得紧巴，但好歹还不至于饿肚皮，况且十多年前父母替他修的三间瓦房也可以为他一家4口抵挡风雨。现在不仅地没了，住的房子也被开发区的推土机轧平了。租房没有钱、打工没人肯要，求助无门的他只好依着航星钢铁公司的围墙用塑料薄膜搭了个窝棚才把全家安顿下。当我们进入他“家”调查时，正在一堆捡拾回来的垃圾中忙活的他为我们的突然到访颇感诧异。在交谈中，他对我们说：“除了钢铁厂的人来催我们搬走外，你们是真正进我家这个窝

来坐的人。你们看看，我这里都成啥样子呀？肯定不像个家哟！可现在也只有这样了，我也想搞好的，可是没有办法呀！谁叫我腿有问题，也莫得啥关系，[①] 老婆又时疯时癫的，就认命吧！等两个小的大了再看他们自己的造化了。”

与何定强、胡小毛相比，王凤英家的境况就要好得多了。按照开发区“先拆先住”的规定，2003 年 10 月她就与其他被征地农民一道，住进了政府替他们修建的安置楼。这在开发区其他失地农民看来，他们可算是最幸运的一批人了。王的丈夫长期在浙江打工，就留着她在家里照看两个孩子。一个孩子 14 岁，另一个 11 岁，但只有小孩子在上学。一方面出于经济上的考虑，另一方面孩子学习成绩也的确差，家里人认为即便是把他送到大学最后还是得帮别人打工，与其这样不如趁早积累点社会经验，所以大孩子念到初一就辍学回家了。既为生计所迫，也是为了打发时光，无事可干的王凤英天天都带着自己辍学的孩子溜进火车站向旅客兜售食物，这样一天下来也能赚上几块钱。[②]

……

在安北开发区失地农民中，与何定强、胡小毛、王凤英处于同样生存状态的人实在是太多太多。这些经历了从美好期盼到梦想破灭的淳朴善良的村民，面对土地补偿款迟迟不能到位、转岗就业期望破灭、安置房遥遥无期、老来生活保障悬空等诸多问题，处于如此之多的近忧远虑重压之下，他们的情绪极不稳定。在与失地农民的交流中、在对失地农民生活与行为的观察中，我们时时都能感受到他们对

① 虽然对平民百姓而言，社会学中“场域”、“资本”等知识他们或许漠然不知，但浸淫于人际间“普遍性让位于特殊性”（见翟学伟《中国社会中的日常权威》，社会科学文献出版社 2004 年版，第 248 页）的社会文化中，他们早已习得了倚重“关系”去分析问题、处理问题的本领。因为没有任何“关系”可用，对眼前的困境，胡小毛也就只有认命了。

② 按照有关规定，只有取得经营许可证才能在火车站售卖食品，但她是失地农民，所以火车站和工商局的人没有来找她什么麻烦，但是现在干这活的人实在太多，竞争太大，每天也挣不了几个钱。在访谈中，王多次表示：现在活真是越来越不好干了，辛苦一天也落不了几个钱。现在她唯一考虑的就是小儿子小学毕业后就领着他们到浙江打工去，等干不动了就回老家养老呗。

目前这种“毫无奔头、没有指望”生活状态无尽的哀怨，对安北县地方政府及其官员欺骗、浮夸、言而无信等行为的愤慨，因日益“弱势”，他们不断滋生出越来越强烈的社会挫折感和相对剥夺感。虽然有社会学家指出，相对剥夺感是诱发被剥夺者奋起抗争的重要因素，①但理性选择理论告诉我们：“群众不满、受挫经验、民怨（grievance）、未实现的期待、相对剥夺感等现象，不一定能导致抗议行为的产生。事实上，面对不利的生命机会分配，大多数的民众仍是选择了默默承受。”② 从安北开发区失地农民利益表达的应对行动中，我们也获得了与上述分析相同的结论：面对利益和权利遭受的损害，失地农民的普遍选择是沉默。

虽然目前的生活与大多数人当初的预期之间存在着莫大的反差，部分家庭还面临着严峻的生存困境，他们有说不完的委屈、道不尽的不满、讲不清的问题，然而面对“补偿款会发给你们的，尽管放心；县上的标准肯定不会变，绝对要逗硬”的承诺和“请体谅政府的难处；请支持安北的发展”的“哀告”③，大多数失地农民除了私底下议论、抱怨之外，他们最后还是选择了“沉默”这一弱者惯常的不作为方式来表述自己的利益。

> “我们大家都晓得开发区这样征地有问题，但你晓得又咋样？你有什么证据？人家国土局和县上都说他们手续齐备，合法合理，你怎么去查？”④
>
> “我又有啥办法呢？现在都这个样子了！谁叫自己是农民呀！

---

① 海恩斯、福斯和纳金、格尔等认为：“相对剥夺是导致内乱的一个潜在的普遍因素。”转引自戴维·波普诺《社会学》，李强等译，中国人民大学出版社2000年版，第596页。

② 何明修：《社会运动概论》，三民书局2005年版，第50页。

③ 处于高位的国家权力“屈尊”恳求“无权无职”的失地农民们理解与支持，这虽然有推诿、搪塞、以时间换空间等诸种可能，但通过巧妙借用民间社会的“诉苦术”，身为强者的地方政府利用“弱武器”却为其赚取了补偿办法得以推行所需的“民心”。在调查中，一些失地农民就曾这样向笔者表示：县上也没有钱，开发区很穷，在安北搞工业哪有那么容易……（类似分析请参见王汉生、王迪《农村民间纠纷调解中的公平建构与公平逻辑》，《社会》2012年第2期。）

④ 王洪福访谈录（2006年8月14日）。

他们要征便征，要拆便拆。说是马上就给钱给房，可是一直到现在钱和房子一样都没有看到。我们又有什么办法呀？人家不给你，你就只得认命。”①

“我也想通了，你去找他们又有什么用，花钱不说人还受累，还不如把这点精力去找点事情做。我们大人倒没什么，但是娃儿读书要用钱呀！他高中都快要毕业了，砸锅卖铁我也要把这冲过去呀，算了，找事情做去吧！”②

“你去找他？莫得用的。你看刘开泽他们去找了的，有多大用？倒花了不少冤枉钱。他们是政府呀，道理在他们那个地方，他们要咋整就咋整，还会来给你商量？我看透了，咱们农民呀，就是一个字，命！”③

“我能有什么办法呀，过一天是一天吧！如今这世道哪个来管你的闲事？自己想办法、自己找活路吧！”④

……

在调查中，当问起如何反映自己的困难和问题时，失地农民如此陈说的占了相当大的比例。在“找了也白找、说了也没用”的效用理念指导下，他们的愤慨、不满、困难等通通被“维持生活”这个当前最紧要的急迫事件包裹起来了。没有“缠”和“绕”,⑤ 也没有运用“弱者的武器”来发泄心头的不满情绪，言说自己的反抗;⑥ 没有抗争，更没有抵制，不与权力发生正面交锋，更不对抗权威，他们没有带来任何社会冲突，也没有采取任何行动，一切都那样的平静，仿佛什么都没有

---

① 王洪生访谈录（2006 年 8 月 14 日）。

② 王洪量访谈录（2006 年 8 月 15 日）。

③ 王振华访谈录（2006 年 8 月 14 日）。

④ 刘元寿访谈录（2006 年 8 月 15 日）。

⑤ 应星曾以 20 世纪 70 年代末和 80 年代我国山阳乡大河电站移民上访的故事为背景，对移民运用的“缠、绕”等抗争策略做了归纳（应星：《大河移民的上访故事》，生活·读书·新知三联书店 2001 年版）。

⑥ 詹姆斯·斯科特：《农民的道义经济学：东南亚的反抗与生存》，程立显等译，译林出版社 2001 年版。

发生似的。[①] 他们就这样默默无语、悄无声息地以“自己的方式”去应对失地所带来的诸多烦恼和问题。

（二）沉默的背后：丧失话语权的无奈

在语言学上，作为一种非语言交际系统的声音行为，[②] 沉默是指在交流和言说过程中不明确地做出有声反应，而是以无声讯息来传递自己的主张和见解。在“人伦本位”的中国文化中，对沉默的态度是积极的。沉默象征冷静、克制、有深度、有涵养，为人可靠，还表示赞成、慎重、谦让、给对方留面子，等等。[③] 人们在许多场合使用沉默，他们认为沉默的力量有时候大于语言，所谓“沉默是金，雄辩是银”、“言多必失，祸从口出”。正是基于“沉默”的此种意义，张柠在一本有关中国乡村经验及其微观权力形态所作的文化分析的书中，将沉默视为一种权力形式，人们之所以选择沉默，就是为了守住秘密。而对于根本就没有什么秘密可言的农民来说，他们终日沉默不语，更多的是希望自己免受伤害（或损失）。[④] 然而在我们看来，对安北开发区的失地农民来说，在与自身利益休戚相关的资源和事件面前，他们普遍选择的沉默与其说是一种“明哲自保”的手段，还不如说是他们丧失“话语权”的无奈之举。[⑤]

所谓话语权，指在特定的社会情境下掌握对社会行动及其相关规则的言语规范的权力。[⑥] 话语权作为社会行动者他项权力获取的基础，

---

① 在一项关于工程移民应对冲突的策略中，翁定军将这种现象称作“沉默的抗争”。（参见翁定军《冲突的策略：以 S 市三峡移民的生活适应为例》，《社会》2005 年第 2 期。）

② 林大津：《跨文化交际研究》，福建人民出版社 1996 年版，第 123 页。

③ 李君文：《非语言交际的跨文化差异——“沉默”的文化涵义对比》，《漳州职业大学学报》2003 年第 1 期。

④ 张柠：《土地的黄昏：中国乡村经验的微观权利分析》，东方出版社 2005 年版，第 280—281 页。

⑤ 福柯说：“沉默是体验同他人的关系的特定的手段”（福柯：《权力的眼睛——福柯访谈录》，严锋译，上海人民出版社 1997 年版，第 164—165 页）；王小波进一步指出：“对于沉默的大多数来说，他们之所以保持沉默，是其话语权丧失的弱势的体现。”（王小波：《沉默的大多数：王小波杂文随笔全编》，中国青年出版社 1997 年版，第 5—18 页。）

⑥ 付顺东、张襄誉：《农民话语权：应对加入世贸的冲击》，《社会》2002 年第 7 期。

是一种具有根本属性的权力。[①] 谁拥有话语权，谁便拥有了对真理作出对自己有利的阐释的权力，谁也便拥有了真理。因此，对作为社会行动者的个体或集群来说，话语权力在各种社会行动规则制定与阐释、行动策略选择、行动之后权益配置等方面都发挥着极其重要的作用。

对于中国广大的农民来说，由于自身知识和能力储备不足与现行政策法规体制缺陷等内外因素挟制，长期处于弱势地位的他们，形成了一个规模空前的失语者群体，这“已经是人所共知的事实”。[②] 农民集体沉默，不仅是对话语权之不可获得的无奈，更是对切身利益不可控制的无奈。

知识能力欠缺所致沉默。由于历史禀赋与现实社会政策等诸多因素所致，我国城乡居民在经济收入、文化价值观念和行为方式等诸多方面都深深地铭刻着“城乡二元社会”的裂痕，相较于城市居民而言，占我国人口绝大多数的农民，在占据主导地位的城市文化和“现代知识”面前，他们明显表现出“知识欠缺、能力不够”。城市文化和“现代知识”的欠缺，不仅严重阻碍了农民对各种社会行动规则和行为规范的理解和掌握，消解了他们采取社会行动所应具有的信心，而正是由于对城市文化和“现代知识”的欠缺，又进一步“固化”和“强化”了农民与“现代文明”之间的裂痕。因此，在各种以“现代化”为名义所推行的社会行动面前，农民基于知识缺乏和能力不足而怯于主张其应得权益似乎已成为社会普遍共识。具体到农民失地事件来说，农民欲主张自己的权益，其首要前提是要对“征地”所涉及的各项规则和规范有充分的了解与认知。但现实情况是许多农民看不懂政府发放的各项通知决定，无法理解各项补偿金换算公式，不知道如何按照相关的法规和政

① 现今各国宪法均以文本的形式对其公民的话语权在权利体系中的基础地位给予了明确设定，如我国《宪法》第35条规定“中华人民共和国公民有言论、出版、集会、结社、游行、示威的自由”、美国《宪法第一修正案》规定“国会不得制定法律剥夺言论出版自由”、西班牙《人民成文法》第12条规定“每个西班牙人均得自由表达其思想”，等等。

② 张鸣：《关注农民中的失语现象》，《决策与信息》2006年第8期。

策"合理又合法"地表达自己的利益。如果无法理解和掌握各种"文本"的程序和规则，就无法按自己的意愿参与各种活动，也无法以适当的方式全面表达自己的各项意愿和要求。在这种情形下，农民"都晓得征地有问题，但是别人手续齐备"，他们除了"怎么查?"的疑问外，只能怪"谁叫自己是农民呀!"，"我们又有什么办法呀？人家不给你，你就只有认命"。与此同时，我们也应该看到，农民"认命"，并非出于他们的本意，只是在追求与自己切身利益密切相关的话语权力时"无功而返"的无奈之举。

信息缺失所致沉默。在充满着风险的现代社会里，[①] 掌握必要的信息是社会行动者实现本体安全和采取各种行动的建构的基础与前提。[②] 在旧中国，剥削阶级出于维持政权和奴役民众的需要，普遍推行了"民可使之，不可使知之"的愚民政策。新中国成立后，虽然社会主义国家从法理上赋予了其国民对关涉自身利益的各种信息的知悉权，但是在具体社会生活中，我们却又不得不面对这样一个现实：无论从国家宏观层面上讲，还是从公民个体角度来看，保障公民（尤其是农民）的知情权还仅仅是一个"纯理论"话题。具体到失地农民问题来说，一方面，中央、省、市等上级政府关于土地征用、安置补偿等相关制度、办法和规定，在经历了一个漫长的"公文旅行"之后，仍然停留在政策制定者那里，只有相对少量的信息会进入广大农民的视线；另一方面，由于地方政府在征地中普遍存在"口袋政策"和"信息过滤"，农民信息"失真"也就在所

① 英国社会学家大卫·丹尼认为现代社会已进入一个"风险社会"之中，风险社会不仅改变着我们与其他人互动的方式，更促成了人们形成与传统社会迥然不同的自我观念和集体意识。（参见大卫·丹尼《风险与社会》，马缨等译，北京出版社 2009 年版。）

② 德国社会学家卢曼认为，面对充满着如此之多不确定性和复杂性的社会环境，我们需要一个简化系统以求得本体安全并以此为基础采取相应的行动。为此，卢曼认为"信任"就是这样的一个简化系统，通过"相信"与"不相信"的二元选择，我们可以达致对复杂社会系统的准确把握。而要做出是否相信的选择，我们就必须对欲相信事件（对象）的信息有充分理解，也即卢曼所谓"透支信息"（参见尼克拉斯·卢曼《信任：一个社会复杂性的简化机制》，瞿铁鹏等译，上海人民出版社 2005 年版）。

难免了。[①] 在这样的情形下，面对“人家国土局和县上都说他们手续齐备，合法合理”等情形，“都晓得征地有问题”“心里想不通”的失地农民们“也想通了，何苦去得罪人？还是看看再说吧！”

制度缺陷性沉默。作为一个后发外生型现代国家，欲在当今险峻的国际世界格局中异军突起，实现民族复兴，中国选择了一条国家主导型现代化发展道路。[②] 短短30多年里，在拥有雄厚的财政支撑、庞大的组织资源和无所不包的权力优势的国家推动下，中国社会所获得的巨大成功似乎“确证”了其选择路径的合理性。然而，在承认这种“国家权力与利益大大优于个人自由和权利”[③] 的发展路径其内在合理性的同时，我们也必须承认，正是在这种“国家主导”的宏大社会背景下，一些地方官员得以假“国家”之名，大肆行“以党代政、以上代下、以官代民”等劣行。在这种政治生态下生存的农民（尤其是失地农民），面对戴着“国家面具”、打着“公共利益”旗号、“要征便征、要拆便拆”的地方政府，除了发出“我又有啥办法呢，过一天是一天吧”的无奈之外，很难有更多的行动选择空间。

二　激进的个人吁请

在一项关于“国有企业制度变革过程中权益受损的工人如何行动”的研究中，刘爱玉博士将“吁请”界定为“以抵制、消极不合作、松弛或以抱怨，向管理者、管理者的上级表达不满与要求”。“个人吁请”

---

① 按照《土地管理法》规定，征地必须严格遵循“两公开，一登记”。也就是说，国家征用的土地，依照法定程序批准以后，县级以上人民政府予以公告并组织实施。被征用土地的所有权人、使用权人应当在公告规定期限内，持土地权属证书到当地人民政府土地行政部门办理征地补偿登记。征地补偿安置方案确定以后，有关地方人民政府应当公告，并听取被征地的农村集体经济组织和农民的意见。但是，在安北开发区征地过程中，地方政府并没有执行“两公开，一登记”的征地程序，征地政策也成了安北县政府的“口袋政策”，什么时候要，什么时候拿出来；什么时候问题发生了，就出台什么样的政策。由于县政府的“暗箱操作”，造成失地农民与政府之间信息的严重不对称。

② 房宁：《影响当代中国的三大社会思潮》，载陈明明主编《权利、责任与国家》，上海人民出版社2006年版，第285页。

③ 同上。

作为个体的一种应对行动，在刘爱玉的研究中，她认为其主要有两种表现形式：一种表现为“消极不合作”，另一种可称之为“个人倾诉”。[①]基于“失地农民‘回应’征地‘事件’更多采取‘家庭策略’”[②]这一事实的体认，受刘著的启发，在本书中，笔者将“个人吁请”界定为“以失地农民个人及其家庭为主体的，以公开明示的方式向社会或各级政府（官员）主张其权益的行动”。在安北调查过程中，我们发现，与沉默的大多数不同，面对失地后的“一无所有”，部分农民采取了较为激进的利益诉求手段。

（一）公开的道德控诉

农民在长期的乡村生活中，逐渐形成了自己的公正思想和合法性观念。斯科特认为，农民的公正思想和合法性观念来自于互惠准则以及随之而来的保障——至少不侵犯——农民的生存索取权和生存安排这一精英义务（即农民权利）。因此，农民对于侵犯自身权利所作出的反应的主要特征，是反应的道德性。由于拒绝承认农民的基本社会权利就是自己的义务，精英因此就丧失了自己拥有的对于农民产品的任何权利，也将在实际上消解农民继续依附的基础。于是，农民的违抗就成为合乎规范的正当行为了。其生存系于平衡的农民所面对的不仅是个人问题，他还面对着社会弊病。这种对权利和社会弊病的强调是个人的中心问题。它意味着作为政治行为者，农民不只是统计学意义上的供应热量的抽象物、交租纳税的抽象物，不只是个纯粹的消费者；相反，从农民的日常食物摄取中也许可以推演出他的政治行动。正如我们认为精英理所当然地是个政治行为者，它把历史、政治意识和对社会道德结构的感知授予农民。它还意味着正是农民对“公正”的意识，使得他能够判定谁应对其生存困境负有道德责任，使得他能够行动起来，不光要恢复生存条

---

① 刘爱玉：《选择：国企变革与工人生存行动》，社会科学文献出版社 2005 年版，第 104 页。

② 陈映芳等：《征地与郊区农村的城市化——上海市的调查》，文汇出版社 2003 年版，第 133—135 页。

件，还要争取自身的权利。[1] 正是在上述公正和合法性观念的指引下，处于紧张的贫困生活压力之下的失地农民们，很容易将目前的生存困境归结于作为权力精英的政府官员对自己合法权益剥夺的结果。因此，纵然既有“政治性道德性的革命话语在现代的和后现代的话语中被不断嘲弄和解构”，[2] 失地农民依旧还会操持起传统的道德工具，在公共或公开的场合来宣泄自己对地方政府及其官员失范行为的不满。

> 2009年8月14日，我们到何维文的出租房调查，刚刚说明来意，就有不少人围了上来。一个50多岁的农民神情激动地说：“那些××的当官的全都是穿一条裤子的，他们整天就知道搞钱、就想着搞形象工程升官，哪里还会管你老百姓的死活？他们不是说安北是富裕县、人民早已脱贫了吗，富裕县为什么还要克扣咱平头老百姓的活命钱？看看安北宾馆都上‘四星级’了，那些吃得肥头大耳的××们一天要在那耗费多少银子……”周围的人都激动地附和着：“每天安北新闻都在讲书记、县长如何勤政、如何爱民，都在吹嘘党政干部怎样将‘先进性教育’落到实处，可他们何尝来关心过我们的死活？搞开发区这么一大块地，要涉及多少农民，他们来看过没有？我们的日子是怎么熬的，他们来了解过没有？他们的‘先进性’究竟体现在哪里？我们受苦受穷他们贪污腐化难道就是电视里说的‘和谐社会’？”人越聚越多，控诉声越来越大，人群中一个留着小平头的中年人大声喊道：“如今这世道实在是没法过了，你说说我们没地没房没钱如何过日子，共产党还要不要我们活命呀？我看真的要走到官逼民反的地步了。不如再来搞一次运动，把那些当官的××东西全杀了！……”周围可谓是群情鼎沸，我们越听越觉得他们说得有些过火，只好匆忙结束此次调查。

① 詹姆斯·斯科特：《农民的道义经济学：东南亚的反抗与生存》，程立显、刘建等译，译林出版社2001年版。

② 张鸣：《关注农民中的失语现象》，《决策与信息》2006年第8期。

通过朋友的引荐，在烟雾弥漫的茶馆①中我总算找到了曾因“闹事”而被县公安局关押过的黄仕成。这是一个60多岁的干瘪老人，当听到我打听他的情况时，刚才还无精打采闷头喝茶的他陡然来了精神，仿佛是接受中央电视台记者的采访，他口若悬河地向我讲述起自己的非凡经历：从自小受穷没有读多少书，说到结婚生子好不容易拉扯三个子女长大成人；从开发区征地中（自己感觉到）政府行为所存在的诸多“猫腻”，说到自己拒绝拆迁警察如何跑来打人，再说到公检法相互“勾结”自己又怎样蒙冤入狱……讲着讲着，他声音越来越大，情绪也越来越激动，周围的茶客不断向我们这桌聚，大家七嘴八舌地数落着安北官场的腐败、公检法系统的黑暗、老百姓生活的不易……并纷纷为老黄的不幸遭遇鸣冤叫屈。

一天，我们到开发区管委会去收集一些资料，在大门口碰到四五个来讨要征地款未果的村民，只见他们群情激昂、议论纷纷：“这些家伙（用手指着身旁管委会的5层大楼）每次都说没得钱，没钱他们的办公楼都修得那样豪华气派，没钱他们坐的全是好车，没钱他们天天抽好烟喝五粮液？他们整这些东西就有钱，唯独给我们农民的征地款时就没钱了？我看他们存心是欺负咱平头老百姓。”“毛老人家知道解决咱农民的困难，小平同志也还没忘本……现在你看我们还有活路没有？全面小康、和谐社会？连活命都难了，哪里还有什么小康呀？还是毛老人家好呀！……”

在调查过程中，为了全面真实地了解到失地农民对党政部门及其官员的态度，除了增加调查样本之外，对调研资料“去伪存真”分析处理时，我们还必须尽一切努力去消除因“个体特殊经历”可能造成的材料噪音。然而在访谈笔录中我们看到的是，几乎每一位访谈对象都会从政府的“霸道”、开发区的“蛮横”、自己生活的“艰辛不易”说起，而且随着访谈的持续推进，那些自觉聚集在周围、经历了相同

① 沙丁曾这样说过：“没有茶馆就没有生活”（沙丁：《祖父的故事》，上海文艺出版社1963年版，第206页）。而茶馆的影响一直持续到现在。在秦巴省，茶馆不仅仅是喝茶解闷的地方，茶馆更是整个社会的缩影。

“苦难”的失地农民“义愤填膺”的“讨伐”与“诉苦”声让我们一次又一次震撼。在调查中，我们发现失地农民心中淤积有太多的不满和激愤。冲突社会学理论大家科塞的“安全阀”理论认为，在不毁坏社会结构的前提下，使不满情绪得以释放出来可以维护社会整合。[①] 就当前我国有关社会群体利益表达既有制度安排来看，虽然民众也有很多的利益表达通道，但对于广大农民而言，这些利益表达通道要充分发挥“整合社会利益、排遣不满情绪”等功效还过于遥远。正如有研究者所说的那样，失地农民们“有利益表达及诉诸行动的想法，可又缺乏利益诉求的渠道和能力”。[②] 面临“家里的生活成本与日俱增，他们的不满心理持续滋长”，“三五成群地聚在一起数落征地中的不公道，发泄心中的不满，有的直指基层组织、党员干部甚至党政部门”[③] 反而成了他们利益诉求的常态。

（二）不懈的上访

“信访”是当代中国各级党政机关、人民团体和企事业单位在处理人民来信来访工作的实践中逐步形成的新词汇。从广义上说，信访“指的是古今中外的社会成员通过写信、访问等形式向社会组织及其负责人反映个人或集体意愿的社会政治交往活动；狭义的信访指的是我国人民群众通过写信、访问等形式向党和政府的各级领导机关、人民团体、企事业单位及其负责人反映个人或集体意愿（主要是反映情况、陈述意见、解决问题等）的社会政治交往活动”[④]。2005 年 5 月 1 日修订的《信访条例》对于“信访”做了如下界定：信访是指“公民、法人或者其它组织采用书信、电子邮件、传真、电话、走访等形式，向各级人民政府、县级以上人民政府工作部门反映情况，提出建议、意见或

---

① L. 科塞：《社会冲突的功能》，孙立平译，华夏出版社 1989 年版，第 8 页。

② 陈映芳等：《征地与郊区农村的城市化——上海市的调查》，文汇出版社 2003 年版，第 120 页。

③ 同上书，第 125 页。

④ 中央办公厅信访局、国务院办公厅信访局编：《信访学概论》，华夏出版社 1991 年版，第 5—6 页。

者投诉请求，依法由有关行政机关处理的活动。”[①] 在更广泛的意义上，“信访”一词更多地被“上访”一词所取代，农民自己将向上级领导和部门反映情况和问题称为上访，政府官员一般也将农民的信访活动称为“农民上访”，因此，在日常生活中人们更多地习惯使用“上访”一词来概括民众的信访活动。

从执政党的层面来看，在“听下言纳于上，受上言宣于下”[②] 的德治、礼治和人治传统治国方略的影响下，“一定要给人民群众说话的地方”[③] 的信访制度“设立的初衷和本意，就是要密切联系群众”，[④] 倾听民情、反映民意、贯彻落实党的政策[⑤]是其价值体现。而对广大农民来说，上访作为能跨越权力层级束缚、可直达国家权力高层的一条便捷通道，是处于社会底层的他们维护自身合法权益和利益可资利用的一种国家政策资源。因此，从法理上分析，信访制度应该能在农民的利益表达欲求与宣称“全心全意为人民服务”的执政党洞察民情需要之间找到有机契合点的。然而，信访制度“属地管理、分级管理”[⑥] 等规定和“转信不办信”[⑦] 的行动取向，以及上级政府需要的“了解普遍性情况”与上访者渴求的“解决具体问题”之间的诸多矛盾和问题，导致上访能够解决的问题其实非常有限。[⑧]

上述分析在我们对安北开发区失地农民的调查中得到了印证，在我们接触过有上访经历的农民中，严格按照《信访条例》规定的“采用

---

① 《信访条例》，中国法制出版社 2005 年版，第 2 页。

② （汉）司马迁：《史记 · 五帝本纪第一》，中华书局 1999 年版，第 11 页。

③ 朱镕基 2000 年 2 月 13 日在中办国办信访局座谈会上的讲话。（中共从南市委信访办公室、从南市人民政府信访办公室编：《领导干部信访工作手册》（内部资料），2004 年 5 月，第 5 页。）

④ 周作翰、张英洪：《当代中国农民的信访权》，《当代世界与社会主义》2006 年第 1 期。

⑤ 胡锦涛在中办秘书局《近期社会动态专报》2003 年第 120 期上的批示。（中共从南市委信访办公室、从南市人民政府信访办公室编：《领导干部信访工作手册》（内部资料），2004 年 5 月，第 6 页。）

⑥ 国务院 1996 年《信访条例》规定了办理信访总的原则是“分级负责、分级管理、归口办理，谁主管，谁负责”。2005 年新《信访条例》又强调了“属地管理、分级管理”。

⑦ 赵晓力：《信访的制度逻辑》，《二十一世纪》2005 年 6 月号。

⑧ 据于建嵘博士的调查，上访实际解决的问题只有千分之二。见《国内首份信访报告获高层重视》，《南方周末》2004 年 11 月 4 日。

走访形式提出信访事项，并依法向有权处理的本级或者上一级机关提出”①，最后问题获得圆满解决的个案犹如“沧海一粟”，当“终点又回到起点”后，一而再、再而三地上访、越级上访乃至缠访、闹访的事例屡屡发生。

> 68岁的刘开泽是一位在开发区失地农民中享有“盛名”的老人，在与他交流时，我们实在难以将这位身材高大、叙事逻辑清晰、曾上过私塾、读过很多古书、写得一手漂亮毛笔字的“乡土知识分子”与想象中或平日在新闻媒体、报纸杂志与社会传言中所想象的那些蛮横无理、胡搅蛮缠、刁钻无赖的上访老户形象联系起来。在访谈中，老刘时不时对自己“县上挂了名的”上访老户身份予以暗示，② 并多次让老伴拿出他为了讨要补偿款而到北京、省城、从南等地上访的证据给我们看，其中还包括几封上级接访单位的回信。我看到一封“秦巴省国土资源厅”的回信。这封回信一页纸上50个字都不到，是一封程式化的回信：“……同志：你反映的问题，按照分级负责管理的原则，请你向当地有关部门反映，来信已转从南市政府办公厅，请他们调查处理。此复。××年××日。”老刘说：“我之所以找他们是相信他们能够解决问题，可他们却把我踢到市上，现在市上县上不都是穿一条裤子的吗？这还会给你公道？没办法，我只有又跑到省上再去找，③ 可是找来找去还是‘回去等消息’这个结果。这不，前几天开发区那个什么

① 《信访条例》(2005) 第十六条。

② 老刘的这种说法后来在笔者与县信访办彭主任、县法院袁院长的访谈中得到确认，在安北公检法系统，都有一份由县委、县政府办公室联合下发的“××年安北上访重点户名单”，据县信访办和公检法系统的同志说，根据这份名单，有关单位可以“有的放矢”地开展相关“综治维稳”与“和谐单位创建”工作，以确保在各种绩效考核中获得好成绩。

③ 为什么屡屡碰壁之后农民还要坚持上访，在我们看来，在每一个上访者的认知中，“闪着神奇光辉的中央＋损公肥私的多数地方贪官＋为民做主的少数清官”是中国官员的总体形象，因此，为求得问题的解决，就必须“尽一切可能”让“中央神奇阳光”照射到“腐朽黑暗的地方”，从而使“地方”的一切劣迹全体曝光，就必须“尽一切可能”让中央“知晓”地方的腐败与黑暗。（相关分析可参见应星《大河移民上访的故事》，生活·读书·新知三联书店2001年版；曹锦清《黄河边的中国》，上海文艺出版社2000年版。）

主任的还来过我们家，走的时候还留下这样的话：老刘，事情弄得咋样啦？年纪一大把了，我劝你还是干脆不要告了吧！你看看，告来告去最后还不是得转到我这儿来处理吗？……瞧瞧，他们有多嚣张，就冲这即便是倾家荡产我也要把他们告倒！"①

与68岁的刘开泽相比，55岁的张广文虽然年轻得多，但他却是一个有14年上访史的老资格上访专业户了。从1992年时因不服当时"工业园区"实行的征地补偿办法而奋起上访，到现在抗议开发区"只管圈地，不顾老百姓死活"而四处奔忙，张广文在给我们谈起他的10多年来的上访经历时心头满是沧桑："征地可是事关我一家五口人死活的大事呀，可我碰到的许多干部却斥责我无理取闹！我不怕告状苦、不怕告状累，但我实在受不了那些干部对咱们农民的蔑视呀！我到过很多部门，也见过上百个干部，可他们仿佛把我当瘟神看待一样，见面没说三句话就赶我走，说什么'这事不归我们管，你去找别的部门吧！'要不就是'怎么又来了？我不是说了吗，这事解决不了，找哪儿也解决不了。去、去、去！快回去吧！''你呀怎么还犯糊涂呀，这事情根本解决不了的，趁年轻找点正经事情做吧！'有的还凶巴巴地喊我滚或者直接把我轰出门……你倒说说，我没疯没傻，平白无故地干嘛要告状呀？还不是他们把我逼得没有办法了吗？"②

……

县信访办彭主任与我们谈起这几年因开发区征地而引发的村民信访案件时，言语中流露出对农民的同情和自己爱莫能助的无奈。他说："我在信访办主任这个位置也干了十来年了，经手的信访案件少说也有几千起，但是像开发区农民这种普遍性上访、缠访、闹访的情况还真的很少见。农民也的确难呀，没地没房没钱，你让他们如何生活？他们在我这里来了一趟又一趟，我一个信访办主任，要权没权、要钱没钱，我又有多大能耐？只能叫人陪着让他诉诉苦，然后再把他送出门。现在县上要我们'注意'那些'告状

① 刘开译访谈录（2006年7月23日）。

② 张广文访谈录（2006年7月25日）。

的’，要用‘上访率’来考核我们，我们也只能做到‘听其不幸、劝其耐心’了。好在开发区的老百姓大部分还很老实，没有整出什么大事情来。但是开发区的问题不解决好，这样拖下去早晚会出事的，其实这一点县上领导心里也是清楚的……”①

开发区管委会张副主任对失地农民上访事件的看法，或许代表相当一部分地方党政干部的态度。他说：“现在的开发区的那些农民呀，你说他难吧，也是真的，地征了，钱也没有补偿到位。但是你说他们有好多困难，也不尽然。以前地没征时也没见他们从地里刨出多少东西来，而且那时候抛荒的情况也还不少。在我看来，有本事的早就去找钱了，真正没本事的才会去闹，还有就是那些‘叫鸡公’②，以为读了点书知道些法律，逮住个‘死理’不放③。现在呀，你也别说，他们到上面去闹有时候也还管用，有的到市里、省里闹一下，某个领导给个批条什么的，我们就得跑到他们家去一次，还得给他‘红包’作为‘息访费’，‘会哭的孩子有奶吃呀！’哪个领导干部不知道这道理，但是有什么办法呢？政策又不是我们能控制的，县上有时也拿他们没有办法。”④

从上访者与地方官员对“上访缘由”的不同言说中，我们或许能窥探到开发区部分失地农民，在表达其利益时为什么会将上访“持续到底”的原因吧。

（三）纠诉缠讼

在对当下中国农民诉讼观念的分析中，基于下述几方面因素的考

① 彭开忆访谈录（2006年9月5日）。

② 安北人把那些争强好胜、逮着丁点理由纠缠不休的人称为“叫鸡公”。

③ 上访农民是否真的是“逮住个死理不放”的“叫鸡公”，这还有待时间和例据来审定，但是，地方官员这种“未审先定”的事前判定也表露出他们“一见上访者就烦”的心理。（类似分析可参见陈先发等《农民张其均痛说“告状难”》，《乡镇论坛》2005年第6期。）

④ 张仕山访谈录（2006年9月7日）。

虑，学界普遍存在着农民“怯讼、惧讼或轻讼”的判断：[①] 一是传统“厌诉”文化让农民“不会讼”。历史是无法割断的，“一切已死的先辈们的传统，像梦魇一样纠缠着活人的头脑”[②]。传统中国“和合”文化中，法律所具有的“否定价值”自不待言，因此争讼乃是绝对的坏事。[③] “轻讼”意识在中国延续了几千年，[④] 在民族心理中的深刻和稳定程度远远超出了人们的一般想象，要将它从农民心理中消除，绝非朝夕之事。二是“乡土社会”的生活压力令农民“不选讼”。在乡土“熟人社会”[⑤] 中，依循“礼治”所建构的“价值判断体系”仍然是村民行为的规范。[⑥] 在这种体系中，行为人出于对“被流放”[⑦] 的恐惧，诉讼乃是“欲私了而不能”的“下下之选”。三是诉讼成本的高昂让农民“不敢讼”。耗时费钱的求诉过程、说不懂道不明的法律文本、屡禁不止的司法腐败，更不用说部分国家法在乡村出现的“水土不适”，[⑧] 凡此种种，让农民拿起法律“打官司”真的是“想说爱你不容易”。

从当前农民解决纠纷方式的选择上来看，大量的实证案例都表明“诉讼”的确还处于一种非常边缘化的地位，因此，这在一定程度上再次印证了农民“轻讼”这一结论。然而，农民“轻讼”并不等于农民就彻底放弃了借助法律来维持自己“常识性的正义平衡感”。[⑨] 一方面，

---

① 戴者春：《当前我国农民“轻讼”意识的成因探析》，《理论与现代化》2002 年第 1 期；刘云升、韩树军：《为当代中国农民的诉讼观辩解》，《河北法学》2005 年第 12 期；赵孟筱、陈建华：《论中国农村息讼问题》，《甘肃农业》2005 年第 9 期。

② 《马克思恩格斯全集》第 8 卷，人民出版社 1961 年版，第 121 页。

③ 梁治平：《寻求自然秩序的和谐》，中国政法大学出版社 1997 年版，第 205 页。

④ 温珍奎：《文化的民间传承机制与传统诉讼理念的形成》（http：//www. legal-history. net/go. asp）。

⑤ 费孝通：《乡土中国·生育制度》，北京大学出版社 1998 年版，第 54—58 页。

⑥ 刘作翔：《现代化进程中的中国社会秩序结构及其模式选择》，《法制现代化研究》1998 年第 4 期。

⑦ 由“社会连带”（social solidarity）而产生的集体良知，行为人会在无形中受到某种非正式的社会制裁：在一定时期内，在一定意义上被流放。（Emile. Durkheim，*The Division of Labor in Society*，trans. By W. D. Halls，Free Press，1984.）

⑧ 朱苏力：《法治及其本土资源》，中国政法大学出版社 1996 年版。

⑨ 滋贺秀三：《中国法文化的考察》，转引自应星《大河移民的上访故事》，生活·读书·新知三联书店 2001 年版，第 364 页。

恰如应星所分析的那样，农民之间的争执与农民与国家力量之间的争执具有很不相同的性质。如果说农民之间的关系还罩着“面子”或“人情”的面纱的话，那么，那些贫困的、没有社会地位的、没有社会关系的村民在那些与他们非亲非故、拉扯不上什么关系、吃着公家粮的国家干部面前有什么“面子”或“人情”可言呢?①正是没了这层“面子”或“人情”的葛扯，面对国家强力介入而造成的生存困境，农民向官员提起诉讼时也就少了涂尔干所谓“集体良知”的拷问。另一方面，持续不懈的农村普法运动和广播、报纸、电视等媒体传递的法律信息，帮助农民建构起了素朴的法治理念，农民从羞于人前言打官司，到勇于喊出法庭上见，②上法庭参与诉讼被看成是必要时维护或者争取自身权益的一种手段。③越来越强的权利和利益意识、官民平等意识和公民意识，④让农民在侵犯自己的利益的政府和官员面前，敢于拿起法律武器表达自己的愤慨与不满。

李国合，男，现年53岁，住安北县香茹街道办事处九段，现无业，因不服开发区实施的《自谋职业安置补助办法》而诉诸法律。

在他住的周转房里，李国合从锁着的木箱中拿出一个很大的塑料包装袋，一边给我们展示袋中的那厚厚的一叠起诉书、判决书、检察院的抗诉书、裁定书、申诉状、上诉状……一边给我们讲述每一份文件背后的“故事”：“这是我开始告他们的起诉书，他们说好的占地就给钱，可跑了好多趟他们都不给，先是耍赖，后来还威胁我把他们没办法，当时那个气呀！……这是县法院一审时做出的荒唐判决，县上早就打了招呼了，所以他们的判决在事实认定和法律适用方面都存在明显的纰漏，纯粹是枉法裁判……”当看到我

① 应星：《大河移民的上访故事》，生活·读书·新知三联书店2001年版，第364—365页。

② 李楯编：《法律社会学》，中国政法大学出版社1999年版，第482页。

③ 郑杭生：《当代中国农村社会转型的实证研究》，中国人民大学出版社1996年版，第113页。

④ 程同顺：《当代中国农村政治发展研究》，天津人民出版社2000年版，第269—272页。

们在非常专注地听他讲解时，老李越发来了精神，他打开一个碗柜指着里面的报纸、书籍和杂志对我们说："你们也看到了，我这个家根本就没什么值钱的东西，但穷归穷，学法用法我还是舍得本钱。你们看看，这是《土地法》、这是《行政诉讼法》、这本书是说如何打官司的……它们可全都是我自己掏钱买的，总共也得花好几千吧……"当我们询问起这场官司如何收场时，老李神情一下子暗淡下来了："有啥办法？现在是官官相护呀！本来是简单的事情，可到了他们那儿都变复杂了。开发区的人和法院有关系，县上又把这件事压着，我是小老百姓一个，告得倒他们吗？"① 不过尽管这样，在临走时老李还是很坚决地表示："舍得一身剐，敢把皇帝拉下马！"他一定要将这场官司进行到底！②

黄玉富，男，现年39岁，住舟蔻镇城南新村234号附3号，无业，因不服法院对致其右眼失明的开发区干部关某做出的"监外执行"判决而走上"缠讼"之路。

"能来看我真是太谢谢你了，这几年里你不知道我遭了多大的罪呀！你一定得帮我！"刚进黄玉富的家门，他就说起了自己的官司："我这眼是2003年他们征地时关××用水果刀戳瞎的，当时公安局、检察院都出了面的，法院判给了我3万块钱，关也被判了2年徒刑，但他竟然没有被收监，成天照样上班打麻将，你们说奇怪不？我去检察院、法院问，他们说关年纪大了，血压也有问题。他才50多一点，吃喝嫖赌样样行，哪有啥问题？你们倒说说，世上哪有杀人犯已经定罪了还把他放在外面的道理，这里面肯定有猫腻。我不服，就到政法委、人大、法院、检察院等地方去告，来来去去总有好几百次吧，后来他们对关做了鉴定后，说是要把他弄到

① 老李的指责是既不能证实也无法证伪的，但基于我国司法实践中客观存在的诸多腐败问题，老李做出这样的想象也并非毫无根据。

② 李国合访谈录（2006年9月15日）。

监狱去，可最后还是什么保外就医……”[①]

在开发区调查中我们发现，像李国合、黄玉富这样拿起法律武器争取自己权益的失地农民还有几例。从这些“民告官”的故事中，我们既可以看到当前农民民主意识在不断增强、法制观念在不断提高；与此同时，我们也应该看到，面对强势与强权，纠诉缠讼的路径选择本身就说明，对农民来说，“以法维权”依然是一条充满荆棘、坎坷与无奈的道路。[②]

（四）暴力抗议

在传统“臣属型”政治文化与民间“清官意识”的影响下，中国农民对国家的态度大体上可用“爱恨交加”来概括。在“臣属型”文化影响下，政治乃“肉食者谋之”，下层民众“又何间焉?”农民既惧怕权力，又极力想亲近权力。[③] 在“清官意识”影响下，柔弱无权的农民将一切希望都寄托于“清官”的“仁政”。由此却出现了这样一个问题：有着自身利益的官吏阶层，“总是企图……追求超额的剥削，而皇权的威严不足以遏止他们这种利益欲望。”[④] 当农民看到寄予“厚望”的“清官”非但未施行“仁政”，相反屡屡剥削、任意践踏自己的利益时，他们极易实施某种过激行为，所谓“捧得越高，摔得越重”也正是这个道理。

改革开放以来，随着农村经济社会的发展和政治民主的进步，虽然“当代农民的权利和利益意识、官民平等意识和公民意识有所增强”，[⑤] 但农民“无权者”的地位却没有随着权益意识的高涨而发生根本性的

① 黄玉富访谈录（2006 年 9 月 18 日）。

② 任之：《当代中国民告官》，时代文艺出版社 1999 年版；王海安：《上万农民为何上法庭?》，《政府法制》1998 年第 11 期；张万金：《八年的诉求：一位农民的失望与希望》，《江淮法制》2005 年第 4 期。

③ 王海涛：《中国农民法律意识现状探讨》，《政法论坛》2000 年第 5 期。

④ 王亚南：《中国官僚制度研究》，中国社会科学出版社 1981 年版，第 117—122 页。

⑤ 程同顺：《当代中国农村政治发展研究》，天津人民出版社 2000 年版，第 269—272 页。

改变。[①] 当农民的合法权益和利益遭受到用金钱或权力编织的利益集团任意践踏时，哭诉无路、求告无门的他们，极易采取一种“豁出去”与“敌人”同归于尽的行为方式来发泄自己的不满。[②]

从调查获取的资料来看，开发区失地农民在主张自己权益时，采取“你死我活”这一极端抗争方式的情形虽然至今没有出现过，但是，带有某种暴力倾向的抗议事件还是时有发生。

> 事隔三年后，48岁的刘国庆谈起这桩事情还是感到气愤。“早在选房子前一个月，他们就通知我们说所有房子全部拿来选，摸到几号就是哪间房子，全凭运气。可我们选号时才知道，管委会那些人已经把一些好房子分给关系户了。这怎么行？当时大家就吵开了。但吵归吵，谁也没啥行动，老百姓都怕事。我看这样下去恐怕不行，就不管三七二十一冲上去把票号箱撕了，把桌子、凳子砸了一地。他们自己做了亏心事，所以也不敢把我怎么样，怕把事情弄

---

① 周作翰、张英洪：《论当代中国农民的政治权利》，《湖南师范大学社会科学学报》2005年第1期。

② 关于这一点，曾引起社会广泛关注的山西胡文海案具有相当的典型性。因承包煤矿、浇地等与村干部和部分村民发生矛盾，晋中市榆次区乌金山镇大峪口村46岁的村民胡文海伙同其他两名凶手，于2001年10月26日晚10时多对9户“仇人”逐户疯狂射杀，打死14人，重伤3人。事后，胡文海犯故意杀人罪、私藏枪支弹药罪被判处死刑，依法定程序，在最后陈述中胡文海这样说道：“我生在新社会，长在红旗下……我希望自己成为一个正直善良的人，为此，我不断地去努力实现自己的理想，自己从小时候起的性格就是仗义执言、敢作敢为。村里的那些无权无势的善良的村民与我和睦相处，有时，我就成了他们利益的代言人。然而，近年来，历任村干部贪污行贿、欺压百姓，村里的小煤矿等企业上交的400余万元被他们瓜分了。4年来，我多次和村民向有关部门检举反映都石沉大海，公安、纪检、检察、省、市、区的官老爷们给尽了我们冷漠与白眼……可是，我们到哪里去说理呢？谁又为我们做主呢？我去公安机关报案，那些只挣着工资的人民的公务员开着30多万元买的小车耀武扬威根本顾不上办案，甚至和村干部相互勾结欺压老百姓。……我只有以暴制暴了，我只能自己来维护老百姓的利益了……实际上我每年的收入都有4万—5万元，我完全可以不管这些事，但是，我不能，我的良心告诉我不能这样做，我不能对此置之度外，官逼民反，我不能让这些蛀虫再欺压人了……我知道我将死去，如果我的死能够引起官老爷们的注意，能够查办了那些贪官污吏，我将死而无憾，否则我将变成厉鬼也不放过他们。”胡文海案告破之后，时任公安部部长贾春旺在祝贺山西警方迅速破案的同时，也批示指出：“公安机关要注意了解、总结为什么矛盾激化到如此程度？案发的深层次原因是什么？经验教训在哪里？如何有效防范？”（http：//news. sina. com. cn. 2002－02－27.）

大了不好处理。但在第二次选号时，他们故意整我，趁我不在家时把房子全选了，就剩这个厕所边的底楼给我。”“我哪里好再闹了呀？再闹的话会得罪人，你说叫哪个把房子给我让出来？管委会那几个人真的好歹毒，拿这一招来整我……”①

67岁的黄仕成颇有几分得意地向我们讲述他的“英勇壮举”。“我一个孤老头，吃喝拉撒全靠那几分地。现在倒好了，他们把地占了我怎么活命？我就去找他们领导，唐主任、张主任、何科长……几个当官的先是叫我等，后来见到我就躲，最后他们看我来了就叫门口的保安不让我进。我是来讨债的，又不是别的什么人，哪有占地不给钱的道理？我心里那个气呀！有一天，我逮着那姓唐的主任在，就冲进他的办公室去大闹了一通，把他文件柜里的书呀、文件啥的撒了一地，还把他办公桌上的电话扔在地上，最后我坐在他的办公椅上不起来。那时我是横了心的，都六十几的人了，还怕个啥？”“他们报公安局我也不怕，我找了他们当官的好多回，算是仁至义尽了，可他们总没给我个下文……最后他们没办法，不断给我说好话，并且答应给我每个月补发120块钱。② 我看看也行，人嘛，得饶人处且饶人，所以也就不跟他们计较了……”③

在开发区管委会的先进事迹记录本上，我们也发现了数起涉及村民暴力型抗议的事件：

2003年12月28日下午，香茹街道办事处九段居民景宇文趁着酒兴到管委会寻衅滋事，④ 我办工作人员王祯随即对其好言相劝，景某非但不听劝阻，反而变本加厉，对王祯大肆辱骂，并将其

① 刘国庆访谈录（2006年9月17日）。

② 当我非常不识趣地就老黄的故事向唐副主任确认时，他并没有理会我的话题，只是一再强调说：“黄仕成是个孤老头，管委会基于人道主义给他每个月一点生活费。”当然在这个案例中，我们能够看到，身为“强者”的开发区管委会“高风亮节”，不与“胡搅蛮缠的弱者”计较，才是化解这一矛盾的关键所在。

③ 黄仕成访谈录（2006年8月13日）。

④ 后经王祯解释，景某是来讨要征地补偿款。

脸抓破，手机摔坏，还将我办一张办公桌砸烂。……在蛮横无理的景某面前，王祯打不还手、骂不还口，体现出了一名年轻党员干部良好的个人修养。①

2005年7月4日，当工作组正在组织香茹街道办事处腾紫构村3组村民拆迁时，该组村民陈永华冲到拆迁办公室大吵大闹，并恶意煽动不明真相的村民对工作组进行辱骂围攻。面对这一突如其来的情况和问题，以管委会张副主任为组长的工作组临危不乱，本着维护群众利益、共建和谐社会的原则和宗旨，对陈某的错误言行给予了严厉批评，对村民们提出的问题一一加以耐心解释，让村民们对县委、县政府制定的拆迁安置政策有了全面正确的认识，从而稳定了群众的过激情绪，并防止了事态进一步扩大……②

（五）以死抗争

作为对人类自身终极关怀的一个重大问题，死亡乃是任何一个生命个体都无法逃避的“劫难”。对于务本求实、以现世乐趣而非虚无缥缈的彼岸为目标诉求的中国人来说，虽然我们并不惧怕死亡，但我们更重视当下的存在，这也即是马克斯·韦伯所说的“入世精神”：“中国人对一切事物的‘评价’都具有一种普遍的倾向，即重视自然生命本身，故而重视长寿，以及相信死是一种罪恶。”③“好死不如赖活着”这句民谚恰好说明了在生死问题上，国人是“重生轻死”的，在通常情形下，只要有一息生存的机会，我们都不会轻言“放弃”。④

近年来，我们却遭遇到这样一种问题：对于置身社会底层⑤、以对

① 《安北开发区党支部创先争优工作先进典型》，2004年，第2页。

② 《安北开发区党支部创先争优工作先进典型》，2005年，第1页。

③ 马克斯·韦伯：《儒教与道教》，洪天富译，江苏人民出版社1993年版，第216页。

④ 当然，传统中国也注重“德行”和“操守”，强调“宁为玉碎，不为瓦全”、“杀身成仁，舍生取义”，然而，这是在生命与德行二者不可得兼的情况下的生死抉择，唯义所在，这并不能由此成为否定“生”的佐证。

⑤ 在陆学艺先生主编的《当代中国社会阶层研究报告》中，农业劳动者阶层名列第九，仅仅位于无业、失业、半失业者阶层之上。（见陆学艺《当代中国社会阶层研究报告》，社会科学文献出版社2002年版。）

各种苦难具有很强耐受性著称的农民,[①] 却成了当前我国自杀率最高的群体,[②] 是什么原因让他们如此轻率地抛弃了自己的生命呢?

任何自杀都不是无来由的。对自杀这一极端自残行为，在强调从社会大环境中去探寻行为发生根源的社会学者看来，它并非仅仅由于施行者心理、生理或精神障碍引起，社会整合与调节功能失调才是其发生的根本原因。[③] 以这一视角来考察当前层出不穷有关农民上访自焚[④]、农民讨要征地补偿款未果服毒自尽[⑤]等等报道，就是要将这些起因不同、行为个体特征各异的自杀现象通通放置到“农民真苦、农村真穷、农业真危险”[⑥] 这一社会大环境中、放置到《中国农民调查》[⑦]、《黄河边的中国》[⑧] 等乡村备忘录所述说的农民真实生存状态中去考量，我们就能透过村民间存在的人际关系冲突、精神情感焦虑、农药易于取得等表象，看到农民频频自杀的实质所在——在所有的诉求路径都用遍之后，身为弱者的他们，不得不以生命为代价来发出对“施暴者”“最严厉的控诉”。[⑨]

---

① 在城乡二元结构下，农民遭受到经济、政治和文化等诸多层面的不公正待遇，但是农民却并没有发起大规模的抗议，个中原因，除了国家治理格局的“有效”外，农民对“苦难”的高耐受性也是一个不能忽视的客观存在。

② 据《中国青年报》报道，我国每年大约有 28.7 万人自杀，其中 80% 以上的自杀死亡者和自杀未遂者都是农民，农村自杀率是城市的 3 倍。在农民自杀方式选择上，服毒是农民的首选，全国每年有 65 万农民服食农药（15 万自杀成功 +50 万自杀未遂）。(见《中国青年报》2003 年 11 月 21 日。)

③ 其中尤以涂尔干和默顿的观点最为典型，涂尔干提出了利己、利他、失范和宿命式自杀类型；默顿建构了有关越轨行为的社会失范理论。(见 Durkheim E. , *Suicide*, New York: Free Press, 1957; Merton R. , *Social Theory and Social Structure*, New York: Free Press, 1951。)

④ 2003 年 9 月 15 日上午 8 时 40 分左右，安徽省青阳县农民朱正亮因为不满当地土地拆迁补偿办法，在北京天安门金水桥前自焚。(梁小明:《不要让自杀成为弱者的武器》,《中关村》2003 年 12 月号。)

⑤ 辽宁省辽阳市郊双树村村民孙守军，因不满地方政府征地安置办法，多次抗议无果后绝望地喝下农药自尽。(见《南方人物周刊》2006 年 3 月 11 日。)

⑥ 李昌平:《我向总理说实话》，光明日报出版社 2001 年版。

⑦ 陈桂棣、春桃:《中国农民调查》，人民文学出版社 2004 年版。

⑧ 曹锦清:《黄河边的中国》，上海文艺出版社 2000 年版。

⑨ 黄光国、胡先缙等:《面子：中国人的权力游戏》，中国人民大学出版社 2004 年版，第 42 页。

在安北调查时我们获知，开发区征地过程中虽然至今未曾出现一桩命案，但还是发生过失地农民“以死抗争”事件的。

> 在数次思想工作均无成效的情况下，拆迁工作组于2005年8月22日向香菇街道办事处腾紫构村1组村民沈成信下达了强制拆迁通知书，表示将于翌日强行拆除其房屋。8月24日下午，在拆迁依然不能取得任何实质进展的情况下，县上有关领导指示公安机关强力介入。当看到自家房屋被拆、家人被警察抓捕时，63岁的沈成信气愤难平，他奋力挣脱警察的控制投入村前的青戚河中。所幸在场的公安干警反应及时，沈被当即从河中救起，但公安机关随后以妨碍公务为名将“自杀未遂”的他拘押了15天。在访谈时，沈多次表示其在看守所时曾遭到警察的毒打，并一再发出“警察应该去抓罪犯而不是我们这些手无寸铁的农民”的诘问。①

在调查中，我们还见到了开发区管委会就上述事件向县委、县政府所提交的书面情况汇报。该报告在承认自身工作方式方法存在过激不当的同时，管委会也指出沈本人在此事件中的不法行为和过错：该组23户农户中，仅沈一家反对拆迁。在三番五次沟通协调毫无结果的情况下，工作组迫于无奈才采取了强制拆迁手段。在强力拆迁时，面对沈某的寻衅打骂，工作组始终都保持克制，根本没有任何过火的言行。而公安干警介入也仅仅是来维持拆迁秩序的，在整个过程中都没有出手打人，更没有使用任何警具……开发区管委会提交的这份报告其准确性究竟有多大，这是我们能力所无法解答的；② 但是，村民对沈“固执、赖皮、神经有问题”的道德评议，也令我们对其投河的真意表示某种“不人道”的怀疑。至本研究调查结束时，我们仍无法对此事件中各种行动者的行为给予明确判断，只是，当沈成信一次又一次跑来向我们咨

① 沈成信访谈录（2006年9月22日）。

② 对官方汇报的真实性难以判断，几乎是学界的一个普遍共识。（见朱方《村民选举与乡村社会的变化》，载陈明明主编《权利、责任与国家》，上海人民出版社2006年版，第67页。）

询何以向“敌人”讨回公道时，除了不断帮他寻找相关法律法规之外，我们真的不知道还能给他提供多少帮助。

三　集体维权行动

农民的集体维权行动，是农民集体为维护自身的合法权益，以合理合法或合理不合法等手段来抵制侵权行为的行动。[①] 20 世纪 90 年代末以来，随着城市空间的扩展，城市对城郊村庄的吞噬能力不断增强，这种“圈地型城市化”已然成为颇具中国特色的城市化的一个惯常路径。[②] 这种城市化却产生了一个“意外后果”：因土地被征用的失地农民越来越多。面对“或是征地过度，危及生存；或是征地补偿不合理，几近于掠夺”。[③] 为维护自身合法权益和利益，农民组织起来抵制城市化进程中发生的种种非政策甚至非法行为，已经成为农民一种自觉或不自觉的行动趋向。[④]

在安北调查中我们发现，农民的不满情绪随着开发区征地进程在不断滋长，当觉得自身利益受到损害而不能再忍受时，在某个“焦点事件”或“焦点人物”的刺激下，他们就会合理合法或合理不合法地“群起闹事”。从调查的资料来看，开发区失地农民集体维权行动大体涉及以下几种情况和类型。

（一）集体上访：向政府“诉苦”

集体上访（简称集访）或曰群体上访（简称群访），它既是中国政

---

① 李连江、欧博文（Kevin J. O'Brien）所揭示的农民“依法抗争”是“农民集体维权行动”的一种形式。而“农民集体维权行动”的实质是“以权利制约权力”。这不仅包括根据国家法律、中央政策来抵制地方“土政策”和地方干部违法乱纪行为，同时还显示了农民权利意识的觉醒。（参见李连江、欧博文《当代中国农民的依法抗争》，载吴国光主编《九七效应：香港、中国与太平洋》，香港太平洋世纪研究所 1997 年版，第 141—169 页。）

② 何清涟、张祥平：《“圈地运动”与中国社会心理的变迁》，《战略与管理》2000 年第 4 期。

③ 赵树凯：《社区冲突和新型权力关系》，《中国农村观察》1999 年第 2 期。

④ 国务院发展研究中心农村部、农民日报编辑部联合课题组（赵树凯执笔）：《矛盾、引导和历史的契机——关于 196 封农民来信的初步分析》，《农民日报》1998 年 12 月 8 日。

治诉苦常规化后的一项制度安排，又是作为日常谈资的诉苦的一种汇聚与升华。[①] 在“政府主导型”城市化征地模式下，农民若对征地工作中的任何一个环节感到不满，往往首先想到并采取最多的维权行动便是到政府部门上访。[②] 近年来，群体性上访已成为城市征地拆迁中较为典型而又普遍的一种利益表达形式，[③] 其主要的表现形式有联名写投诉信，集体到政府有关部门上访等。

在香茹街道办事处腾紫构村第5村民组，村民何上强给笔者讲述了发生在他们村120余人联名写投诉信给从南市委书记、市长，投诉开发区蛮横征地的故事。

> 村民写联名信时，正巧安北县“争创省级文明县城”活动开展，为保证“争创”目标能够实现，市里和县上都投入了大量的人力、物力围绕软件和硬件环境开展工作，办事处的干部也隔三岔五地跑来“维稳防乱”。当时，我就邀了一帮人到家里商议，大家都觉得人多力量大，我们可以借检查组到安北的东风，将开发区征地的丑事曝光。于是这封写给从南市委王书记、张市长的投诉信，很快就有了120余人的签名，而且都在后面按了鲜红的手印。这么多人联名信访，特别是在争创文明县城期间，据说市上领导非常重视，还做了专门批示要求县上着力查办。后来，县上和管委会都来了人找我们领头的几个来沟通，请我们协助做好稳定工作。管委会还在村委会的办公楼前张贴了告示，对征地中的一些情况进行了解

① 应星、晋军：《集体上访中的“问题化”过程》，载清华大学社会学系编《清华社会学评论特辑》，鹭江出版社2000年版，第96页。

② 前几年，政府先将土地出让给房地产开发商，在政府的宏观调控下由开发商与农户“面对面”商谈拆迁补偿安置等事项，近年来，中央要求土地用权必须挂牌拍卖，这种做法，既增加了国家经济收入，提高了对农户的赔偿标准，又有效地杜绝了过去征地拆迁赔偿暗箱操作中存在的腐败现象，但也带来了一个新的问题，即征地拆迁就成了政府与农户之间“直接会面”，一旦产生纠纷，农民矛头直接指向政府，造成到政府部门上访的群体性事件增多。

③ 2005年，安北县信访办共接待群众来信来访242起，其中征地拆迁集体上访85起，占总数的35%，2005年以来，安北县公安局共受理征地拆迁纠纷案件35件，接待来访群众65人次。（数据来源于研究者2006年8月11日对安北县信访办彭主任和2006年8月17日对安北县公安局刘政委的访谈记录，未经受访人核实。）

释和说明。[①]

县信访办彭主任介绍，他们收到和转接来的以书信形式进行的信访有一半左右都是联名投诉，联名的人数少则几人，多则几十人甚至上百人。除了书信方式，为了给地方政府施加压力以引起他们对所诉问题的关注，村民常常还会采用多方投诉、重复上访的策略。

地已经被征了三年多了，可现在还没有领到钱，一家老小要活命，孩子还要读书，妈老喊年纪大了看病啥的也需要钱。这几年来，为要钱我们跑了好多地方。先找到开发区，开发区说钱是财政拨的，让我们找县上。找到县上领导后，他们说情况都知道，但是的确没有钱。没有钱我们的生活又咋办？我们便开始几十个人联名写信给市上，听说信被转到县政府还是转到什么地方了。后来我们又多次打电话到市信访办了解情况，先是说信看到了，他们正在按程序办，后来又说这事情不归他们管，让我们直接去找县里，不要再找他们了。于是我们又到县上找领导，接待的领导倒还客气，但是还是那句话，县上的确是没有钱，而且还强调每个月250块钱的租房费根本用不完，也可以拿来做生活费。我们反驳说这笔钱跟征地补偿款是两码事，而且安置房到现在也没个影。领导后来趁着开会的机会溜走了，也没说出个结果来。实在没办法了，我们又给省上的电视台打电话，希望他们能够下来。电话好不容易打通了，问了情况后，电视台说好要下来的，但是到现在也没来采访，肯定是被县上的挡住了。就这样，从县里到市上，再从市里到县上，我们无数次打电话、写信上访，耗费了大量的时间和精力，可得到的结果还是让我们继续等待。这种居无定所、不死不活的日子还要让我们等多久？我们对那些不顾平头百姓死活，把农民不当人看的官员感到非常痛恨，我们不愿等死！我们忍无可忍了，后来就写了一封请愿书，征集了大概有七八十户村民的签名后，选派了十几个人当代表拿着请愿书到管委会请愿。我们要求他们在一个月之内，就安

① 何上强访谈录（2006年10月9日）。

置房和征地款发放问题给我们明确表个态。否则的话，我们就把人组织到社会上去闹，到省上和中央去控告，把事情搞大！最后这一招好像还管点用。之后，管委会、办事处和县上都派了人来和我们联系。他们说，县委、县政府领导对这件事很重视的，县委刘书记还做出了专门批示，要多方筹措资金，尽快解决我们这些人的生计问题。县上希望我们要相信党、相信政府，不要把事情闹大。那次事情到现在又有半年了，还没见他们有什么解决方案来，是不是还想拖？他们当官的怕事情搞大，我们其实也不想“闹事”，但这事如果再这样拖下去的话，恐怕我们也只有“闹”了。①

在上述两个案例中，虽然事件发生的场景和行动者利益表达方式有所不同，但他们都采用了集体上访、越级上访和重复上访等形式来向政府相关部门倾诉困苦、传递“问题”、展示群体力量，从而迫使相关部门对问题关切乃至解决。一方面，这种集体行动与人们记忆中那些“官逼民反”的历史故事有着某种“共通性”，因而这种“不得已而为之的行为”从道德层面来看是正义的。集体行动的这种道德正义在实践中具有多重功效：它既可以确保行动所需的群体内部成员的集体认同；也能为行动本身争取到必要的社会同情和理解；除此之外，农民集体行动这种“未经判定”的道德正义性，也会将行动所“指控”的政府部门置于一种“不道德”的尴尬境地：无论失地农民所指问题是否真实存在，对底层农民的诉求不理不睬本身就有违伦理常情。另一方面，在中国科层制的实际运转中，对上级做一个成功的汇报始终比给群众一个满意的说法要远为重要。② 而在群体上访尤其是越级上访中，上访者在陈述苦情的同时，通常都夹带着对某一特定政府部门及其官员的失范行为的“控告”，当上级政府通过群众上访“知道”下级部门还存在“行为不检点”、存在着群众不满时，这对于有着厚重的“问题情

① 景福寿访谈录（2006 年 9 月 14 日）。

② 应星、晋军：《集体上访中的“问题化”过程》，载清华大学社会学系编《清华社会学评论特辑》，鹭江出版社 2000 年版，第 87—88 页。

结”和密切注视着“政绩效应”的任何一级政府部门来说，都不能不对与集体上访相关联的问题给予必要关注。

正因为集体上访具有这样的“功效”，所以它也成了失地农民最常用的一种集体维权行动。但这里的问题是，由于集体上访是一种温和的“沟通性”维权方式，[①] 它的一个重要功能就是“报警”，也即向上级有关部门反映农民所遭遇的各种不公正对待。因此，集体上访所反映的问题能否解决，既与上级部门的“关切”相关，更与基层政府部门是否“采取行动”紧密相连。在上述两个案例中，我们看到，除了相关部门来人“安慰”之外，集体上访并没有真正使问题得到解决，最终难免又会进入一个“如果再这样拖下去的话，恐怕我们也只有‘闹’了”的“访治循环”怪圈。

（二）“民告官”：寻求法律援助

所谓“民告官”，就是公民、法人认为国家行政机关或行政机关工作人员的具体行政行为（侵害、渎职等）侵犯了其合法权益，向人民法院提起诉讼。[②] 在传统文化的影响下，“官贵民贱”、“下不能犯上”、“民不可与官拼”不但是中国人的千年古训，也是中国政治法律传统的心理支柱。改革开放以来，随着《中华人民共和国行政诉讼法》、《中华人民共和国国家赔偿法》等法律法规的颁布实施，适合中国国情的行政诉讼制度日趋完善，这就为“民告官”提供了法律和制度保障。与此同时，大张旗鼓、轰轰烈烈的普法运动[③]的开展、农村物质生活的改善、农民精神文化素质的整体提高，让那些在损害自己利益的“官老爷”面前历来逆来顺受、忍气吞声、委曲求全的农民，有了拿起法律武器积极“维权”的意识和胆量，“到法院见”已成为一些农民遭到政府官员不公正对待时的口头禅。

当然，在为农民民主意识和法律意识不断高涨欢与呼的同时，我们

---

① 李连江、欧博文：《当代中国农民的依法抗争》，载吴国光主编《九七效应》，太平洋世纪研究所 1997 年版，第 141—169 页。

② 郑欣：《乡村政治的博弈生存》，中国社会科学出版社 2005 年版，第 22 页。

③ 至笔者调查时，安北已经进入“四五”普法阶段了。

也应该看到，在农民那里，法还是一个相当含糊的概念。[①] 作为在制度框架内可以利用的最后一种维护权益手段，法律所表征出的神秘、严酷感，令农民们对法律是既敬畏又疏远，[②] 不到万不得已，他们是不会轻易拿起法律这件武器的。[③]

> 我们不停地到县里、市上去投诉、上访。这样来回跑了十多趟，后来由县政府办承头，召集招商局、管委会和办事处的头头脑脑，另外还有我们十来个代表，在管委会的大会议室开了个协调会，让我们和他们直接沟通协调。会上，他们一直避重就轻，只说困难不解决问题，县政府办的人也让我们保持冷静、要多理解，在安置房建设和征地款发放这两个关键问题上他们始终不谈，最后沟通会不欢而散。会后，我们都很气愤，也很失望。我们不停地找他们反映情况，不断地投诉、上访，他们都把我们的事情不当一回事，开会、协调、沟通，说是尽快解决，还不是玩花样来拖。既然它开发区不把我们的要求当回事，县政府又跟他们搞在一起，我们也只有告他们了。[④]

至此，在投诉、上访均无任何成效的情况下，“要用法律武器维护我们自己的权益，不能再指望政府”的呼声形成。为了打赢这场官司，由前生产队长张尧元与另外两名村民组成的三人“核心小组”也浮出水面。为了打赢这场官司，“核心小组”在村民中开展了一系列的

① 在调查中我们发现，在农民们看来，只要是盖着红色大印的政府文件，他们一概以法视之，很少有政策与法律之分，法律就是政策，政策就是法律，它们具有同等功效。

② 在调查中，失地农民经常给笔者说起“国法无情”这句话，在他们的心目中，法律应是公正的，任何问题一旦交由法律来解决，就该得到公正审判；法律应是严酷无私的，在法律面前不能讲任何关系或情面；法律应是最后的手段，一旦对簿公堂，双方一切情分从此了断。

③ 从《秋菊打官司》这部电影我们也能看到，只有在对调解不满意，到县城、省城未能讨得“说法”的情形下，农妇秋菊才不得已操起“法律”这件武器来，但即便如此，她这种利用“法律”到法院向打人的村长讨要说法的行为，仍然受到了很多人（也包括她自己）的反对。（详细的分析参见朱苏力《法治及其本土资源》，中国政法大学出版社 1996 年版。）

④ 张尧元访谈录（2006 年 10 月 13 日）。

工作：

> 我们首先是在队里就“是否需要以打官司来解决安置房和征地款问题”征求大家的意见，在取得大多数人的同意后，又通过多方联系请到了一位有点名气、同时只要很少费用的律师帮我们打官司。为筹集诉讼费用，经大家商议后决定先按每户100元的标准收取，以后钱不够大家再凑，这样共筹得第一笔4000元钱，先交了1000元的律师费。在律师的指导下，我们到省国土厅、县国土局、开发区管委会等部门去收集需要的文件和资料，为打官司积极做好准备……①

在“核心小组”积极运作和聘请律师的指导下，2005年10月10日，香茹街道办事处腾紫构2组村民正式向安北县人民法院递交了行政起诉状，请求法院依法判令开发区管委会立即支付征地补偿款并赔偿农民因征地而蒙受的经济损失。起诉状的要点如下：

> 开发区管委会违法征地。通过委托律师查阅有关征地档案得知，开发区征地并未得到省国土厅的建设用地批文，这一切皆源于安北县人民政府越权批地，突击批地，以及突击征地中不依法安置等违法行政行为造成的……
>
> 开发区管委会征地程序不公正。在整个征地过程中，管委会既未向村民张榜公布征地补偿安置方案，也未听取被征地村民意见。2003年6月，征地工作小组采取欺上瞒下、威胁哄骗的手段，强制性地与腾紫构村2组被征地村民逐一签订一次性安置补偿协议（见证据三），安置费1万元至2万元不等……我们这群失去土地的“农民”，几年来，既无工作，又不能享有城市低保、失业救济，已完全失去赖以生存的条件。虽曾多次向政府有关部门反映我们的实际困难问题，却得不到任何解决……②

---

① 张尧元访谈录（2006年10月13日）。

② 《行政起诉状》（2005年12月15日）

2006年2月22日，张尧元们收到安北县人民法院做出的裁定书：依照《行政诉讼法》第五条的规定："人民法院审理行政案件，对具体行政行为是否合法进行审查"，申请人所诉并非属于具体行政行为范畴，故诉讼申请本院不予受理。3月12日，他们向从南市中级人民法院提起了行政上诉状，在上诉状中，他们还增加了"对安北县人民法院相关渎职人员依法做出严肃处理"的诉讼请求。15天后，从南市中级人民法院再次以所诉"不是具体行政行为"为由，做出了不予受理的终审裁定。4月12日，他们向秦巴省高级人民法院提交了申诉状，希望高院能撤销中院的裁定，并依法决定再审。2006年8月23日，他们收到省高级人民法院发出的驳回再审申请通知书，理由仍是"所诉并非具体行政行为"。法院不立案，官民之间的纠纷与冲突不能进入司法程序进行审理判定，农民寻求法律援助的通道遭遇了"肠梗阻"，至笔者调查结束时，求告无门的他们，已是一筹莫展。

（三）"群起闹事"：以暴促变

在失地农民们采取的"维权"行动中，其利益表达的行动方式和手段，无论是到党政机关上访控诉，还是通过法律途径讨个"说法"，无论是对侵害自己利益的政府部门及其官员当面质疑，还是选取"以上压下"迂回进路，它们皆属于现行的制度框架内的利益表达。因此，从这个层面看来，纵然这些利益表达方式的确也存在着某些不合理的地方，① 但它们应该都是合法的。当农民在制度框架内的利益表达走不通或不见效时，他们对人大、政府、法院等利益表达通道就会感到极度的失望。② 这时，"走投无路"的农民只能选择一种与制度性利益表达渠道相对的强制性渠道，这就是与政府的直接对抗。其主要的方式有静坐、示威、游行、骚动、暴力冲突等等。通过群体聚众一闹，产生"轰动效应"，从而给政府施加压力，"胁迫"

① 最典型的是越级上访。

② 郭正林：《当代中国农民的集体维权行动》，《香港社会科学学报》第19期2001年春/夏季号。

其解决问题。“只有不断地上访及与之相连的‘闹事’才能带来问题的解决，甚至‘闹’与‘缠’的程度与政府解决问题的程度直接相连。”① 这种“以闹促变，以闹求解”的“闹事”策略，是农民感到“有权的领导知道谁是谁非而不愿或无力解决他们的问题”时，“打破条条框框……自我组织起来维护自身的合法权益”② 的一种比较极端的行为方式。

在安北科技信息网和安北县人民法院的网站上，我们也发现了失地农民试图通过“群起闹事”，以暴力诉求相关权益和利益的材料。从这些材料中，我们可以看到失地农民讨要征地补偿款、阻止开发区征地而采取的一系列“闹事”行动的具体场景：

村民违法游行领刑③

因不满开发区管委会征地补偿安置办法，香茹街道办事处××村何某、黄某等人，竟违法召集300多名村民到开发区管委会举行集会、示威。近日，因未能依照法律规定申请而举行集会、示威，何某、黄某等6人分别被安北县人民法院以非法示威罪依法判处管制两年和一年零三个月。

在法庭上，被告人何某、黄某等人辩称，他们的过激行为是因管委会在征地过程中程序不公，安置补偿费发放不及时而引起的。他们曾就此多次向有关部门和领导反映情况和问题，但始终未得到解决，万般无奈，他们才采取这样的做法，没料到会有这样的后果。

经审理，安北县法院认为，被告人何某、黄某等6人无视国家法律，在未按《中华人民共和国集会游行示威法》的规定申请并获许可的情况下，举行集会、示威，又不服从解散命令，造成交通瘫痪的严重后果，严重破坏社会秩序，已构成非法示威罪。各被告

① 应星：《大河移民上访的故事》，生活·读书·新知三联书店2001年版，第319页。

② 郭正林：《当代中国农民的集体维权行动》，《香港社会科学学报》第19期2001年春/夏季号。

③ 安北科技信息网，2006年8月23日。

人及其辩护人称不构成犯罪，经查，各被告人在不满开发区管委会工作的前提下，用过激方法去解决问题，各被告人不同程度地起了各种作用，应承担直接责任。供非法集会、示威用的活动经费应予没收上缴国库。

为惩治犯罪及缓和社会矛盾，根据各被告人的犯罪事实、情节和对社会的危害程度，以非法示威罪依法判处何某、黄某等6人管制两年和管制一年零九个月，没收供非法示威用的活动经费1135元，上缴国库。

事件回放：违法煽动村民示威堵塞交通造成混乱

2005年6月13日，香茹街道办事处××村部分村民因不满开发区管委会征地补偿安置办法，到管委会找有关领导要求发放征地款。管委会唐副主任见村民较多，难以对话，便叫村民推举10名代表进行对话。后被告人何某、黄某与林某等村民代表，见多次与管委会工作人员对话时未能解决问题，便于6月30日集中在何某家中制作横幅，准备组织村民到开发区管委会集会，在索要征地款时可以扩大影响。

7月1日下午，被告人何某、黄某等人，煽动300多名村民到管委会办公大楼前集结。后以管委会拒绝对话为由，何某等人拿出了预先准备的横幅，由黄某、林某、杨某等人带领村民到舟河公路香茹牌坊处非法集会、示威。其间黄某、林某还带领村民呼叫反动口号，并在现场组织村民集资，作为活动经费，集资款交由杨某保管。

7月12日上午8时至10时，何某等人再次煽动60多名不明真相的村民到舟河公路青戚桥路段，拉举横幅非法集会、示威，堵塞交通。经公安干警劝阻仍拒不解散，造成交通瘫痪2个多小时，受阻塞的车辆700车次，直至公安机关出动警力强行驱散。当天下午6时许，何某、黄某等人再次煽动40多名村民到舟河公路香茹大道，拉举横幅在公路上非法集会、示威，堵塞交通达3小时，致使香茹大道全线瘫痪。直至晚上9时20分左右，公安干警强行驱散在场人员，当场抓获被告人黄某、杨某，随后抓获被告人何某、张某。并于同月20日，将贺某等抓获归案。

安北县人民检察院诉黄某等人聚众扰乱交通秩序罪（〔2005〕P刑初字第54号）。①

［检察院起诉书摘要］

经依法审查查明：2005年8月，信源开发公司受安北开发区管委会委托，承担香茹街道办事处腾紫构村5组民房拆迁任务，因该组村民认为拆迁征地补偿未到位，信源开发公司拆迁工作受到部分村民的阻挡。在多次协商未果的情况下，被告人黄某于2005年8月24日上午找到何某和唐某商量对策，并商议好准备次日将信源开发公司从村子里赶出。8月25日上午，被告人黄某等带领本村部分村民，手持锄头、扁担来到信源开发公司工地一起闹事，将该公司临建房屋推翻，2台推土机被砸烂。工地停工后，被告人黄某带领村民到舟河公路去拦车，不让来去车辆通行，造成舟河大道堵塞。当晚被告人黄某召集何某1、何某2、黄某、王某到自己家碰头开会，黄某号召参会的人在上路拦车的事上要带头，多叫人上路堵路，发动本村村民要把开发区管委会整垮，达到要钱的目的，管委会让怎么干，咱们就要非不怎么干，在犯罪嫌疑人黄某的组织策划下，从2005年8月25日至9月6日，多次在何某1等人家里组织策划堵路的具体安排，到路边（现场）去观察事态发展，当村民提出不同意见时，黄某就鼓动说堵路违法也要干，公安咱们打过，打了也白打。在被告人黄某的组织、策划、鼓动下，从2005年8月24日至30日，舟河大道被该组村民上路堵路长达7天，造成交通中断，每天1500辆车不能正常通行，给我县造成恶劣的影响。

认定上述事实的证据有多名证人证言，被告人黄某的供述，县交警支队舟河大道观测机动车流量情况汇报，现场照片等。

本院认为，被告人黄某等人聚众堵塞交通，情节严重，其行为触犯了《中华人民共和国刑法》第二百九十一条之规定，事实清楚，证据确实、充分，应当以聚众扰乱交通秩序罪追究其刑事责

---

① 秦巴省安北法院网，2006年9月15日。

任。根据《中华人民共和国刑事诉讼法》第一百四十一条之规定，提起公诉，请依法判处。

[律师辩护词摘要]

一、如果把长达7天堵路的责任全部推到村民的头上并据此追究所谓首要分子黄某的刑事责任是非常不公平的，造成堵路7天的主要责任在于安北开发区管委会的失职和渎职。

在2005年8月25日村民上路堵车的当天，公安机关就接到报案，但未采取任何得力措施来疏散村民，而是采取放任的态度，任其发展，致使形成长达7天的堵路事件。这次村民堵路的主要原因在于村民认为安北开发区管委会的征地补偿不合法、没有依法补偿，在村民为此事堵路的情况下，安北开发区管委会也未采取积极有效的方法来同村民沟通协调解决问题，安北开发区管委会的失职、渎职行为是形成长达7天的堵路事件的主要原因。

二、堵路事件中未有抗拒、阻碍国家治安工作人员依法执行职务的行为，而是和平静坐，因此谈不上情节严重。由于公安人员未采取任何强力措施，所以也未发生村民同警方的暴力冲突，村民在公路上静坐示威。而且只是每天上下午各静坐一两个小时，并非全天堵车，其中还有三四天停止，实际上路的时间并非7天。因此这次堵车事件谈不上情节严重。

三、指控被告人是这次堵路事件的组织者、策划者的证据不足。

这次堵路事件是一次村民自发的、突发的集体抗议事件。检察机关指控被告人是这次堵路事件的组织者、策划者，是首要分子，其证据不足。控方的证据是一些证人证言，而绝大部分证人都与被告人有利害关系，他们是安北开发区管委会的领导和工作人员，其中有的证言相互矛盾，有的是主观臆测，有的是道听途说，有的是别有用心，大部分证据不足采信。虽然黄某在事件过程中有过一些过激言论，但是基于当时的背景，即有很多村民都说过一些狠话，不能因说过狠话就被认为是组织者、策划者，是首要分子，而且现场有录像监控，证人证言中有说黄某在现场群众背后，交头接耳，秘密商议，直接指挥，那么公诉人为什么不将最重要的物证——监控录像拿出来呢？既然公诉人指控黄某召集何某1、何某2、黄某、王某在自己家碰头开会，为什么仅有何某2的询问笔录，而无其他人的询问笔录，何某2的证词是孤证，而且涉嫌推卸责任，不具备采信条件。

四、在这次事件中，黄某的作用和身份是在安北开发区管委会的要求下由村民推选的谈判代表。

因为村民上路堵车的原因在于土地补偿问题，所以为解决此问题，安北开发区管委会要求村民推选代表进行谈判。黄某因为有文化、懂政策被推为代表之一，先后几次参与谈判。黄某并没有策划组织堵路。

五、堵路事件发生的深层次的根本原因在于农民的征地补偿问题不能通过正当的合法的途径解决。

偶然当中有必然。这次堵路事件的发生看似偶然，实则有它的必然性。安北开发区管委会在征地过程中，由于征地及征地补偿款的问题与村民发生矛盾，村民认为补偿款不能按时发放，征地程序极不公正等等，为争取自己的合法权益，村民屡次上访申诉，都不能得到解决，村民的不满和怨愤与日俱增。在得知信源开发公司在未付土地补偿款就要强行拆除房子的情况下，村民的愤怒终于像火山一样爆发了，所以才酿成这次堵路事件。村民的要求无疑是合理的。经过村民的这次斗争，很多占地补偿问题得到解决，这也反过来证明村民的要求是合理的。这些合理的要求如果能及早得到安北开发区管委会等机构的解决，我想也不会出现这次堵路事件。因此责任在县政府、安北开发区管委会等国家机关，而不在村民，更不在黄某。

六、此案情况不符合刑法第291条中对聚众扰乱交通秩序罪的描述。

刑法第291条规定，构成聚众扰乱交通秩序罪须符合以下条件：（1）聚众堵塞交通或扰乱交通秩序；（2）抗拒、阻碍国家治安工作人员依法执行职务；（3）情节严重；（4）首要分子。本案中，被告人黄某不符合刑法的描述。因此，我们认为，对黄某聚众扰乱交通秩序罪的指控不能成立。

法院判决结果：

黄某犯聚众扰乱交通秩序罪，判处有期徒刑三年。

在上述两个案例中，农民都采取了强制性的利益表达方式，希望以“闹事”的策略来表达自己的利益，争取他们自认为应该获得的权益。随着经济发展和城镇化进程的加快，征地拆迁量不断增大，征地拆迁矛盾日益突出，在制度性的利益表达渠道难以满足行动者利益表达的需要时，当“不闹不解决、小闹小解决、大闹大解决”被农民们视为解决问题的法宝时，这一行为带来的社会负面效应被不断放大，① 为使问题真正进入当政者的“视野”，农民们不惜群起“铤而走险”把事情“闹大”。②

部分“闹事”行为在“合法与否”界限上的确相对模糊，而司法实践与人们意识观念中“法不责众”的说法也让“群起闹事者”存有“打擦边球”的想象，但是对“闹事者”（尤其是领头者）来说，要做到“踩线不越线”也不是想象中那么简单。③ 在通常情况下，这种非制度性的“闹事”行动一旦发生，往往会带来群体情绪交叉感染，促成过激群体行为，其间大多伴有打砸抢等行为；过激行为又促成狂热状

① 戴星翼、何惠琴：《社区发育与社会生活》，上海大学出版社 2000 年版，第 78—100 页。

② 在安北县公安局，笔者见到了秦巴省公安厅下发的“关于认真做好征地工作维护社会稳定的紧急通知”，通知中列举了该省近年来征地中发生的几起群体性事件：棉央高新技术开发区 5000 余村民多次聚集上访、阻挠道路施工和工程建设；昌西市 200 余村民聚集在 108 国道上，阻断交通；万元市 500 余村民静坐阻断 210 国道交通。就全国范围来看，近来发生的类似事例相当多，如《不满征地补偿，违法煽动 1000 多名村民游行》（《信息时报》2002 年 7 月 24 日）、《不满征地拆迁安置，百名村民堵交通》（《南京日报》2004 年 5 月 23 日）、《河北定州 6·11 袭击村民事件始末》（《三联生活周刊》2005 年 6 月 23 日）、《顺德数千村民围 300 官商》（《文汇报》2006 年 11 月 12 日）、《绥江村民堵路“踩踏”公安局长》（《东方早报》2011 年 3 月 31 日）等等。

③ 正如李连江、欧博文的研究中所指出的那样，“依法抗争的组织者们没有像他们最初宣示的那样，保证每个行动都要符合国家的政策和法律”。（李连江、欧博文：《当代中国农民的依法抗争》，载吴国光主编《九七效应》，太平洋世纪研究所 1997 年版，第 141—169 页。）

态，导致局面失控，造成严重的后果。[①] 在追求稳定的政府看来，在一般情况下，“闹事”都是非法的，至少是不允许、不提倡的。因此，对失地农民来说，通过“群起闹事”谋求问题解决的希望其实很有限。

① 李一平：《城郊农民集体维权行动的缘起、方式与机理分析》，《中共中央党校学报》2005 年第 3 期。

第四章
失地农民利益表达的社会空间

空间作为当今社会学理论中的一个核心概念,[①] 长期被看作是“僵死的、刻板的、非辩证的和静止的东西”,[②] 直到20世纪70年代,西方人文社会科学界兴起了“空间转向”的潮流,哲学和社会理论界开始全面反思空间的社会蕴涵及其实践意义。列斐伏尔(Henri Ledfebvre)作为“空间转向”的一个开拓者,他敏锐地注意到历史和社会生活的“空间性”长期以来被湮没在人文社会科学所编织的“时间—历史”维度中,“空间”在其中仅仅是一个外在于现实社会历史进程的“容器”和社会关系变革的被动载体。[③] 在列斐伏尔看来,空间并不是一个预先给定(a given)的东西,也非一个中立的范畴、一个被动的场景、一个客观的精神王国,空间是社会的产物。每个社会未来能够顺利地运作,必定要生产(制造、建构、创造)出与之相适应的空间。因此,空间从来就不是空洞无物的,空间里弥漫着社会关系;社会在生产空间的同时,空间也在积极地、能动地形塑和建构社会,空间成为社会关系运作的结果与媒介。也就是说,社会关系必然在空间上构成,而空间也必然会被社会关系所界定。[④]

列斐伏尔的社会空间思想蕴含着强烈的政治意识和行动指向,他为我们揭示了“任何社会行动都是空间性的行动,都有其具体的场所

---

① 郑震:《空间:一个社会学的概念》,《社会学研究》2010年第5期。

② Michel Foucault, “Questions on geography”, In: C. Gordon (ed), *Power/Knowledge: Selected Interview and Other Writtings 1972 – 1977*, New York: Pantheon Books, 1980, pp. 63 – 77.

③ 李春敏:《列斐伏尔的空间生产理论探析》,《人文杂志》2011年第1期。

④ Henri Ledfebvre, *The Production of Space*, translated by Donald Nicholson-Smith, Oxford: Blackwell, 1991.

（场所是以物理环境为基础的社会性空间现象），并以不同的方式参与了空间的构造”。“空间性可以理解为一种关系性，空间性通过其行动生产和再生产着空间的关系结构，与此同时空间的关系结构则生成和制约着行动者们的空间性的行动。社会空间就其根本而言即是人与人、人与事物（包括物质环境）之间的关系状态，而在行动者的内在性的分析层面则显示为对这些关系的理解。”①

依照列斐伏尔空间理论的理解，失地农民利益表达（行动）既是一种行动建构关系结构（社会空间）的过程，也是关系结构（社会空间）不断建构行动的过程。因此，只有从行动者所处关系结构（社会空间）入手才能把握失地农民利益表达行动逻辑。就失地农民利益表达所指涉的各行动主体②而言，他们在关系结构（社会空间）中的建构能力是各不相同的。具体地说，就失地农民而言，经济上的贫困、社会关系网络以及镶嵌其间的各种社会资本的缺失、政治上的弱势无权（权利贫困）都表明了其处于社会底层的地位。而对于其利益诉求相对方的地方政府而言，他们是国家权力在地方社会的体现和代表，无疑拥有着地方的政治、经济、社会等各项资源。行动者双方在资源的拥有上的悬殊，决定了他们各自在应对行动时所能做出的回旋余地，是极不对称的，一方处于地方社会的最上层，另一方则是社会最底层。当然，任何行动者与政府行动者相比，都处于劣势的地位，但失地农民的劣势不仅仅是相对意义上的，他们处在社会的最底层，只能在地方政府所主导的关系结构（社会空间）中行动。

一　失地农民利益表达制度存在的缺陷

利益表达制度是国家确立的关于公民利益诉求行动的一整套行为

① 郑震：《空间：一个社会学的概念》，《社会学研究》2010年第5期。

② 如前所述，失地农民利益表达行动所指涉的行动主体是多元的，它包括失地农民、政府（官员）、新闻媒介、社会大众等多个主体，此外，因个人禀赋及可行能力等方面的不同，作为一个整体的失地农民内部也是分层的。基于研究能力及研究主题的考量，本书仅仅就失地农民利益表达行动中可能涉及的政府（官员）和失地农民两个主要行动者做了一定的分析。

模式。完善的利益表达制度的内在价值是为了使公民的利益表达行为正常化、常规化,[①] 从而既能保障公民的利益诉求得到充分表达，又能确保公民的利益诉求在既有制度框架内行动，并尽最大努力降低无序表达可能对整体社会秩序带来的负面影响，以增促社会和谐与繁荣。

就我国现有公民利益表达制度来看，我们已经初步建立起了包括人民代表利益表达制度、政治协商制度、信访制度、政党利益表达制度（包括中国共产党和各民主党派的利益表达制度）和行政领导接待制度等在内的公民利益表达制度体系。因此，从形式上看，我国公民的利益表达途径是多元的，根据自身特质和利益诉求内容的不同，人们可以选取不同的路径来表达自身利益、求诉合法权益。但是对失地农民等弱势群体而言，我们发现，既有利益表达制度在实际运行中却变成了“堂中摆设”,[②] 他们很难通过这些制度有效地表达自己的利益。

（一）民意代表机构的名与实

民意代表机构即在政治体系中集中和行使多数公民意志的政治机构。[③] 中国的民意代表机构主要体现为各级人民代表大会。按照《中华人民共和国宪法》第 2 条的规定，“中华人民共和国的一切权力属于人民。人民行使国家权力的机关是全国人民代表大会和地方各级人民代表大会”。从法理上讲，占中国人口绝大多数的农民可以用自己的选票选举出能够代表自己利益的各级人民代表大会的代表，并通过这些利益代言人来表达自己的利益诉求。因此，人民代表大会制度应该是农民利益表达最主要的制度设置。但是就人民代表大会制度本身而言，正如不少学者批评的那样，它在法律规定与实际操作之间仍然存在着相当

① 孙立平：《让民众权利表达合法化》,《中国社会导刊》2004 年第 4 期。

② 江立华、符平：《断裂与弥补——农民工权益保障中的法与政府角色》,《社会科学研究》2005 年第 6 期。

③ 陶东明、陈明明：《当代中国政治参与》，浙江人民出版社 1998 年版，第 156 页。

大的距离。[①] 对广大失地农民来说，试图通过人民代表大会这一利益表达制度来诉求自身权益的前景并不乐观。

首先，我国的人大代表选举长期实行的是所谓“确认型选举”或“安排型选举”，[②] 在过多强调代表的先进性和“代表性”的前提下，人民代表也就成了一种政治待遇和荣誉称号。在这种模式下，农民很少能被“安排”为代表候选人，而被“政治安排”[③] 为人民代表的农民，他们大多把这看作是向上流动的手段，很少能真正为维护农民权益代言请命。

其次，各级人大代表中农民代表的名额和比例与农民的人口结构并无关联，农民在决策过程中的声音过于弱小。五届人大代表当中，来自农民阶层的占了21%以上，而现在，农民代表仅占全国人大代表的8%。[④] 在对某省“出席第十次全国人民代表大会代表名单”随机抽查中发现，67名代表中只有一位代表可被推断为“农民”。[⑤] 从这些数据可以看出农民在中国政治结构中的边缘化状态。

再次，人大代表的权力极为有限。从中国目前的政治体系来看，党委决策，政府执行，而人大仅仅是授予合法性的功能。迄今为止，各级政府、法院、检察院等的工作报告被同级人民代表大会否决的还无先例，事实上，至今也未见关于某报告一旦不能通过应该如何处理的法律规定。因此，从这个层面来说，人大的功能只是形式上的，[⑥] 它根本无

① 吕林、周欣：《浅论我国选举制度的现状与完善》，《法制与社会（理论版）》2006年第2期；王晓敏：《从“贿选”事件频发看如何完善人民代表大会制度》，《理论与探讨》2002年第5期；陶东明、陈明明：《当代中国政治参与》，浙江人民出版社1998年版，第278页。

② 邹树彬、唐娟、黄卫平：《2003年人大代表竞选的群体效应：北京与深圳比较》，《马克思主义与现实》2004年第2期。

③ 格林斯坦、波尔斯比编：《政治学手册精选》（下卷），储复耘译，商务印书馆1996年版，第200页。

④ 同春芬：《转型期中国农民的不平等待遇透析》，社会科学文献出版社2006年版，第93页。

⑤ 于立深：《行政立法过程的利益表达、意见沟通和整合》，《当代法学》2004年第3期。

⑥ 杨雪冬：《论“县”：对一个中观分析单位的分析》，载陈明明主编《权利、责任与国家》，上海人民出版社2006年版，第173页。

法对政府部门实行有效的监督。

最后，农民既不能直接选举省、市和全国人大代表，更无法对当选代表进行有效监督，从农村选出的各级人大代表事实上并不是农民利益的代言人。①

由于人民代表大会制度这一民意机构在名与实之间事实上存在的背离，在制度实践中我们看到，一些人大代表只唯上不唯下、关注领导有余关切群众不足。当然，我们也并不否认有社会责任感的人大代表关心群众疾苦，为弱势群体的利益疾呼。但是从总体上来说，由于上述问题的存在，在安北开发区调查中我们发现，失地农民在诉求利益时很少去找人大代表反映。因为，一方面他们不认识人大代表（人大代表很少到失地农民中去了解情况）；另一方面他们也不信任人大代表（人大代表，尤其是县乡两级人大代表的权力往往是有名无实）。

（二）政治协商制度的局限

中国的政治协商会议是各民主党派、各社会团体和各族各界代表通过政治参与和民主监督来表达和维护各阶层利益的重要制度。“人民政协在我国的政治生活中具有不可替代的作用，它同人大、政府互为补充，相辅相成。在我们这个幅员辽阔、人口众多的多民族、多党派的社会主义国家里，关系国计民生的重大问题，要通过人民政协进行协商，广泛听取各民主党派、各人民团体以及各族各界代表人士的意见，由人民代表大会行使国家权力进行决策，由人民政府执行实施。这样一种政治体制，集中体现了我国广泛的人民民主。”② 1993 年 3 月，八届全国人大一次会议将“中国共产党领导的多党合作和政治协商制度将长期存在和发展”写入宪法，成为国家意志。2006 年 2 月，中共中央出台了第一个关于人民政协工作的文件——《中共中央关于加强人民政协工作的意见》，《意见》在充分肯定人民政协这种民主形式的独特优势

① 邓大才：《谁能为农民代言》，《中国党政干部论坛》2004 年第 9 期。

② 江泽民：《在七届全国人大四次会议、全国政协七届四次会议党员负责人会议上的讲话》，1991 年 3 月 23 日。

及其在我国政治生活中的重要作用的前提下，进一步强调指出："发展社会主义民主政治，建设社会主义政治文明，要善于运用人民政协这一政治组织和民主形式。"[①] 从人民政协的组成来看，它目前有 34 个界别，涵括了当今中国各政治派别和主要社会团体，集中了社会各界的代表人物，具有组织上最广泛的代表性和政治上的包容性，其人员构成和联系对象覆盖了社会各个层面，代表了社会各阶层、各不同群体的利益。因此，从这个层面来看，政治协商制度是适合我国国情的一种民众利益表达制度。

然而，从制度设计层面来考察的话，我们就会发现，政协制度更多地还是体现在其作为中国共产党的"统一战线组织"的职能，[②] 通过政治协商，党以此来争取获得更多的社会精英的支持，并通过提高社会各界精英的政治认同感来提升自身政权的合法性。这种政治协商更加注重执政党与参政党之间的政治协商和协调，当然它也的确有助于增进社会的政治凝聚力和协调社会各方面的关系，调动社会整体的积极性。但是，这也仅是政党协调中一个咨询性的过程而已，这并不能改变其"溢外收益"的性质，它与法规制度的调节无关，更与协调社会利益矛盾的要求相去甚远。

此外，政治协商制度在实际运作中也不同程度地存在委员产生方式的非民主性、委员提案的非透明性以及缺乏社会代表性等方面的问题，这也大大消解了政协作为社会利益表达制度的价值。

政协委员的产生一般经过团体推荐、党委组织部门审议、政协常委表决，然后向社会公布。候选人由内部推荐产生，再经过党政系统的层层把关，这种产生方式实难体现程序的民主性和委员的代表性。而这种产生方式的必然后果是委员构成的倾斜性。例如，安北县过去 3 届政协委员的人数分别为 154、165 和 161 人，其中的农民委员每届都是 12 人，常委人数分别为 32、34 和 32 人，其中农民委员均少于 2 人，[③] 这

① 《中共中央关于加强人民政协工作的意见》，2006 年 2 月 8 日。

② 在《中华人民共和国宪法》和《中国人民政治协商会议章程》中，都规定"中国人民政治协商会议是具有广泛代表性的统一战线组织"。

③ 政协安北县委员会提案及文史委员会编：《安北县文史资料》（第 6—8 辑），内部资料。

显然与农民在总人口中所占比例大相径庭。

提案是政协委员表达民众利益的主要方式。如果分析提案的内容，可以充分了解提案的诉求在社会上是否具有代表性。有学者比较分析了全国政协第九届会议的全部14346份提案的题目，结果发现，虽然全国政协的提案质量整体上比地方政协好得多，但提案内容仍然具有随意性、地方性和寻租企图。[①] 显然，提案的如此特征表明，政协委员所关注之事不见得代表着民众的利益。即便其中有些提案能充分表达一些社会集团的利益诉求，提案提出后还要提交由一小部分政协委员组成的提案审查委员会和提案委员会审查、处理，然后再交有关行政部门办理。[②] 由于提案的"审查—处理—办理"程序完全采取闭门方式，在小范围内完成，这种提案处理的非透明性令政协制度表达利益的效力大打折扣。[③]

（三）信访制度链条断裂

作为一种制度化利益表达机制，信访长期以来被看作党和政府体察民情、了解民意的重要渠道，也是公民申冤诉苦寻求公权力救济的民间路径和主要维权途径，是《宪法》第41条有关公民申诉权、检举权和控告权的具体体现。近年来，随着改革进程的加速和民众维权意识的高涨，这种"安定团结型"[④] 利益诉求制度的下端和上端已经出现了严重的断裂，其功能与当下中国社会政治环境的张力日益显现。在信访制度的下端，由于信访属地管理、信访责任追究制度的推行和"转信不办信"事实的存在，一方面，信访部门既无法有效地解决民众提出的各种利益诉求，也不可能对各级政府官员的不当行为构成有效约束，相反，将民众提出的申诉转给案发地政府，还会导致当地政府对信访者的

---

① 于立深：《行政立法过程的利益表达、意见沟通和整合》，《当代法学》2004年第3期。

② 见《中国人民政协全国委员会提案工作条例》。

③ 曾鹏、戴利朝、罗观翠：《在集体抗议的背后——论中国转型期冲突性集体行动的社会情境》，《中国研究》2006年第2期。

④ 通过对新中国信访制度的历时性考察，应星将其分为"大众动员型信访"、"拨乱反正型信访"和当前的"安定团结型信访"3个阶段。（参见应星《作为特殊行政救济的信访救济》，《法学研究》2004年第3期）

打击报复，反而进一步诱发官民冲突；[①] 另一方面，民众上访可能构成对案发地地方政府不当利益的威胁，一些地方政府视上访者为“刁民”，对上访者进行拦截、收买、欺骗、强制遣送，甚至高压迫害。这两个方面的原因都将消解底层民众对基层信访机构的信任，下层利益诉求无从上达。在我们对安北开发区失地农民的调查中发现，虽然他们普遍对地方政府的征地行为深感不满，但大部分人没有找过当地的任何领导和部门，而找过有关领导和部门的受访者中，他们均表示“莫得用”。在信访制度的上端，由于基层信访机构事实上的“无能”和民众对基层处理结果的不满或不信任，为“讨个说法”民众就只能越级上访，导致中央信访部门的接待压力越来越大。据国家信访局统计，2003年国家信访局受理群众信访量上升14%，省级只上升0.1%，地级上升0.3%，而县级反而下降了2.4%。[②] 在上访特别是群体上访反映的问题中，80%以上是有道理或有一定实际困难和问题应予以解决的；80%以上是基层应该解决也可以解决的。[③] 与庞大的信访量相比，不仅信访立案率非常低，“信访立案数只是一个相当小的数字，其概率被认为与彩票中奖率差不多”，[④] 而且信访解决率更低，2004年5—10月，某课题组对上访人群的专项调查结果显示，民众通过上访解决问题的比率只有2‰。[⑤]

“一面是众多访民一心赴京的决心，一面要确保达到中央‘小事不出村，大事不出乡，难事不出县，矛盾不上交’的要求；一方面要接待大量的来信来访，一方面要组织人力到上级信访部门接访。”[⑥] 各级信访部门“疲于奔命”却又“碌碌无为”的工作状态，再次令信访制度的内在缺陷暴露无遗，而信访制度的缺陷本身又可能成为国家政治认同性流失的重要原因。对上访者来说，上访成功率不断下降，而代价却

---

① 于建嵘：《中国信访制度批判》，《中国改革（综合版）》2005年第2期。

② 曾鹏、戴利朝、罗观翠：《在集体抗议的背后》，《当代中国研究》2006年第2期。

③ 《国家信访局局长：80%上访有道理》，《半月谈》2003年11月20日。

④ 胡奎、姜抒：《2003年中国遭遇信访洪峰，新领导人面临非常考验》，《瞭望东方周刊》2003年第4期。

⑤ 李俊：《我国信访制度的成本收益分析》，《南京社会科学》2005年第5期。

⑥ 赵凌：《社科院报告直面信访严峻形势》，《南方周末》2007年4月5日。

越来越高。在政府部门以及信访机构的推诿塞责之下，上访者不得不在中央和地方、各部门的信访机构之间不断“转圈”，付出大量的时间、财力和精力，“转圈”的时间甚至长达几年到几十年，许多上访者为此倾家荡产。上访中遭受的种种挫折、打击、失败甚至迫害，让部分上访者对既有体制深感失望。湖南省宁乡县道林镇农民减负代表杨跃进回想自己根据党中央国务院减负文件精神抵抗县乡“土政策”却被判刑时说：“判刑的是杨跃进，侮辱的是共产党。”①

（四）政党利益表达制度的困境

对于任何一个政治体系来说，其建立和运转的根本动力在于利益驱动。受利益驱动，各政治主体以或公开或默认的方式表达其对政治利益结构的认知，一旦发现既有利益结构安排与其目标愿望有差距时，他们就会按照政治体系所赋予的各种资源，采取各种方式来改变自己在政治体系中的处境，进而谋求新的利益身份。因此，对于作为中国特色社会主义事业的领导核心和中国最广大人民的根本利益的代表——中国共产党来说，② 在当前利益日益分化、利益主体趋于多元的社会里，党能否在实际操作中为社会每个成员提供充分有效的利益诉求渠道，对错综复杂的利益分化予以协调并实现社会利益结构大体均衡，从而保护公民的权利和自由、增进社会整体福利，显得尤为关键。

必须注意到，根本利益并不等同于具体利益，根本利益代表并不等同于具体利益代表。也就是说，作为全体人民的根本利益代表并不天然意味着党在任何情形下都代表农民阶层的具体利益。事实上，党所出台的各项方针政策，应该是有着自身利益诉求的不同阶层和社会群体之间，就公共问题进行讨论、谈判和妥协的结果，它理应成为各个方面不同阶层的利益的反映和体现。与此同时，我们还应该注意到，掌握社会资源分配权威的中国共产党本身也是一个庞大的社会集团，它同样也有自身的利益诉求。“共产党人不是清教徒，也有正常的家庭生活，也有

① 周作翰、张英洪：《当代中国农民的信访权》，《当代世界与社会主义》2006 年第 1 期。

② 《中国共产党章程》（中国共产党第十六次全国代表大会部分修订）总纲。

正常的社会交往，党员和干部要开展工作，也需要一定的职权。随着经济的发展，党员和干部的物质待遇和工作、生活条件也应该逐步得到改善。”① 因此，这就存在着党的利益和人民利益、党员的个人利益和部分民众的利益之间的矛盾问题。

从总体上来看，我们党在上述问题的处理上是不错的，很多党员干部也能自觉将个人利益与人民的利益和国家的利益统一起来。但是，在肯定成绩的同时，我们也必须看到，一些党员入党动机不纯，把党员仅仅看作“一种机会、一种潜在政治收益的入场券”；② 党性不正，官僚主义作风严重，他们对人民疾苦不闻不问，部分党员干部面对民众的利益诉求作风粗暴，动辄对利益表达者施加压力，甚至打击报复。在此情形下，他们何以能充当最广大人民尤其是弱势阶层根本利益的代言人？在安北调查中我们发现，乡村基层党组织十分涣散，村子里的党员大多忙于外出打工挣钱，很多农民根本就不知道哪些村民是党员。在很多失地农民看来，“有问题找党员”只不过是一个久远的历史记忆而已。③

在我国的政党利益表达制度中，还有八个民主党派。但是从民主党派的人员构成来看，他们一般有着较高的文化层次和比较特殊的社会背景，是一个个与底层社会没有多少利益关联的以知识精英为主体的“干部型政党”。④ 要让民主党派担当起社会大众的代言人，只能寄希望于他们作为知识分子的道德、良知和勇气。尽管民主党派近年来为了向执政党和公众证明自己存在的价值，越来越积极地利用各种机会为弱势群体呼吁，⑤ 毕竟那不是一种基于自身直接利益需要的行动。只有允许民主党派吸收更多的来自底层社会的成员时，他们表达和维护弱势群体

① 江泽民：《论“三个代表”》，中央文献出版社 2001 年版，第 106 页。

② 毛寿龙：《政治社会学》，中国社会科学出版社 2001 年版，第 89 页。

③ 在实地调查中，农民一听见我们提出这样的问题就哈哈大笑，令我们十分尴尬。后来一个朋友告诉我们说，你这句话“也实在太书生气了”。

④ 王继宣：《从参政党角度看我国政党制度面临的现实挑战及其对策》，《马克思主义与现实》2004 年第 4 期。

⑤ 康晓光：《经济增长、社会公正、民主法治与合法性基础——1978 年以来的变化与今后的选择》，《战略与管理》1999 年第 4 期。

利益的声音才可能真正变得响亮而执着。

（五）领导接待制度的形式化倾向

长期以来，党政领导接待制度一直是我们党坚持群众路线，密切党群关系、干群关系一个行之有效的光荣传统。在历次党的重要会议形成的决议和中央政府的工作报告中，都有关于坚持党政领导接待制度，健全联系群众机制，拓宽反映社情民意渠道等规定。在实践中，为确保党政领导接待制度切实得到贯彻落实，各地还出台了相应的实施办法。例如在安北我们就看到，几乎每一个党政部门的办公室都张贴有《领导接待日制度》，对接待领导姓名、职务、联系电话和具体接待时间等事宜均有明确安排。实事求是地说，如果有完善的激励机制和健全的监督体系，行政领导接待制度不失为民众诉求利益的一条快捷通道。

从实地调查获知的情况来看，行政领导接待制度形式化的倾向十分普遍。在一些部门，虽然制度安排要求“行政首长”接待访民，但实际操作中多由办公室职员替代；而领导公开的联系电话，要么是空号，要么就是部门传达室的电话；至于“有幸”得到领导接待的少数案件，也是“领导答应得爽快，出门就没了下文”①。正因为如此，有学者分析说：那些政府“热线电话”、地方行政首长“接待日”，仅仅是为政府增加了搜集民众意见的管道。至于民众的“要求”能否得到满足、民众的“意见”能否被采纳，在法律制度上并无任何保障，民众只能寄希望于个别“好干部”的热心和真诚，这样的制度措施明显带有很大的随意性和人治色彩。实际上，不少地方政府设立“热线电话”和地方行政首长“接待日”，只不过是为政府的形象工程或政绩工程做“表演”，并不是真要给弱势群体更多的利益表达机会，更不打算处理弱势群体亟待解决的问题。②

① 一位曾得到县国土局局长召见的失地农民这样对我们说。

② 曾鹏、戴利朝、罗观翠：《在集体抗议的背后——论中国转型期冲突性集体行动的社会情境》，《中国研究》2006 年第 2 期。

二　地方政府的稳定逻辑与失地农民利益的表达

（一）“控制—稳定”：地方政府的稳定逻辑

无论对任何一个政权来说，社会秩序长期稳定都是其永恒不变的追求。“在人类社会中，政治权力解决的是社会政治秩序何以可能的问题。”[①] 倘若人类要保持文明或变得更加文明的话，首先必须保持一个稳定和谐的社会环境。政治稳定赋予了为政者化解合法性危机、认同危机、参与危机、命令贯彻危机和分配危机等诸多挑战的能力，并能够从民众那里不断获得广泛的支持，“使人们产生和坚持现存的政治制度是社会的最适合的制度之信仰”[②]。

改革开放前，中国社会基本上处于一种“超稳定”的状态。政治、经济、社会秩序总体上是按照国家政权所预先设置的方向行进，后来学者们把它归结为“总体性社会”[③]。这种“超稳定”状态，是由一套超强控制机制所达成的，它主要表现在社会生活政治化、政治生活集权化、社会交往网络的高度控制和意识形态的超强动员。国家社会高度同构、政治权力对经济社会生活强力主宰，虽然也实现了一时的社会稳定，然而“平静和谐就只是表象，紊乱和不满就会在暗中滋长。表面上被控制住的物欲随时可能迸发出来”[④]，社会发展活力缺失、“人们对统治权力的承认”[⑤] 不断遭到质疑，就是这种“稳定”付出的代价。

始于 1978 年的改革开放，给中国社会经济文化等各个领域都带来了深刻的变革。随着从传统社会向现代社会、从计划经济体制向社会主义市场经济体制转型进程的不断加快，传统“统合型”国家社

---

① 毛寿龙：《政治社会学》，中国社会科学出版社 2001 年版，第 78 页。

② 西摩·马丁·李普赛特：《政治人：政治的社会基础》，张绍宗译，上海人民出版社 1997 年版，第 55 页。

③ 孙立平：《改革以来中国社会结构的变迁》，《中国社会科学》1994 年第 2 期；孙立平等：《中国社会结构转型的中近期趋势与隐患》，《战略与管理》1998 年第 5 期。

④ 杜尔凯姆：《自杀论》，王力译，商务印书馆 1934 年版，第 210 页。

⑤ 让·马克·夸克：《合法性与政治》，佟心平、王远飞译，中央编译出版社 2002 年版，第 12 页。

会关系被打破，利益格局日趋分化和多元化，贫富差距明显拉大，利益矛盾日益表面化，民众的利益诉求意识和政治参与的愿望趋于强烈，一些结构性的问题如权力腐败、贫困、下岗失业等呈现不断积聚的态势。种种迹象表明，转型中国社会是一个交织着种种矛盾和风险的社会。“当代中国再次进入社会不稳定的时期，其突出表现为：世界上最大规模的经济结构调整；世界上最大规模的下岗和失业‘洪水’；世界上最显著的城乡差别和地区差别；世界上基尼系数增长最快的国家之一。”① 当前，我国的改革已然进入了一个攻坚阶段：一方面由于历史欠账较多，积怨较深，需要在改革中尽快化解；另一方面，随着结构调整、利益重组不断推进，许多新的冲突和社会矛盾亟待应对。在诸多挑战和问题面前，稳定的社会秩序何以达成？这首先就涉及到如何理解社会稳定的问题。

按照马克思主义的理解，矛盾总是无所不在、无时不在，设想无矛盾的社会是根本不存在的，社会活动的多样性和社会关系的广泛性不可避免地造成差异、矛盾和冲突。任何社会都不可能是静止不变的，所以社会稳定也就表现为一个相对的过程。社会稳定的相对性是指社会稳定是具体的、暂时的、有条件的。社会稳定的相对性主要体现在以下两个方面。一是相对于个别性而言。社会总体上稳定并不排斥局部的变动和不稳定，也并不排斥某一历史时期、某个历史阶段社会的不稳定。二是相对于政治稳定、政权稳定以及经济、文化、社会生活等领域内的稳定而言。一个国家的社会稳定并不等于经济、政治、思想的固定不变，它应当允许上述诸要素存在变化和差异。社会是由诸多要素构成的有机整体，吐故纳新，推陈出新是其本质所在。社会基本矛盾是社会发展的动力，社会基本矛盾的发展状况及其解决的好坏直接关系到社会稳定的状态，这使社会稳定具有动态的特征。社会稳定作为社会存在状态，其自身也是处于不断变化之中，它既可以使社会变得“更加稳定”，也可以使社会变得“不太稳定”乃至走向“不稳定”。这表明：固定不变、绝对静止的社会稳定状态是永远不存在的。

① 胡鞍钢等主编：《第二次转型：国家制度建设》，清华大学出版社 2003 年版，第 4 页。

对此，邓小平说："没有安定团结的政治环境，没有稳定的社会秩序，什么事也干不成。稳定压倒一切。"① 与此同时，他又指出："强调稳定是对的，但强调过分就可能丧失时机。稳这个字是需要的，但并不能解决一切问题。"② "对于我们这样一个发展中的大国来说，经济发展得快一点，不可能总是那么平平静静，稳稳当当。要注意经济稳定、协调发展。"③ 邓小平同时强调："稳定和协调也是相对的，不是绝对的，是动态的而不是固态的。"④ 邓小平的这些精辟论述清楚地表明：社会稳定是一个积极的动态的过程。

因为社会稳定是一个积极的动态的过程，寻求某种神方妙法一劳永逸地维持和达成社会稳定，这根本就是空想。面对近年来经济社会领域的深刻变化，以及由此产生的种种社会矛盾和问题，就中央政府的应对策略来看，从以经济建设为中心到科学发展观的确立、从全面建设小康社会的提出到努力构建社会主义和谐社会的理念与实践；发展观念的变革、社会治理理念的更新、社会风险和各种突发性事件的应对能力的提升；从政府信息披露制度的建立、收容制度的废弃到司法公正与独立制度的探索；从对"带血"小煤窑和小金矿的严厉查处到农民工社会保险制度的强制推行，从对腐败官员的依法惩办到对社会弱势群体的关注和救济……所有这一切，无不体现出中央政府在推进政治体系结构与功能不断优化、全面提升政治体系对社会环境的应变力、整合力和凝聚力的决心和勇气。"以社会和谐彰显公平正义、以安定团结谋求社会稳定"，这是当前和今后很长一个时期内党和国家对社会稳定的体认，也是其在努力构建社会主义和谐社会中的行动逻辑。⑤

国家从来都是具体的，中央政府的意志和要求必须通过一定的行政体制来贯彻和落实。地方政府作为国家权力的代表和中央政策、制度在

---

① 《邓小平文选》第3卷，人民出版社1993年版，第373页。

② 同上书，第368页。

③ 同上书，第377页。

④ 同上。

⑤ 孙立平：《博弈：断裂社会的利益冲突与和谐》，社会科学文献出版社2006年版，第10—12页。

基层的实际推行者，由于自身利益诉求的客观存在，[①] 在对中央政府意志的领会把握和对相关政策的贯彻落实过程中，难免会注入自己的“理解”。改革开放之初，中央通过“放权让利”，地方政府的积极性和主动性得到了充分的调动和发挥，但在此过程中又出现了“中央旁落”的问题，上有政策下有对策、令不行禁不止、阳奉阴违等等，就是其主要体现。到20世纪90年代，为了在搞好经济增长的同时确保政令畅通，上级政府部门采取了用包括经济增长率在内的各种指标体系考核下级官员政绩的做法。到后来，这类考核愈演愈烈，指标体系越分越细、越来越多，GDP增长、招商引资、就业安置、计划生育……凡此种种，逢事必考，而且很多指标还实行所谓“一票否决制”，比如计划生育、招商引资等等。通过对这些指标体系的考核，上级政府可以适时了解和把握下级官员的工作状况，可以及时考察上级政府部门的意图是否得到不折不扣的贯彻落实。上级政府根据考核的结果，按得分的多少将下级部门及其官员划分为优、良、中、差等不同的等级，并以此作为对下级官员升降的重要根据。在这种考核制度下，千方百计完成指标、用尽一切手段拼个好的排名，成为下级政府工作的中心任务，这就是“一手高指标，一手乌纱帽”和由众多“一票否决权”构成的所谓“压力型”体制。[②] 进入21世纪后，国家治理结构虽然有了某些变化，“扩权强县”的探索也赋予了地方政府（县级政府）更多的自由活动空间，但是从总体上看，原有“压力型”体制并未得到根本性的改变。在安北调查时我们就发现，每年县委县政府都会与县属各个科、局、企事业单位签订目标任务责任书。因下属单位性质不同，目标责任书的内容也各不一样，但是计划生育、招商引资、安全维稳等几个问题，在责任书中是永远不会“遗漏”的。到了年末，县委县政府会组织专人对各个单位目标任务完成情况进行考评，考评结果除了对下级单位相应给予奖惩外，它同时也是县委县政府向市委市政府汇报工作的依据，到那里，市

① 关于这方面的论述实在太多，从契约论中的委托—代理困境、科层理论中的结构科层—功能科层悖论，到新近的国家自主性理论分析，等等，均从不同的视角表明地方政府自身利益存在的客观性。

② 关于压力型体制的专门论述，请参见荣敬本、何增科等《从压力型体制到民主合作体制的转变——县乡两级政治体制改革》，中央编译出版社1998年版。

委市政府还要对县委县政府目标责任完成情况再次考评。

近年来，“三个代表”、“科学发展观”和“构建社会主义和谐社会”的提出，凸显了中央对维持社会稳定，以稳定促和谐的发展理念。为此，许多上级部门都把“保持社会稳定，促进社会和谐”列为考核下级官员政绩的又一个重要指标，在安北便是如此。以信访工作为例，从南市委、市政府要求市属各区县必须“认真做好信访接待工作……绝不允许把矛盾上交……要尽一切努力做到小事不出乡（街道）、村（居委会），大事不出县（市、区）和部门，杜绝越级集体上访和重复上访事件发生。要千方百计做好息诉罢访工作，对异常群体事件，问题涉及的单位和信访、公安、民政、卫生等部门的主要负责人要迅速赶赴现场，维持秩序，控制局面……对因反应迟钝，措施不力，不主动配合、处置不当而诱发群体性事件的，要严厉追究相关人员的责任；对共产党员和领导干部组织、参与和支持群体上访事件的要按照有关规定从重从严处理。市、县都要把信访工作纳入党政工作总目标统一管理和考评……凡因问题处理不及时出现越级集体访的，要扣减其单位综合或相关单项工作目标考核分值；凡因问题解决不力而导致大规模集体访和不稳定事件发生，受到中央和省通报批评的，单位年度目标或单位单项目标考核要降一个等级，并向市委、市政府写出书面检查……”[①]为使这一要求落到实处，市委、市政府还专门出台了《从南市信访工作问责制暂行办法》，对信访问责范围、问责内容、问责依据、问责追究、问责实施等几个方面作了极为具体的规定，如在问责追究中提出的问责措施就包括“扣发主要领导目标奖；扣发涉案及属地单位职工月目标奖；降低单位年度目标考核等级；行政纪律处分；书面检查；调离工作岗位；追究纪律、法律、组织责任；经济制裁或政策性约束；通过电视、广播、报纸等在全市通报批评”[②] 等经济、纪律、法律和组织惩戒手段。在地方政府看来，就是要通过这些手段和措施，多方联动、齐抓共

① 《中共从南市委、从南市政府关于进一步加强信访工作的意见（试行）》（从委发〔2002〕14号文件），载《领导干部信访工作手册》（内部资料），2004年5月，第54—59页。

② 《从南市信访工作问责制暂行办法》，载《领导干部信访工作手册》（内部资料），2004年5月，第70—73页。

管，多层面、全方位地打造出一个“政通人和、民风纯善”的“和谐从南”来。与市委、市政府要求相衔接，安北县委、县政府制定的《信访工作规定》中进一步要求，“要尽一切努力把信访问题控制在当地……与乡、村、社、农户签订稳定责任书，保证小事不出村、大事不出县；要将信访工作纳入党政工作总目标，分管领导明确，目标责任落实，工作人员到位；要严格控制重复信访和集体群访发生，要建立党政联动、警民联动机制，要尽一切努力将矛盾化解在基层；要严格控制到省、市越级上访，一旦发生，有关单位负责人要立即派人疏导化解工作……县委、县政府决定把信访工作列入本届县委、政府工作的总体目标，对各乡镇和县级各部门党政主要责任领导进行考核；县委社会治安综合治理委员会，要把信访工作主要指标纳入工作范畴；县委组织部，要把做好信访工作作为考核干部政绩和使用干部的一个重要标准列为干部考核目标，定期考察……对本部门、本地区有越级到县上访，特别是多人（次）到市以上机关上访的乡镇或单位领导，由县委、县政府通报批评；对完不成信访工作年度责任制目标任务的责任领导，由县纪委监察局以黄牌警告。连续两年受黄牌警告的乡镇和县级各部门的党政主要领导和分管信访工作的领导，取消当年个人的岗位目标奖金和评优资格。信访工作处于被动局面的单位，干部一律不得提拔重用；对决策有重大失误或工作严重失职，导致发生大规模的到市以上机关集体上访或个别人到市以上机关上访闹事事件，造成严重政治影响或重大经济损失的责任单位主要领导，要给予纪律处分……”①

从这些以地方党委、政府名义下发的文件中，我们可以看到，中央关于“以社会和谐实现稳定”的要求在基层已经走样，不少地方政府已经形成了一套有悖于中央的畸形的稳定逻辑：稳定就是群众安分守己、和谐就是风平浪静。不发生群体性事件，没有围堵政府大门，无大规模上访，没有大的聚众闹事。一旦发生此类事件，他们就特别敏感，不惜耗费一切资源、用尽一切手段，把上访的人拦住，把负面消息捂

① 《安北县信访工作规定》（安委字〔2002〕38号文件），载《领导干部信访工作手册》（内部资料），2004年5月，第186—194页。

住，把群众堵住。在这种“控制—稳定”的逻辑之下，只要本地区“没有事情发生”，只要发生的“问题”没有进入上级领导的视域，“综治维稳工作考评、和谐单位目标考核”就能得高分，安定和谐局面即算达成，这便是某些地方政府的稳定逻辑。

（二）“非问题化”：地方政府稳定逻辑的实践与失地农民利益的表达

在“压力型”体制之下，地方政府要想在上级部门对自己“维持社会稳定的水平、构建社会主义和谐社会的能力”考核中获得好评，本辖区、本部门真正做到“风平浪静”才是最可靠的保证。然而农民土地被征用的事件已经发生，失地农民利益受损也是清晰明白的事实。无论是出于对生存保障的渴求，还是基于对“公平正义”的求诉，失地农民都会以他们自认为适恰的手段和方式说出他们心中的不满、表达出对地方政府的抗议：或牢骚非议、或上访诉讼，更有甚者还会拿起扁担锄头上路游行、围攻政府……在此情形下，地方政府纵然是勤政图强，[①] 但“问题”已经发生、“事情”客观存在，一面是“稳定和谐”的政绩压力，一面是失地农民诉求利益引发的“骚乱”，他们的“控制—稳定”逻辑何以能实现？

在理性行动理论看来，一切社会行动者都是有理性的，实现自身利益最大化是行动者内在的行动逻辑。对于不同的行动者来说，由于其在资源、权力控制结构中的实力差异，他们能达成的利益也不一样。[②] 就地方政府与上级政府、失地农民三者之间的关系来看，信息等资源优势既赋予了地方政府充分的行动自由，同时又为其实现自身利益最大化提供了可能。对此我们可以从以下两个层面予以分析：一方面，就地方政府与上级政府的关系而言，行政科层化赋予了上级对其下属绝对的权威，借助监督、督促、检查等手段，上级政府可以充分确保其权力和意

① 在与地方官员交谈中我们发现，在整个征地事件中，“以地招商”的安北地方政府，其行为或许有许多“不检点”之处，但他们企盼安北发展的心还是诚挚的，无论这种企盼是出于政绩的考虑，还是出于别的什么原因。

② 布赖恩·特纳：《社会理论指南》，李康译，世纪出版集团、上海人民出版社2003年版，第277—281页。

志在基层得以实现。但是从我国行政体制运作的具体实践来看，上述分析仅仅具有理论上的意义。且不说科层体制监督成本的高昂和难以消除的“文牍主义”，单单要获得下级政府准确的信息就是一个十分艰难的问题。为了准确把握基层的情况，上级对下级常用的办法是调查研究、专项检查。现在的问题是下级已经有了一套成熟的办法来应对调查和检查，上级听到的情况极为有限。泛泛的调查研究和工作检查成了一种成本高昂、无所获益的信息控制手段。① 具体就失地农民利益表达行动而言，在“稳定压倒一切”和“一票否决制”考核体系下，② 政绩需要赋予了地方政府运用“围、追、堵、瞒、骗”等“非问题化”技术，③ 将农民的利益诉求行动所引发的“问题”化解于无形的动力，而地方党政权力高度集中、利益共同体高度结盟又为其提供了实现“非问题化”的资源保证。另一方面，就地方政府与失地农民的关系来看，地方政府是国家在地方的代表，作为权力垄断者，它可以合法地运用国家强制力控制社会冲突、整肃社会秩序；作为社会管理者，它能够合情合理地利用一切手段化解社会矛盾、增促社会整合。与掌握并垄断着国家强制力的地方政府相比，失地农民处于社会最底层，他们没有任何可资利用的资源和手段挑战权力，没有任何与地方政府讨价还价的资本。他们无权弱势、无力挑战权力，也没有挑战权力的意图和能力。但是，在利益面前，包括弱势群体在内的任何群体都不可能无动于衷，纵然资源有限、即便能力缺失，他们还是会采取自认为适恰的手段和方式进行利益的抗争。失地是因政府征地而起，失地农民的抗争主要针对地方政

① 郑欣：《乡村政治的博弈生存》，中国社会科学出版社 2005 年版，第 242 页。

② 我们在调查中发现，从南市委市政府对所辖区县目标考核中，“社会发展”是一项重要的指标。在“社会发展”考评指标中，有重复上访扣 0.5 分，有到中央、省集体访分别扣 3 分、2 分……属于“一票否决”的事项有：有负面新闻被中央级媒体曝光、有重大社会事件被省级以上政府通报批评、因工作不力造成群众死亡 1 人以上，等等。

③ 在实地调查中我们发现，下级政府清楚地知道，只要辖区或部门发生的“问题”没有进入上级的视野，就能在“维持社会稳定能力”的考核中过关，这对于作为国家代表的地方政府而言，利用手中的政治、经济、法律和组织资源，将“问题”“非问题化”处理一点也不难。（应星在描述农民上访的“问题化”技术时指出，对农民来说，只有“问题”足够重大，农民的要求上级才可能给予重视并得以满足。参见应星《大河移民上访的故事》，生活·读书·新知三联书店 2001 年版。）

府。可是在地方政府看来，“以地招商”的做法固然有些不妥、开发区规模也突破了上级部门的规定、失地农民的补偿款发放和安置房建设的确也还存在一些问题，但是政府这样做也是不得已而为之，“安北要发展，总得有人做贡献”，更何况在整个征地过程中政府始终坚持“让利于民”，并没有从征地中捞取什么“好处费”。[①] 在此情形下，失地农民“说三道四”显然于情不符，群起“闹事”更是于法不容。在“压力—稳定”逻辑之下，“恩威并举，软硬兼施”[②] 成为地方政府实现社会稳定、回应失地农民利益诉求的“非问题化”[③] 策略。

1. 强力控制

在任何一个以满足社会成员利益需要为基础存在的社会里，各种利益主体之间不同的利益诉求必然会产生矛盾和冲突。为维持社会稳定，实现政权长治久安，政府就必然会利用手中掌控的各种资源协调利益矛盾、化解社会冲突，这就是一个社会控制的过程。在当下中国，社会矛盾突出，但各种社会冲突背后的政治化和意识形态化程度很低，政治基本稳定。在这样的情况下，如何抓住这一有利时机为民众的利益表达和利益聚合提供制度上的安排，如何将利益矛盾和冲突规范在一个有序的框架之中，日益成为各级政府所必须要面对的问题。[④] 诚然，在社会转型加速期，适时使用一些国家强制力可以迅速将社会冲突控制、能够及时将社会危机化解。但是，压力至多只能赚取一时的宁静，赢得民众对权力的普遍认同才能真正实现民安国稳。对于这一点，各级政府官员应该是普遍认同的。譬如在如何应对征地所引发的失地农民利益诉求行动这一问题上，无论是国务院出台的文件还是地方政府推行的

① 在调查中很多干部都是这样认为的，他们觉得“闹事”的老百姓素质低，只顾自己的蝇头小利，不理解政府为了安北发展所做出的艰辛努力。

② 《加强基层信访工作，把问题和矛盾化解在基层——市委副书记×××同志在全市信访工作会议上的讲话》，载《领导干部信访工作手册》（内部资料），2004 年 5 月，第 220 页。

③ 在地方政府看来，“闹事者”的目的就是想把问题“捅大”。因此，为“维持社会稳定”就必须采取“恩威并举、软硬并重”的策略，以“非问题化”的策略回应“闹事者”的“问题化”。

④ 孙立平：《博弈：断裂社会的利益冲突与和谐》，社会科学文献出版社 2006 年版，第 278—284 页。

办法,[①] 都把“慎用警力、慎用警械、慎用强制措施”作为一个最基本的原则写了进去；在如何对待当前屡屡发生的群体性事件上，无论是中央要员做出的指示还是基层干部提交的工作汇报,[②] 都强调必须“坚持宜散不宜聚、宜解不宜结、宜顺不宜激”。但是，在实证调查中我们却发现，在一些地方政府那里，他们发布的文件、提交的报告仅仅是用来应对上级“三个代表”活动是否达标、“综治维稳”工作是否落实等等考评的“工具”,[③] 强力控制才是应对失地农民“挑战”政府权威[④]最惯常的手段和方式。

以压求稳，滥用警力。从政治学的角度来看，警察作为国家合法垄断的暴力工具之一，维持社会政治稳定、保障国家意志实施是其主要职责；从社会生活的角度来看，“人民警察为人民”是多年来老百姓对“警察”的职业认知。在普通老百姓的心中，“理想的”警察应该是人民利益的“守护神”，应“扶危济困、匡扶正义，惩处罪恶、诉求公正”。然而近年来，当“暴力执法、贪污腐化、警匪勾结、充当黑势力保护伞”等有关警察操守的负面新闻不时在电视、报纸、网络等媒体上曝光，当“行为不检点、道德不规范”的事件就发生在自己周围的警察身上时，在一些百姓看来，人民警察昔日的“光辉形象”早已荡然无存。在开发区调查时我们就发现，失地农民大多对县里的警察很不满意，不少人甚至直白地告诉我们“警匪是一家”。在他们看来，警察对他们日子的艰辛、生活的不易从来不理不问，但是开发区野蛮征地警察却出来开道，老百姓上访又是警察出面抓人。作风粗暴、行为野蛮、

---

① 《国务院办公厅关于控制城镇房屋拆迁规模、严格拆迁管理的通知》(国办发〔2004〕46 号)；《关于在征地拆迁中做好社会稳定工作的意见》(秦委发〔2004〕5 号)；《征地拆迁工作规定》(安委字〔2004〕13 号文件)。

② 《基层领导失职引发严重群体事件须辞职》(http://news.sina.com.cn/c/2007 - 01 - 05/094311959532.shtml)。

③ 在任何一项评优创先的活动中，考核指标大多分解为“硬件”和“软件”两大块，而“规章制度是否健全、档案材料有无缺失”始终是软件中的一个重要指标，对被考核者来说，要完成这些软指标并不是一件多么困难的事情。

④ 其实对农民，尤其是失地农民来说，弱势无权、社会资本缺失，他们哪有“挑战”地方政府权威的资本，而百姓对“中央圣明”的坚信，更说明他们没有“颠覆”政权的意图，根本缺乏危害“社会稳定”的动力。

欺软怕硬……凡此种种道德贬损的词汇，却成了不少失地农民对当地警察角色的界定。在下面这份长达23页，按有75名失地农民大红手印的申诉状[①]里，其中有关警察不检点行为的指诉，或许能从某个侧面说明失地农民为何对警察会抱持如此强烈的否定。

2005年4月13日下午，开发区管委会副主任×××单独一个人来到黄士文家中，通知明天上午8时准时与其他群众代表到管委会三楼会议室召开征地款发放工作会议。第二天（4月14日）八时群众代表陆续来到管委会，还没到齐，就将大楼的铁门一关，将通知到会的群众代表关在里面。一个震惊骇人的镇压群众的法西斯暴行武装镇压拉开了第一幕……门一开，涌进一伙武警、公安，请来的其他派出所、打手、红道、黑道上的人手持手枪、手铐、警棍等专政工具，拳打脚踢，先退神光，枪指太阳穴。三人押一人，把群众代表黄士文、何泰安、唐三好三人押至管委会大门，黄士文押打后被压跪在操场上，这才把预谋在暗处的囚车数辆（三辆）开过来，当时在场的其他村民表示抗议，县公安局政委×××公开叫骂，今天接到密令，如有妨碍者，不管哪个先枪毙了再说，来几个杀几个，先斩后奏……在公安局政委×××的指挥下，兵分两路，火速前往腾紫构7组实行惨无人道的大搜捕，还私入民宅，将群众代表何前进家大门打倒在地，将因病卧床休息的群众代表王元财（有50多岁）……突然将他从床上提起，先退神光，王元财还不知道为什么，就被戴上手铐，押上囚车。在场目睹这种违法行为的年轻人黄放才17岁，刚刚从外地打工回来，说了几句公道话，也打了以后，戴上手铐装押上囚车。用暴力拳打脚踢，还打了几个公民，又警车警号长鸣，以消防车的速度追赶群众代表黄明，黄明扑大河，险些命丧青戚河。押到看守所，把黄士文拉下车，跪在水泥地上，请来的打手又致死的打，但又不敢打死。

在安北看守所里，黄士文一进看守所受尽了各种刑法折磨……

---

① 《民主与法制——站在低谷匹夫的呐喊》（黄士文的申诉状，2006年9月21日）。

连续受尽“七十二”小时的折磨，才睡成觉，打昏死几次，又解救活，其他几个要好一点。

后来，腾紫构村5组村民特别是群众代表，处于白色恐怖之中，×××精心策划的专案调查组，来到腾紫构村进行大搜捕，收取伪证，搞逼供信，并拿出逮捕证、拘留证、手铐等，吓得村民有的外出，至今未归，不能与家人团聚，吓得群众代表十余人晚上不敢在家睡觉……

诚然，在对这份申诉材料进行解读时，我们必须注意到失地农民对“问题化”技术的利用，[①] 并且从当地公安干警那里我们获悉，“是动了警车的，老百姓也有些不配合，但是并没有多大的冲突”。对于是否经常动用警力处理群体性事件这一问题，县公安局周局长这样对我们说，“省（公安）厅要求我们不得参与征地拆迁，对待群体性事件要慎用警力警械、慎用强制措施，但县上一有什么事情都要求我们出警，问题处理不好批评挨骂不说，还时不时在经费什么方面的给你小鞋穿，我们又有什么办法?”

以权压法，逼“法”求稳。权大于法、司法权地方化，这几乎成了影响我国司法公正的一个痼疾。长期以来，不少法学专家就何以实现司法独立构设了不少方案，司法界也就如何杜绝司法地方化作了持久努力。但是就当前司法实践的现状来看，司法权地方化的现象不仅大量存在，而且还有日益强化的趋势。在一些地方，地方党政领导出于种种缘由对法院的活动直接施加干预，使司法独立和司法公正处处受限，诸因素累加之结果，最终不仅削弱了国家的司法权，影响到基层民主法治建设，更堵塞了民众通过司法救济求诉权益的通道。在安北调研时我们发现，许多失地农民对通过打官司来维护自身权益的可能性是心怀质疑的。因为在他们看来，侵害自己利益的就是地方政府，他们垄断着权力，同样也控制着司法，通过打官司来诉求自己的权益，无异于“与虎谋皮”。而就我们收集到与失地农民利益表达相关的案例来看，真正

① 对“法西斯暴行”、“白色恐怖”等过分夸张词汇的运用，表明他们已经对所述事件进行了“加工和处理”。

走上“以法维权”的事例是少之又少。[1] 相反，地方政府借助司法权力打压失地农民的事例倒是时有发生。例如，在2004年6月，当得到张省长要来安北考察的通知后，为了向首长树立安北“政通人和”的良好形象，在首长到来之前，县委县政府组织公检法系统对全县在册的上访老户[2]一一进行了“沟通”，并对其中两个（一个为失地农民）长期无理取闹、寻衅滋事、干扰社会和机关工作秩序的“捣乱分子”依法进行了严肃处理。从而确保了省长到来时，没有出现任何群众上访纠缠，这是安北社会稳定工作历史上从未有过的。[3] 与上述事件相类似的还不止这一件。例如在2005年，由于农民实在不堪忍受养猪场散发出来的熏天臭气，在与齐祥公司[4]多次交涉无果的情况下，8月23日，40多名农民集聚到齐祥公司抗议，并与该公司工作人员发生了打斗，双方互有人员受伤。事件发生后，县委县政府极为重视，将其视为“总体稳定中的不稳定因素，影响了重点企业的正常生产，影响了招商引资环境，影响了对外形象，影响了发展大局”，在第一时间成立了专案组，对带头煽动闹事者黄某某、张某某予以逮捕，在检察院提起公诉之后，由人民法院依法做出判决。此外，县委还对在此事件中处理不力的开发区管委会领导班子进行了调整。

在实地调查中我们发现，地方政府利用国家强制力回应失地农民利益诉求的事件还有很多，他们依凭的也远非警察、法院等单一的资源。就目前中国县乡地方政府而言，权力过度集中、体制内监督力量不足的现象尤为明显，[5] 原来用于治理官僚主义的群众运动因其历史的负面教训又被终止。为防止地方政府滥权渎职所形成的压力型体制，因其对考

---

① 李国合打了三年多没有任何结果的官司后，得出的结论是“官官相护”；黄玉富为把戳瞎自己眼睛的人送进监狱前后到检察院、法院、人大等部门跑了100多趟；张尧元们用了一年多的时间打官司却得来“不予起诉”结果。当然，我们不能由此就武断地断定“法院的行为存在偏差”，但是，在这些失地农民的心中，司法诉讼之路的确很艰难。

② 据我们调查获悉，在安北，县委、县政府办公室每年都会向公检法系统联合下发一份“××年安北上访重点户名单”。

③ 《刘某某同志在全县平安建设暨维护稳定工作会议上的讲话》（安北科技信息网，2004年8月26日）。

④ 养猪场为齐祥公司下属部门，该公司以猪肉食加工为主。

⑤ 赵树凯：《虚弱的乡镇权力》，《经济时报》2004年11月29日。

核指标的形式强调与地方行政中的"选择式政策执行",[①] 反而强化了地方政府的不良倾向。"权力天生就有被滥用的危险",[②] 缺乏监督的地方政府事实上已产生了一种毫无制约的地方强权。[③] 近年来，由于社会矛盾日益突出，各类群体性事件频频发生，对社会秩序的强调使上级政府纷纷把"稳定"纳入考核下级政绩的一项重要指标。在此情形下，为达速稳，地方政府在行为选择上就会有意"疏漏"民众利益表达的正当要求而随意"用强"，出动警力、成立专案组、发动舆论、干预司法……"围、追、堵、压"，凡此种种，也就成了他们控制"社会秩序扰乱者"时俯拾即是的手段。

2. **妥协**

妥协就是退让，是地方干部常说的对失地农民"开口子"或"花小钱"[④]。对于地方政府来说，作为拥有各项政治、经济、社会资源的强势者，从理论上讲，完全可以不理会失地农民无理的利益诉求而实现自己的意志。但是整个国家对权力合法性的诉求和对社会主义目标价值的承诺,[⑤] 无疑会对地方政府在回应失地农民利益诉求时的行为选择施加影响。构建社会主义和谐社会对公平正义的内在追求，要求地方政府必须不断加大对弱势群体保护的力度，妥善解决他们生活中面临的各种问题。[⑥] 在面对失地农民这个比较特殊的群体时，由于他们的生活困境

---

① 欧博文和李连江在对地方行政的研究中发现，中国基层官员在执行上级指令时，倾向于"硬指标"，而忽视、冷漠"软指标"，这就是所谓"选择式政策执行"。(Kevin O'Brien, Lianjiang Li., "Selective Policy Implementation in Rural China", *Comparative Politics*, No. 2, 1999.)

② 孟德斯鸠:《论法的精神》(上册)，张雁深译，商务印书馆1982年版，第154页。

③ 唐海华:《"压力型体制"与中国的政治发展》,《宁波党校学报》2006年第1期。

④ "近年实践表明，有的地方花一点小钱就可以让上访者息访息诉，而一些地方舍不得花小钱，最后导致到省城、北京去接人，不仅经济成本高，而且造成不良影响的政治成本就更高了。"[《加强基层信访工作，把问题和矛盾化解在基层——市委副书记×××同志在全市信访工作会议上的讲话》，载《领导干部信访工作手册》(内部资料)，2004年5月，第226页。]

⑤ 例如"三个代表"提出，党必须代表最广大人民的利益，就不能不对包括失地农民在内的弱势群体予以关注，"努力构建社会主义和谐社会"就必须着力解决失地农民"失地、失业、无保障"的不和谐状况。

⑥ 中国社会科学院课题组:《努力构建社会主义和谐社会》,《中国社会科学》2005年第3期。

与地方政府的作为之间的确存在某些联系，失地后的生存状态让地方政府在处理他们的利益诉求问题时多了一分考虑，有时不得不做出一些必要的妥协，不能完全按照解决其他扰乱社会治安案件的方式来处理，失地农民受到了“特殊”的对待。

在调查中我们发现，地方政府对失地农民做出妥协的情况是很多的，归纳起来大致有两种情况。一种是有原则的妥协，对于失地农民的“违规事件”的处理并没有妥协，只是在处理方式上显得谨慎细致，以树立起政府无上的仁慈和莫大的关爱。比如，前文提到的黄仁发聚众扰乱交通事件中，黄带头纠集农民堵塞交通的事情客观存在，其情节十分严重（造成舟河大道交通中断7天），性质十分恶劣，在社会上造成的不良影响极坏，不对其严加法办不足以彰显政府的权威和法律的尊严。自被公安局逮捕到法院公开审判，仅用20多天黄仁发就被依法判处三年有期徒刑。但是，在该案执行过程中却显得有点特殊：案件性质既然定为聚众扰乱交通罪，却仅仅只追究了首要分子的刑事责任，对其他参与者均作了宽大处理；在对黄依法做出判决后，法院干警对其家属提供了帮助，将他家定为法院“一对一”帮扶对象；县委县政府组成了工作组入驻腾紫构村5组，挨家挨户向他们说明事件的原委，向他们解释政府处理的理由，颇费周折，远没有像打击其他刑事犯罪那样干脆利落；县委县政府决定对所有完全失去土地的年长村民（女55岁以上、男60岁以上），按照每月100元/人的标准支付生活补助费，并将其纳入县级财政统筹。[①] 应该说，失地农民以“群起闹事”的方式向政府传递出的不满，已经影响到政府的行为。强势政府对“弱武器”[②] 的运用，意在争取失地农民的理解，防止事态进一步扩大。违法行为必须受到惩戒，这是原则，但也必须要保持失地农民的平静，以免事态扩大，

① 在此之前，按照安府发〔2003〕26号文件规定，老年失地农民的生活补助费最多只有5年，当征地补偿款全部结清后，政府将停止发放这笔费用。应该说，县政府此时做出的这一决定，在一定程度上为失地农民老年生活提供了基本保障，也对失地农民利益表达行动选择产生了很大的影响。

② 强者的“弱武器”不仅在于这种武器为强者所用，更在于它得到了正式制度的许可、支持乃至提倡。（参见应星《大河移民的上访故事》，生活·读书·新知三联书店2001年版，第393页。）

就此意义讲，政府“开口子”是必要的，一定的妥协和退让也是必需的。

另一种妥协是政府出于无奈。失地农民上路游行、群起上访、堵塞交通，由于其行为已经对正在着力打造“和谐安北”的地方政府的利益构成了某种“威胁”，因为对地方政府来说，无论是在上级的综合考核中谋取好的排名还是招商引资竞争中提高竞争力，社会秩序稳定都是必需的，因此，对这类事件的处理，地方政府往往倾向于“用强”。但是在另外一些事件中，如果失地农民并没有采取过激的行动，或者说他们表达利益的行为并没有给政府“维持社会稳定”需要带来多大的影响，那么地方政府又如何处理？从调查中了解到的情况看，当地政府基本上是采取了妥协的态度，那是一种无奈的妥协。由于开发区规划面积过大，入驻项目明显不足，开发区土地抛荒的情况比较突出，失地农民对此很有意见，部分失地农民采取了开挖复垦的做法，在被征用的土地上重新种上了蔬菜。对这种现象，管委会最初也曾经予以干涉，但是几个回合下来，管委会也默认了农民的这种做法。农民由于失去了土地，为寻求生活来源，一些人到附近的火车站去兜售食品、一些人到街上给人擦皮鞋，还有的把东西摆在平板车上推着四处叫卖……这些都属于无证经营，也没有缴纳什么管理费，但是工商局、城管见到他们时也不会来找什么麻烦，最多就是让他们挪一挪，不要挡着道。

诸如这样的事例很多，也很琐碎。地方政府在对失地农民上述违规行为的处理上，从总体上来说来是比较宽容的，这种宽容，是对失地农民某种“温和”违规行为的合理性与适当性的确认。失去了土地之后，没了固定的生活来源，他们的日子的确过得很不容易。在此情况下，政府做出适当的妥协是必要的。妥协起到了暂时缓解失地农民与政府间紧张关系的作用，也为失地农民谋求基本生存提供了可能。但是，政府的妥协仅仅是默认，他们并没有正式承认失地农民“违规”行为的合法性，这就保持了进一步行动上的灵活性。可以预见，当政府认为失地农民的这些行为已经威胁到“维持社会稳定”需要时，他们又会挥舞起自己所掌控的国家权力予以强力控制。

三　乡村治理格局与失地农民利益的表达

我国现行乡村治理格局源于对传统人民公社体制的变革，“放权让利”是这场变革的典型特征。所谓“放权”，就是要改变“政社合一”的农村社会控制方式和基层政权管理模式，“把权力下放给基层和人民，在农村就是下放给农民”。[①] 所谓“让利”，就是要扭转城乡关系失调、农民利益被强制性剥夺的局面，将农村土地经营权下放给农民，使市场逐渐成为资源配置的基本机制。人民公社体制的解体、家庭联产承包责任制的推行，农民被长期压抑的生产潜能获得了解放，农业生产持续发展、农村经济社会繁荣兴旺、农民精神风貌和行为取向蓬勃向上，“万象更新”成为改革开放后不久中国农村社会的真实写照。虽然这种景象能说明利益激励和制度革新的确能够有力地促进农村社会的发展，但我们却无法以此来断言，“乡政村治”这一新型国家乡村治理模式，已经为农民建构起了充足的利益诉求空间。事实上，当国家依然延续着“农村土地集体所有”、“党政权力干预”[②] 这两大公社体制的“遗产”时，在“乡政村治”治理格局下，农民自主表达利益的艰难格局较“公社体制”时期并没有得到彻底转变。

具体地来说，“乡政村治”是现代化背景下，由国家主导的乡村社会制度安排，“政府要在乡村发展中扮演主导角色，而组织是政府推动乡村发展的体制性的力量”[③]。它把乡村基层政治具体分为“乡政”和“村治”两个层面。“乡政”权力运作是围绕农村基层政权——乡镇政

① 《邓小平文选》第3卷，人民出版社1993年版，第252页。

② 借用科尔曼法人行动者理论，作者考察了当前中国农村社会结构的变化并认为，村委会在农村社会变化中是一种应运而生的社会结构。但是，由于村党支部（尤其是党支部书记）这一无须经过村民选举的乡村权威中心存在，村委会作为现代法人行动者仅仅具有理想形态和法律等层面上的意义，他们拥有过度的权力，在村民丧失了对法人资源的潜在控制时，法人资源不但不能为村民带来利益，反而会成为侵犯村民利益的主体。（参见朱又红、南裕子《村民委员会与中国农村社会结构变迁——从“法人行动者”视角所做的分析》，载周晓虹执行主编《现代化进程中的中国农民》，南京大学出版社1998年版。）

③ 童庐、吴从环：《组织重构：乡村现代化的社会基础》，《天津社会科学》1998年第4期。

权为主体形成的，是国家权力在乡村最基本的运作；“村治”权力运作是围绕农村社区自我管理、自我教育、自我服务、自主行使民主权利的最基本形式——村民自治（村委会）为主体形成的，是村民表达利益、参与国家及社区事务、影响政策执行等自主权力的行使。

就“乡政村治”模式下的农村基层政权组织而言，从理论上来说，它不仅是国家权力在农村基层的代表者和具体实施者，同时也应该是广大农民通过选举等多种形式主张权利、诉求权益、表达愿望和实现合理利益和要求的政治实体。但是就农村基层政权队伍的行为操守来看，不同版本“逼民致富”的故事，[①] 已将其作为“政权经营者”[②] 的角色展露得淋漓尽致。处于“压力型”体制下的乡镇基层政权；正不断演变为国家政权与村民之间的“承包者”或者经纪人，且其“赢利型”（掠夺型）取向日益明显。[③] “与民争利”所致的各种群体性事件[④]和时有发生的恶性暴力事件，[⑤] 更提出了一个极为吊诡的问题：本来应该成为农民利益表达的一个有效组织，在现实中，不少“乡政”却成为剥夺农民合法权益的又一个组织，[⑥] 这是问题的一个方面。另一个方面，与“政社合一”的公社体制相比，“乡政”“作为制度安排，无论是正式的制度规定，如投票选举，还是一种习惯行动，如接触，村民参与的渠道

---

① 马明洁：《权力经营与经营式动员——一个“逼民致富”的案例分析》，载清华大学社会系主编《清华社会学评论特辑》第1辑，鹭江出版社2002年版，第47页；古学斌：《地方国家与中国农村发展——一个西南村落的个案分析》，载罗沛霖、杨善华主编《当代中国农村的社会生活》，中国社会科学出版社2005年版，第76—102页。

② 张静：《基层政权——乡村制度诸问题》，浙江人民出版社2000年版；杨善华、苏红：《从“代理型政权经营者”到“谋利型政权经营者”：向市场经济转型背景下的乡镇政权》，《社会学研究》2002年第1期。

③ 杨善华、苏红：《从“代理型政权经营者”到“谋利型政权经营者”：向市场经济转型背景下的乡镇政权》，《社会学研究》2002年第1期。

④ 《中组部副部长：农村群体性事件已经引起党和政府重视》（中央组织部副部长欧阳淞2006年3月1日在新闻发布会上的发言）（http：//politics. people. com. cn/GB/1027/4155405. htm）。

⑤ 陈桂棣、春桃：《中国农民调查》，人民文学出版社2004年版，第57—62页。

⑥ 群体上访反映的问题有80%是以下三个问题：一是乱集资、乱罚款、统筹提留层层加码，加重负担；二是少数干部以权谋私，办事不公，吃喝贪占，账目不清，经济混乱；三是个别基层干部作风粗暴、简单，执行政策水平低。（参见方江山《非制度政治参与——以转型期中国农民为对象分析》，人民出版社2000年版，第125页。）

较之人民公社时期都更为规范和宽敞，即使如上书投诉，提起诉讼，乃至于个别村民的抗拒性行为，公共权力也表现出远比公社时期更大的容纳程度和更强的调适能力”。[①] 然而，不应该忽略的是，“政权经营者”行为的经纪化，不仅使得国家权力在农村更加符号化、异质化和空壳化，[②] 而且还导致基层政权政治整合力弱化、管辖权虚化。[③] 在此情形下，面对农民各种形式（体制内或体制外）的利益诉求，公共权力（乡村基层政府）应对空间和回旋自由度高度挤压。在乡村政治实践中，“乡政”要么“消极无为”要么“暴力高压”的应对策略，[④] 不仅使自身合法性遭受“煎烤”，而且也使得农民利益表达的进路更加狭窄。

就“乡政村治”模式下的村委会来说，根据《中华人民共和国村民委员会组织法》的规定，它主要负责管理村务和村集体财产，调节民间纠纷，维持治安，并向地方政府传达村民的各种意见、要求和建议是其主要职责。[⑤] 因此，通过村民自治、村民直选、村民议事等形式，它应该能成为农民表达利益、影响政策、保护权益最便捷的通道。但是，从20多年我国农村村委会选举的实践来看，一方面，政府在村委会选举制度安排上的价值取向，决定了农民借此在多大程度上诉求利益的可能。村委会选举“并非源于农村社会自下而上的民主诉求，而是出于政府旨在加强农村基层政权和稳定农村社会的政策”。[⑥] 政府指导下的选举、乡村党组织的影响或干预[⑦]等因素的存在，无论是民选的村

---

① 吴毅：《村治中的政治人——一个村庄村民公共参与和公共意识分析》，《战略与管理》1998年第1期。

② 陈益元：《后公社时期的国家权力与农村社会：研究回顾与展望》，《中国农史》2006年第2期。

③ 例如乡村基层政权遭黑恶势力“绑架”。[相关分析请参见于建嵘《黑恶势力是如何侵入农村基层政权的?》，香港中文大学中国研究中心网站（http：//www. usc. cuhk. edu. hk/wk_ wzdetails. asp? id = 1531。]

④ 肖唐镖：《近二十年来中国大陆农村政治稳定状况的变化》，《二十一世纪》（香港）2003年第2期；于建嵘：《农村有组织抗争及其政治风险》，《战略与管理》2003年第3期。

⑤ 《人民日报》1998年11月4日。

⑥ 朱方：《村民选举与乡村社会的变化》，载陈明明主编《权利、责任与国家》，上海人民出版社2006年版，第61页。

⑦ 胡荣：《村民委员会的自治及其与乡政府的关系》，《二十一世纪》（香港）1998年第12期。

委会还是推选的村民代表会议，它们“对乡镇政府部门的政策制定都影响甚微”。[①] 另一方面，乡村“公职”对乡村精英的吸引力下降，村委会作为农民诉求利益代表的信度和效度降低。[②] 选举本来为乡村精英在现存体制内找到了通往权力和威望的途径，然而，乡村“公职”的精神和物质报酬越来越少，而繁杂的“国家任务”和“向内或向外”行为取向困境，让那些希望进入新的政权体系获得权力和村民尊敬的乡村精英对“公职”避之唯恐不及，当前农村社会流动性的增强、开放度的提升，又为这些乡村精英生活面向朝外提供了可能。乡村精英的隐退，村委会要么成为杜赞奇所说的“赢利型（掠夺型）的经纪体制”[③] ——公共权力偏向那些有能力“购买”和享受这些权力的强人，这样，以个人私利为目的的地痞恶棍充斥于“乡村政坛”，他们为谋取自身利益而有恃无恐，并日益加剧与广大村民的对立；[④] 要么在别无选择的情形下，退而求其次，通过降低精英标准，而让那些有这样或那样“污点”的人得以进入乡村权力中枢。[⑤] 无论上述哪种情况发生，村委会都无法实现其预设的“维持现存社会治安，传达村民的各种意见、要求和建议”的职责。

此外，我们还应看到这样一个情况，“乡政村治”的推行，“一方面是国家权力上抽和横向收缩；另一方面则形成了分散的小农经济。结果，站在国家政权面前的不是集体，而是一个个单独的农民家庭农民个体”[⑥]。在具有雄厚政治、经济和组织资源的国家权力面前，个体农民纵然有着强烈的利益表达欲望，制度的贫血只会无端地增加他们利益表达的成本。这正如有学者所概括的那样，“凡是合法的利益表达都是无

---

① 朱方：《村民选举与乡村社会的变化》，载陈明明主编《权利、责任与国家》，上海人民出版社 2006 年版，第 62 页；程同顺对此现象也进行了深入分析。（见程同顺《农民组织与政治发展：再论中国农民的组织化》，天津人民出版社 2006 年版，第 115—146 页。）

② 《徐勇自选集》，华中理工大学出版社 1999 年版，第 263—274 页。

③ 杜赞奇：《文化、权力与国家：1900—1942 年的华北农村》，王福明译，江苏人民出版社 2003 年版。

④ 于建嵘：《农村黑恶势力与基层政权退化》，《战略与管理》2003 年第 5 期。

⑤ 程为敏：《弱者的强武器：村民选举对农村精英政治特质的影响》，载罗沛霖、杨善华主编《当代中国农村的社会生活》，中国社会科学出版社 2005 年版，第 103—125 页。

⑥ 黄宗智：《长江三角洲小农家庭与乡村发展》，中华书局 2000 年版，第 322 页。

效的（相对地说），凡是有效的利益表达都是不合法的。”[①] 从上述分析来看，在“乡政村治”治理格局下，广大农民诉求自身合法权益、表达自己的利益和要求的道路，依旧充满坎坷和风险。

在安北实地调研时我们就发现，身为“国家干部”的香茹街道办事处干部，由于升迁机会和其他切身利益皆掌握在上级政府手中，因此，他们不仅在征地拆迁中表现出了极大热情，[②] 而且在土地征占后，针对失地农民提出的任何质疑，他们也都毫不犹豫地站在县政府的一边，希望借此回应被征地农民的不满。与镇干部相比，村干部在征地过程中则表现得比较暧昧。一方面，作为失地农民中的一员，他们和普通村民一样也面临着征地带来的诸多问题，同样希望从征地中获得尽可能多的好处，在与我们的访谈中对县政府的征地补偿安置方案多有抱怨。另一方面，作为农村集体土地所有权代表，他们不仅直接参与了征地协议的签订，而且作为县乡干部进入征地现场的引路人，他们也从中得到诸多的“酬劳和好处”，因此，但凡是在正式场合中，他们都与县政府保持高度一致，用当地失地农民的话说就是“他们啥都听上面的”。面对失地农民的任何“抗争”行动，他们除了尽力劝慰之外，就是沉默，这证明他们的“干部角色”约束依然存在。

---

① 李景鹏：《中国现阶段社会团体状况分析》，《唯实》1999 年第 8—9 期合刊。

② “他们一天到晚都趴在队里，整个镇上就只留了一个守大门的”，当地村民普遍用这话来表达对镇上干部的不满。

第五章 在良性互动中实现失地农民利益的有序表达

充分的利益表达是现代社会中一项基本的公民权，也是政府决策者和社会管理者制定社会政策、解决社会问题，以及实施社会管理的基本前提和重要信息依据。然而，正如前文所述，由于制度和体制安排的局限，当前我国失地农民利益表达空间狭小、利益表达通道不畅困境却较为普遍。基于建设“和谐社会”的客观要求和失地农民利益表达的主观需要，有必要从体制层面进行制度创新，为广大失地农民利益的表达构建一个良好的社会环境。

一 切实保障失地农民的知情权

知情权，又称了解权或知悉权，它是指“公民有权知道他应该知道的事情，国家应最大限度地确认和保障公民知悉、获取信息的权利，尤其是政务信息的权利”[①]。作为现代社会公认的一项公民基本权利，知情权包含着极其广泛的内容，它从法的角度体现了文明社会的人对信息关系的一种深刻认同。[②] 在现代社会，知情权不仅广泛存在，并且其重要性越来越突出和紧迫。第一，知情权是公民保护自身利益的前提。公民只有全面了解国家或政府的有关决策即将对自己产生的影响，才能对自己的生活做出相应的安排，并采取相应的应对策略，以便能有效地

① 谢鹏程：《公民的基本权利》，中国社会科学出版社 1999 年版，第 26 页。

② 黄德林、唐承敏：《公民的“知情权”及其实现》，《法学评论（双月刊）》2001 年第 5 期。

保护自己的利益。第二，知情权是遏制有关部门权力滥用的重要手段。公开是遏制权力滥用最有效的办法，权力如果能够在阳光下操作，有关机关的职能权限和行政程序能够及时对民众进行公开，根据知悉的信息，公民就能对超越权限、违背程序的行政行为提出质疑、提起抗辩并请求相应的救济，这就能在一定程度上制约权力部门的“暗箱操作”，防止权力滥用。第三，知情权是现代民主的根本要求，是公民实现民主政治权利的基本前提。列宁曾经说过：“没有公开性而来谈民主是很可笑的。”[①] 人民行使管理国家的权利，是以对公共事务的了解为前提的。我国宪法明确规定，国家的一切权力属于人民，人民有权参政议政。但是如果对国家社会的相关行为一无所知，人民就无法选择，无法行使宪法赋予的各项民主政治权利。

知情权既是公民保护自身利益和监督公共权力的有效手段，同时也是公民自由表达其利益、主张其权利的前提和基础。公民合法权益的维护必须以对合理权益的充分知悉为前提，公民利益的有序表达应该以对自己应得利益的全面理解和把握为基础。因此，从这个层面来看，保障失地农民在征地中的知情获悉权利是确保失地农民利益有序表达的前提和基础。如果失地农民对关涉自己切身利益的事务不具有知情权，就不可能进行充分而有效的利益表达。正如我们在前面所看到的那样，在目前我国城市化的进程中，政府主导、公共信息高度垄断是其典型特征。对于这种城市化进程中的广大失地农民来说，他们既对自己在土地上拥有的权能知之甚少，也对与土地征用相关的法律法规和地方政府的决策过程一无所知，他们应有的知情权并没有获得相应的尊重，这是导致他们权益受损、利益诉求不能得到充分表达的关键。因此，要确保失地农民利益合理有序地表达，要消减由农民失地所引发的各种社会问题，要实现“增促社会进步，减缩社会代价”[②] 的目的，就应该首先保障失地农民在征地中的知情获悉权利，使他们能了解国家有关农地权属和土地征用方面的法律规定，能了解土地征用相关政策出台的背景，能知悉自

① 《列宁全集》第 5 卷，人民出版社 1959 年版，第 448 页。

② 郑杭生：《中国特色社会学理论的应用》（卷二），中国人民大学出版社 2005 年版，第 132 页。

己在土地方面的权益及其在土地征用过程中的地位，并能依照相关法律法规的要求来保护自己的权利。

（一）明晰农民的土地权能

产权归属清晰明确是产权制度发挥功能的前提和基础。只有明确产权主体与财产的主人，然后才可能实现“谁投资，谁所有，谁受益”，才谈得上在尊重所有者意志的前提下，根据经济发展需要对其他产权权能进行合理的划分、转让和重组，充分发挥产权制度的作用。① 就当前我国农地产权制度而言，根据《中华人民共和国宪法》第 10 条的规定：“农村和城市郊区的土地，除由法律规定属于国家所有的以外，属于集体所有；宅基地和自留地、自留山，也属于集体所有。任何组织或者个人不得侵占、买卖或者以其他形式非法转让土地。土地的使用权可以依照法律的规定转让。”修订后的《中华人民共和国土地管理法》、《中华人民共和国民法通则》和《中华人民共和国村民委员会组织法》则进一步对“集体所有”给予了详细的规定：“农民集体所有的土地依法属于村农民集体所有的，由村集体经济组织或者村民委员会经营、管理；已经分别属于村内两个以上农村集体经济组织的农民集体所有的，由村内各该农村集体经济组织或者村民小组经营、管理；已经属于乡（镇）农民集体所有的，由乡（镇）农村集体经济组织经营、管理。”按照上述法律规定，农用地的产权归属是明确的。但在实际生活中，农村土地集体所有制“既不是一种共有的、合作的私人产权，也不是一种纯粹的国家所有权，它是由国家控制但由集体来承受其控制结果的一种农村产权制度安排，所有这些并没有改变农民的名义所有权，而只是对农民产权的使用权、收益权和转让权给予某种限制、管制和干预。这部分对农民而言就是残缺了的所有权，事实上土地掌握在国家手里，构成国家获取税收以外的农业剩余的来源”②。

具体地说，现有农地产权制度主要存在以下两个方面的缺陷：其一是集体所有权产权残缺，集体土地所有权服从于国家管理权。民法上的

① 吴宜恭：《现代产权制度的要求和特点》，《厦门日报》2003 年 11 月 17 日。

② 周其仁：《农地征用垄断不经济》，《中国改革》2001 年第 12 期。

产权是指对特定财产完整的权利，是包括归属权、占有权、处分权和支配权在内的一组或一束权利。从我国的农地产权制度来看，尽管《中华人民共和国宪法》等法律对农村集体土地的权属问题给予了明确的界定，但是在法律的具体实施过程中，却对农村集体土地的使用做了很多的限制。例如《中华人民共和国宪法》第61条规定，农村集体公共设施、公益设施建设用地，仍须由县级以上政府批准，集体经济组织没有批准权。第62条规定，农村集体经济组织的成员无论是利用原有宅基地、村内空闲地建房，还是申请新的集体土地建房，均由县级以上政府批准，集体经济组织没有批准权。《中华人民共和国土地管理法》第63条规定，农民集体所有的土地的使用权不得出让、转让或者出租用于非农建设；建设用地（除农村住宅、公共公益事业及乡镇企业外）必须使用国有土地等。第2条第4款规定，国家为公共利益的需要，可以依法对集体所有的土地实行征用。作为农用地所有权人的农村集体经济组织，缺乏对其所有的土地处分权这个核心权能，但国家却可以根据所谓公共利益，对集体所有的土地进行强制征用，使集体所有的土地变为国有。[①] 诚然，做出这些规定，政府主要存在几方面的担忧：一是影响政府对土地的统一管理；二是影响耕地的有效保护；三是会影响政府的应得税费；四是会影响国有土地的出让；五是会影响国家建设对集体土地的使用。[②] 我们不难看出，对农村集体土地的这些规定都是出于城市化推进和国家管理的需要，而没有尊重农民的土地产权，没有考虑农民在土地征用中日渐尴尬的处境。这些担忧不无道理，但是归根到底，是如何正确处理好国家和农民利益的关系问题，而不是一味地以国家管理权取代集体土地所有权。正是由于集体土地所有权的残缺，才导致农民面临政府或国家以公共利益需要之名征用土地时，无法有效地保护其合法权益，其利益屡屡遭受侵害。其二是所有权主体虚化，法律上存留空白和缺陷。按照《宪法》和《土地管理法》的相关规定，农用地的

---

① 关涛：《我国农村集体土地所有权制度的完善——以“三农”问题为背景的分析》，《烟台大学学报（哲学社会科学版）》2004年第3期。

② 涂高坤：《加强农村集体土地管理的思考》，载沈彭主编《21世纪地政研究与探索》，中国大地出版社2003年版，第123页。

所有权属于农村集体所有，但农民集体的内涵究竟是什么，在现有关于集体土地所有权主体的立法中却并没有给予明确界定。究竟土地最终由谁所有？谁是集体土地所有权的主体？是乡（镇）农民集体、村委会、村民小组，还是其他集体经济组织或法人团体？现有法律更没有规定具体的集体组织形式和集体土地所有权实现操作规程，使得农民群体所有权主体虚置。在实际操作中，有的征地项目采取了安北开发区的模式，以村为单位接受任务，办理手续；有的则由乡（镇）政府出面；也有的认为土地归村民小组所有，所得的土地收益也分配到组；还有的干脆避开“农民集体”这个影子，由征地方直接与被征地农民交涉。从法理上看，“农民集体”并非我国法律认可的民事权利主体，本应属于民事权利范畴的集体土地所有权并非法律上科学的、准确的所有权形态，只不过是政治上的集体所有制未经法律技术处理在民事法律领域的直接反映。在此情形下，“农民集体”仅仅是一个虚置的概念，可以说这既是农民在土地征用中利益受侵害的客观原因，也是造成我国集体土地所有权主体虚化的根本原因。

要切实保障农民土地利益，必须改变农民土地所有权残缺和所有权主体虚化的状况，进一步明确农地产权关系，明确所有权和使用权等权利主体的权利边界，并由法律对各产权主体的权责利予以保证。从法理上讲，产权明确必须满足两个基本要件：（1）产权已被法律明确确定为某一或某些主体享有；（2）某一或某些主体必须是法律确认或认可的、实际存在的民事主体。不具备这两个要件的产权界定，必将导致产权主体的虚位。[①] 因此，明晰农地产权关系，首先就应该修改现行法律中关于农地所有权主体身份模糊不清的规定，明确将农用土地的所有权主体界定为村民委员会或村民小组。虽然根据《中华人民共和国土地管理法》和《中华人民共和国村民委员会组织法》规定：“农民集体所有的土地依法属于村农民集体所有的，由村集体经济组织或村民委员会经营、管理……”集体土地的所有权主体应是“农民集体”，村民委员会或乡（镇）人民政府或农民个人都不是集体土地所有权的主体。但

① 张照栋、刘舵：《中国集体土地所有权权能探析》，《贵州警官职业学院学报》2002年第4期。

是，如前所述，“农民集体”并非我国法律认可的民事权利主体，根据我国农村土地产权状况，以“村民委员会”作为农村土地所有权的主体较为可行。因为从实践来看，根据农业部对全国的调查，在土地承包过程中，以村民委员会或村民小组名义发包的村占总村数的68.1%。在涉及土地征用及土地收益分配时，一些地方也都是以村民委员会或村民小组为主体的，如广东省办理土地征用手续、分配土地收益、办企事业等都以村民委员会或村民小组为主，表明集体土地所有权的主体实际为村民委员会或村民小组。[①] 因此，根据我国农村产权状况的历史和现实，可从法律上明确将农地所有权主体界定为村民委员会或村民小组，法人代表为依法选举产生的村委会主任或村民小组长。其次，要完善农村集体土地所有权权能，明晰农村土地产权。土地产权是多层次的，[②] 在明确村委会（或村民小组）作为国家土地终极所有权和集体土地事实所有权代表的前提下，应进一步强化和细化土地使用权。集体土地使用权可以从集体土地所有权中分离出来，形成相对独立的产权。以土地使用权为中心，建构起包括收益、转让、抵押、租赁等多种权利在内的农地产权结构。[③] 土地使用权不仅涉及所有权人的利益，而且也涉及国家、社会及第三人的利益。因此，土地使用权的转让、变更以及消失，应进行必要的公示，进行土地登记，有效保护土地权利人以及第三人的合法权益。最后，要明晰农民个体在农用地上的权能，切实保障农民的土地权益。按照《农村土地承包法》的规定，农村土地归农民集体所有。农民作为集体组织的成员，都平等地拥有对集体土地的“人人有份”的成员权，但并不拥有按份分割农地所有权的权利。在土地集体所有制下，农民“人走权失”，“退出权”被剥夺。“集体产权”的这种特征，使得集体与农民在权益关系上往往很模糊。[④] 因此，为保障农

---

① 涂高坤：《加强农村集体土地管理的思考》，载沈彭主编《21世纪地政研究与探索》，中国大地出版社2003年版，第123页。

② 秦晖：《农民中国：历史反思与现实选择》，河南人民出版社2003年版，第46页。

③ 当然，由于农地使用权是从土地所有权中剥离出来的，因而是不充分的，当使用权主体未按合同使用土地或越权处分土地使用权时，所有权主体可以行使终结其处分权，终止合同，收回土地使用权。

④ 韩俊：《将土地农民集体所有界定为按份共有制》，《中国经济时报》2003年11月29日。

民的土地权益，就必须进一步理清农民个体和集体之间的关系。应将土地集体所有制明确界定为农民按份共有制，集体经济的每一个成员都拥有按份分割农地所有权的权利，要强化农用土地登记工作，通过土地登记，为农民发放相应的土地权利证书，在法律上有效地确认和保护农民对集体土地所应享有的份额。

在明晰农地所有权主体、完善所有权权能和确立农民个体土地权利的基础上，为保证相关土地政策、法律、法规的宣传工作能够切实落到实处，应加大宣传力度，使每一位农民都能切实了解自己对依法承包的土地所拥有的权益，并能以此为基础，在土地征用中采取相应的应对策略。

（二）健全土地征收法律制度

土地征收是国家因进行经济、文化、国防建设以及兴办社会公共事业需要，强制性地将属于单位使用或集体所有的土地收回或收归国有，并给予一定补偿的行为。因此，从法理上讲，土地征收作为一种行政行为，其行为必须严格依照法律规定进行。由于中国现阶段并没有一部完善的土地征收法，仅有散见于各单行条例之中的法律条文，土地征用立法过于简单、原则，可操作性差、适用弹性过大，从而导致土地征收中出现征地范围过宽、程序混乱和补偿不合理等问题。一是对公共利益缺乏统一、明确的界定。我国《宪法》和《土地管理法》都规定征地必须是“为了公共利益的需要”，而《土地管理法实施条例》第 17 条却规定“国家进行经济文化、国防建设以及兴办社会公共事业”需要征用集体所有土地的可予以征用。显然，这里的“经济建设”并非完全用于公共目的。而公共利益本身也是一个比较抽象的概念。因此，在土地征用实践中，“公共利益”的概念往往被人为地进行扩大化解释。①在“公共利益”的名义下，地方政府或如安北党政官员那样，为追求政绩而盲目扩大征地面积、漠视失地农民的合法权益；或打着“经营城市”的旗号，“低征高卖”，强行剥夺农民的土地。在一些地方政府看来，“为了‘公共利益’，理所当然地要剥夺百姓的合法权益，有的

① 张庆华：《中国土地法操作实务》，法律出版社 2003 年版，第 32 页。

人则从这里找到了‘权力寻租’的手段”①。而被征地农民则完全丧失了对自己土地的处置权，不能收取“地价”，只能接受“补偿”，成为商业利益的牺牲品。二是缺乏征求农民意愿程序的要求，权利救济机制不健全。《土地管理法》第44条规定了农用地转用的审批制度。但是仅仅规定了征地要经过上级政府有关部门的审批，并没有考虑被征地者的意愿和他们的知情权，从而导致征地过程中诸多通过行政手段强征强占行为的发生。至于公示公告程序，《土地管理法》仅规定了在土地征用方案批准后和征地补偿安置方案确定后有两次公告，其他过程是否要公开并不明确，缺乏透明度，而且仅有的两次公告也只具有形式意义，起不到对征用的监督作用。三是土地征用补偿不合理。《土地管理法》规定，土地征用补偿“按照被征收土地的原用途补偿，土地补偿费和安置补助费不低于需要安置的农民原有生活水平”。这样的规定既没有考虑到土地对于农民的外部经济性，也剥夺了农民分享土地转化后所增殖的收益的权利；土地征用补偿范围过窄，《土地管理法》确定的农用地征用补偿范围仅限于土地补偿费、青苗及地上附着物补偿费等与被征用客体有直接关联的经济上的损失，对经营损失、租金损失等附随损失并未列入补偿的范围；补偿标准过低，《土地管理法》规定的土地补偿费和安置补助费是按照市场外价格进行核算的，未得到市场的检验与认同，完全是政府行为的结果；由于农地产权残缺以及农村基层组织的越位、缺位或错位，补偿安置管理不规范等问题也时常出现。

农地征收的实质是以牺牲被征地农民的利益以满足更多人的需要为目的，所以为了充分保障被征地农民的利益，规范征地中各行为主体权利和义务的法律就显得尤为重要。但是由于目前我国并没有一个完善的土地征收立法体系，因此对征地过程中出现的种种滥权渎职、侵犯农民利益的行为无法采取有效的惩戒措施，而救济机制的缺失又进一步削弱了农民在土地征收中的发言权。土地征收关涉到农民的基本权利，应该由法律统一作出规定。只有通过严肃的法律对土地征收进行全面的规

① 宋振远等：《“公共利益”岂能成为随意敛钱的障眼法?》，《半月谈（内部版）》2003年第10期。

范，才能真正维护征地各方的合法权益。制定的《土地征收法》要对土地征收的概念、原则作出界定，对土地征收的公共利益目的作出分类列举等；要明确土地征收相关法律关系主体及其各自的权利（权力）义务；要规范土地征用的程序，包括征收的事前调查认定，征收范围的确定，损失金额的决定以及征收的完成程序；要细化土地征收的安置补偿规定，包括土地征收的合理补偿原则，土地征收补偿的范围、标准、方式、程序、救济和时效；要充实对土地征收行为进行监督检查的内容，明确法律责任等一系列内容。

《土地征收法》出台以后，要加强对《土地征收法》的宣传和贯彻实施，要组织农民特别是被征地农民对土地征收法律法规的学习和理解，使被征地者了解到对征地相关法律、政策的知情权是国家法律赋予自己的神圣不容侵犯的权利，使知情权真正落到被征地农户手中，而不是仅仅作为一种空谈。要明确征地过程中的多方利益关系、土地权益的性质，在明晰集体土地所有权的主体，明晰集体土地所有权、使用权和收益权的基础上，真正赋予失地农民知情权。

（三）规范土地征收程序

土地征收程序的设置既要在规范和制约行政机关行使土地征收权的同时有效实现土地征收的目的，又要最大限度地保障被征收人的合法权益，维持公共利益与个人利益的平衡。《土地管理法》及相关条例中对土地征收程序规定为：征用申请及批准、补偿方案的拟定及批准、拨付发证。我们认为，现行土地征收程序存在着以下几个方面的问题：首先，与国外的土地征收程序相比，我国土地征用的程序缺失土地征收“正当性”认定这一关键的环节，而是将其吸收在征用申请及批准这一程序中了。这种“简化”是不应该的，因为该程序恰恰是征收权得以行使的前提，是判断某一项具体征收行为正当性的根本依据。[①] 只有土地征用事宜真正符合“公共利益目的”这一正当目的，土地征用权方可正常行使；若征用事宜被认定为不符合该目的，则不得行使征收权。可见，该程序不仅关系着多方面的利益，而且直接决定着征用权行使的

① 王太高：《行政补偿制度研究》，北京大学出版社2004年版，第219页。

合法与否。其次，在我国《土地管理法》中，只规定了土地征用必须经过国务院或省、自治区、直辖市人民政府批准，对被征用人认为土地征用目的不符合法律规定时的救济机制却没有做任何规定。在批准征地方案之前，完全将被征地权利人的意见排斥在外，被征地人无法通过正常渠道预知自己的土地将被征用，被征地者在征地审批过程中也没有充分的参与权。最后，在程序的设计上，我国土地征用程序缺乏公开性和公正性。主要表现在以下几个方面：第一，《土地管理法》有关土地征用公告制度徒具形式，被征地农民缺乏应有的发言权。例如《土地管理法》第46条规定："被征收土地的所有权人、使用权人应当在公告规定的期限内，持土地权属证书到当地人民政府土地行政主管部门办理征地补偿登记。"但是仔细研究会发现，这次公告的目的只是让权利人去进行登记而已。在现实操作中我们就看到，安北开发区管委会就仅仅把它当成了一种类似于最后通牒的通知，公告失去它原本应有的作用，"保护农民权益"反而成了侵犯、漠视农民权益的"合法理由"。关于公告制度，《土地管理法》第48条也有规定："征地补偿安置方案确定后，有关地方政府应当公告，并听取被征地的农村集体经济组织和农民的意见。"表面上看，这一条似乎可以让被征地者的知情权得到很好的保护，但其实不然。因为被征地者自己无权参与补偿标准的制定，对补偿标准的制定依据、制定过程及具体操作毫无知情可言，他们对补偿标准没有多大的发言权，他们所谓的"知情"，只是一种与通知没有多大区别的方式而已。这种补偿确定后的公告最大的功效可能还在于通知被征地者到指定地点领取补偿费用，过期责任自负。第二，《土地管理法》第53条规定，用地单位"向有批准权的县级以上人民政府土地行政主管部门提出建设用地申请，经土地行政主管部门审查，报本级人民政府批准"。但这里作为土地审批机关的"人民政府"具体是哪一级"人民政府"？法律并没有明确到具体责任人，而且法律也没有规定"人民政府"作出批准决定的时间，以及批准决定后的有效时限。第三，我国土地征用的批准决定直接具有被征用财产转移的法律效果，补偿程序仅仅是补充程序，因为《征用土地公告办法》第15条规定："征地补偿、安置争议不影响征用土地方案的实施。"这就为土地征用补偿中的克扣欠缺和"一脚踢"安置等不合理甚至违法现象的产生提供了便利。

规范的土地征收程序既是保证行政机关依法行使土地征收权的前提，也是保障被征地农民知情权并最大限度维护其合法权益的核心和关键。针对当前我国土地征收程序中所存在的问题，在借鉴各国先进做法的基础上，结合我国土地征收的实际，重点在于将土地征收程序明晰化、具体化，进一步补充、完善土地征收程序中的具体制度，增加保护被征用人的相关程序，以保障被征用者特别是那些以土地为生存基础的农民的合法权益，以维护土地征收的公平正义。首先，使土地征收程序明晰化。可以借鉴台湾地区的做法，在土地征用法律中专设“征用程序”的章节，将土地征收程序清晰、集中地规定下来，并将其与农用地转让审批程序、建设用地审批程序等内容做更为明显的区分。其次，进一步补充、完善土地征收程序中的具体制度。我国应该借鉴先进国家成功的立法经验，吸收我国实践操作中成熟、合理的部分，补充、完善土地征收程序，使我国的土地征收程序更细致、科学和具有可操作性。例如规定土地征用公益目的的认定程序，包括增加征地申请后的详细调查程序、公共利益讨论和听证程序、被征地相关权利人的参与程序。再次，增加保护被征用人的相关程序。第一，增加听证会制度。听证会可以就土地征用合法性、土地征收补偿等问题举行，听证会上应充分听取被征用人和利害关系人的意见，使被征用人和利害关系人获得表达意见的机会。第二，增加对被征地人的救济措施。如果被征用人对土地征收的合法性和土地征收的补偿方案等存有异议，应允许被征地人采取申诉、行政复议等措施。在这些措施不能保障其权益时，还可以提起诉讼，寻求司法救济。

在征地具体操作过程中要切实保障失地农民的行政知情权，切不可实行“政不知，则令行禁止；法不可知，则威不可测”的政策。[①] 要扩大政府征地行为的公开性，避免权力运作的过度隐蔽性而出现的“官商合谋”和“权力腐败”。在征地的各个环节都要充分尊重“特别牺牲者”的被征地者的参与权，让他们在征收的目的性、征收的范围、征收补偿安置方案和征收补偿安置费用的使用、管理等方面都有充分发表

① 陈超群：《失地农民知情权的法律保护》，《沧桑》2005 年第 6 期。

意见的机会。政府有关征地的目的、用途以及征地以后土地利益的分配情况、对农户权益的补偿方案、补偿具体执行的操作过程都要实行公告制度。针对目前征地大多只是走走过场，根本无法保护被征地农民的权益的缺陷，[①] 应该修改现行的《征用土地公告办法》，将土地征收方案的公告放置在征用申请被批准之前进行，并且召集被征地者以及相关人员就具体方案进行磋商，邀请有关专家对征地方案的可行性进行验证。要让被征地农户充分享有就自己权益得失的知情权和对自己权益的支配权，不能任由地方政府和村社干部越俎代庖。把土地征收的听证制度与公告制度结合起来，在被征地者中间选取代表直接参与到政府征地的整个过程中去，土地征收主体必须认真听取被征地农民的意见和建议，对被征地农民提出的有关问题必须给予合法合理的解答。要建立土地纠纷仲裁机构，做好土地征用行政复议和行政诉讼工作，及时裁决征收者与被征地者之间的纠纷，保证土地征用的合法及公平性，[②] 防止一些部门无视被征地者知情权的暗箱操作行为的发生。

二　健全和完善失地农民利益表达的渠道

利益表达渠道是指各种利益主体在既定的社会活动空间下，诉求自身利益的途径和方式。畅通的利益表达渠道不仅是执政党和政府获取社会信息、了解民情民意进而制定社会政策、解决社会问题和对社会实施有效管理的前提条件和基础，也是社会各利益主体伸张权益、诉求利益的重要通道。一般来讲，在一个利益多元化的现代社会，衡量其利益表达渠道是否畅通主要有两个方面的指标：一个是现有利益表达渠道设置是否完备，另一个是各利益主体的利益是否能通过这些渠道得以充分表达。就中国社会利益表达渠道而言，理论上讲，体制内的利益表达渠道

---

① 赵旭东：《国土资源听证立法简况》，《中国土地》2004 年第 4 期；黄天元：《浅析我国征地制度中“公共利益”界定与征地范围划分》，《经济地理》2006 年第 5 期。

② 童中贤：《地方政府征地补偿机制理性分析》，《公共管理学报》2005 年第 4 期；钱忠好：《规范政府土地征用行为，切实保障农民土地权益》，《中国农村经济》2004 年第 12 期。

是多种多样的，党政系统、人大代表、政协委员、市长热线、新闻媒体、基层社区等等都是公民诉求利益的渠道，[①] 而宪法有关“社会主义国家人人平等”的规定又从法律层面保障了每个公民平等享用这些利益表达渠道的权利。因此，从现存利益表达渠道的角度来看，中国社会提供的利益表达渠道是比较完备的。然而，众所周知，在中国现实的社会结构状况和制度安排下，不同的个人、组织和群体，由于人力资本和社会资本拥有量的差异、由于其在社会阶层序列中所处的位置不同，其能够利用的有效的社会表达渠道相应地有极大的差异。[②] 当下中国“权利失衡”[③] 和“制度非中性”[④] 的事实则进一步说明，相同的利益表达渠道设置对不同的人群意味着不同的结果。因此，从利益表达渠道可用性来看，强势群体与弱势人群的利用水平是迥异的。具体就当前失地农民可用利益表达渠道来看，各地不时发生的群体性对抗事件以及笔者前文有关开发区失地农民利益表达行动的论述都业已表明，由于体制内利益表达渠道的虚置与堵塞，导致失地农民利用既有利益表达渠道主张其权益的可能性微乎其微。在此情形下，所谓“一忍耐，二上告，三下跪，四揭竿而起”[⑤]，当体制内利益表达屡屡受阻时，“上访闹事”反倒成了失地农民惯常使用的利益诉求方式。[⑥] “上访”本来是既有制度框架内失地农民可用的利益表达渠道，但是在目前中国社会的政治生态和日常话语中，“上访”尤其是“集体上访”总被赋予“非常态、不稳定”等政治色彩，而对于信奉“控制—稳定”逻辑的地方政府来说，政绩的压力也会诱使其利用国家强力予以打压，结果到头来，通过“上访”而使问题真正得到解决的事例其实

---

① 陈映芳：《贫困群体利益表达渠道调查》，《战略与管理》2003 年第 6 期；陈剩勇、林龙：《权利失衡与利益协调》，《青年研究》2005 年第 2 期。

② 徐琴：《可行能力短缺与失地农民的困境》，《江苏社会科学》2006 年第 4 期。

③ 孙立平：《权利失衡、两极社会与合作主义宪政体制》，《战略与管理》2004 年第 1 期。

④ 张宇燕：《利益集团与制度非中性》，《改革》1994 年第 2 期。

⑤ 曹锦清：《黄河边的中国》，上海文艺出版社 2000 年版，第 175 页。

⑥ 陈映芳：《贫困群体利益表达渠道调查》，《战略与管理》2003 年第 6 期；赵玲：《我国农村社会现实矛盾产生的原因及对策探究》，《马克思主义与现实》2005 年第 4 期。

非常有限。①

维护表达权和抗议权等基本公民权利，允许社会各利益主体诉求其利益，不仅更好地发扬了社会主义民主，同时也是缓和社会转型加速期剧烈的社会矛盾冲突的一条必要渠道。当合法权益遭受侵犯时，失地农民难免会心怀不满，这种不满需要表达甚至宣泄，如果他们的利益诉求能够在法律的保护下正当地向公众或政府表达，以提醒政府的关注、重视他们的诉求，他们也就用不着转向采用过激的行为。所谓“堵不如疏”，对于执政党和各级政府来说，对失地农民的利益诉求合理疏导并及时回应才是最应该做的事情。这正如陆学艺所说，畅通的利益表达渠道本身也是社会必要的安全阀，同时对于下层不满情绪及社会能量来说，它又是一种泄洪装置，有利于社会稳定。② 特别是在当前提倡“和谐”社会的背景下，健全和完善失地农民利益表达渠道，保障他们实有权利的获得，才能真正实现建设“社会主义和谐社会”的目标。

（一）改革和完善信访制度

依照2005年国务院发布的《信访条例》的规定，“信访是指公民、法人或者其他组织采用书信、电子邮件、传真、电话、走访等形式，向各级人民政府、县级以上人民政府工作部门反映情况，提出建议、意见或者投诉请求，依法由有关行政机关处理的活动”。作为公民进行利益表达的主要制度设计，信访制度对失地农民利益表达有着关键性的影响。随着失地农民问题的日益凸显，信访已逐渐成为失地农民诉求利益的主要渠道，③ 因此，信访制度及其完善与否直接关系到失地农民利益表达的效果。就新颁布的《信访条例》来看，在坚持原有“分级负责，归口管理”的原则指导下，明确了信访机构的独立地位，规范了信访机构的职能，体现了信访工作的权威性；开辟了新的信访形式，拓宽了

① 有一项调查显示，通过上访解决的问题只有2%，有90.5%的是为了“让中央知道情况”，88.5%是为了“给地方政府施加压力”。（转引自李廷豪等《越级、重复上访原因及对策浅析》，《决策探索》2005年第6期。）

② 《我国将疏通和增加人民群众的利益诉求渠道》（http://news.cctv.com/china/20061005/100417.shtml）。

③ 徐琴：《可行能力短缺与失地农民的困境》，《江苏社会科学》2006年第4期。

信访渠道，提出了建立和公开政府信访信息系统，体现了信访工作的开放性；完善了信访工作程序，加强“双向规范”和“双向追究”，体现了信访工作“以人为本，务实执政”的理念。《信访条例》这些新的变化，无疑在规范各级政府信访部门工作、密切政府与人民的联系、保护人民合法权益、维护信访秩序等方面，都具有十分重要的意义。新的《信访条例》的出台，在缓解迫在眉睫的“信访洪峰”上也收到了积极的效果。据国家信访局负责人介绍，《信访条例》实施一周年，全国信访总量持续12年攀升的势头便得到了有效遏制，出现了“拐点”。[①] 但是，在承认新的《信访条例》的创新和亮点的同时，我们也应该看到，《信访条例》仅仅规范了行政系统的信访问题，而且它本身还存在着以下几方面的缺憾：一是理想预期与现实结果相冲突。新条例扩大了信访事宜范围、拓宽了信访渠道、确立了信访问责制度，并对保护信访人权利作出了明确的要求，这些规定的用意在于充分保障公民信访权的行使。但由此可能带来的一个意外后果是：在行政诉讼成本高昂、司法地方化普遍存在的客观事实面前，成本低廉的信访救济可能成为公民的优选。由此，“信访洪峰”是否会再度出现？[②] 而新条例第5条和第7条有关领导干部和公务员考评机制的规定，在“绩效评估”、“政绩压力”之下，为求速稳，地方政府难免会再度“劫访”[③]，如果是这样的话，为了“密切联系政府与群众关系，保护信访人合法权益，维护信访秩序”的信访制度依旧是政府治理社会的一种工具，是政府与民众沟通和博弈的边缘化的一种准制度性安排。二是新条例立法语言过于原则和模糊。《信访条例》明确提出，“对重大、复杂、疑难的信访事项，可以举行听证”，但对如何界定重大、复杂、疑难，没有作具体明确的界定，怎么来量化，无从知道。又如第20条规定，信访人不得有“煽

① 《国家信访局负责人谈〈信访条例〉的贯彻实施情况》（http：//www. china. org. cn/chinese/PI－c/1197687. htm）。

② 于建嵘：《信访制度与宪政建设——围绕〈信访条例〉修改的争论》，《二十一世纪》2005年第6期。

③ 在实地调查中我们已经看到，这样的担忧并非“杞人忧天”。在压力型体制下，为拼政绩，地方政府已经形成了一种畸形的“控制—稳定”逻辑，在这种逻辑之下，失地农民以上访来诉求利益的行动本身就是对地方政府“稳定”需要的“公然挑战”。

动、串联、胁迫、以财物诱使、幕后操纵他人信访或者以信访为名借机敛财”等行为，否则将承担相应的法律责任。基于对恶意信访的禁止，作出这样的规定是必要的。但是，如果信访是涉及组织、部门或群体利益，例如失地农民群体利益表达行动，是会有领头人、联络人、信访费用筹集等等行为的，对这种维护合法利益的上访行为难道也属于禁止之列？如果这样的话，失地农民群体性利益表达行动在体制内根本无法进行。诸如此类语焉不详的立法用语，只会带来实践上的操作困难。三是行政权力的过度扩张对信访法治化带来了负面影响。为阻止重复上访，《信访条例》通过第 33 条、第 34 条、第 35 条设立了“三级终访”制度。但信访是公民权利意识的发展，是宪法赋予公民的合法权益，“三级终访”制度设立的法理根基何在？“在法制社会，人治的作用和作用范围必须受法律法规限制”①，司法的最终裁判权没有得到尊重，公民最终的救济途径是司法诉讼，而不是信访。信访复核中发现的违法行为的救济渠道究竟在哪里？没有申诉的机会可能会造成矛盾激化，并导致“过激信访”的发生。

诚然，深陷于“人治”与“法治”、“专制”与“宪政”等诸多论争之中，作为应急方案出台的《信访条例》在理论和实践方面都还存在诸多弊端。但是，任何制度的创设和变革都必须直面历史、现实和未来，对于很多处于“四无”困境的失地农民来说，他们的利益需要一个畅通的渠道来表达，而在既有的体制框架中，信访事实上也是他们切实可用的表达通道，虽然这个通道可能并不是很通畅。因此，我们当下要做的，就是如何让这个通道更畅通些，让失地农民的利益诉求更能充分地得以表达。

信访制度改革是一项长期而艰巨的系统工程，改革要紧密围绕维护信访人的合法权利、化解社会矛盾、维护社会秩序稳定、社会安定和谐的总体方向进行。我们认为，在改革的具体实施过程中要遵循整体推进和重点突破相结合的原则，改革的各个环节和步骤之间要注意彼此配套衔接，避免出现“空挡”、“脱节”等问题。

整合信访资源，完善信访工作制度，树立法治信访观念。第一，应

① 赵凌：《新条例能否带来新一轮信访洪峰》，《南方周末》2005 年 1 月 20 日。

该加强信访机构之间的联系与协作。当前由于我国信访机构庞大而分散，但整个系统缺乏统一协调的机制，加之信访机构没有独立处理问题的权限，使得信访的功能得不到应有的发挥。可以将现有的多重信访机构进行整合，组建隶属于人大的信访监察局这一常设机构，这样才能从根本上解决信访缺乏统一协调、无权处理的问题。第二，要完善信访机构的职能。信访机构的主要职能在于行政监督，监督和纠正违法不当行政行为，缓解政府与公民的矛盾、督促行政体制改革、维护社会稳定和公正，为实现社会民主和提高我国综合实力创造良好的社会环境和政治环境。要将处理、化解民间纠纷等功能从信访机构的职能中剥离开来。第三，要提高信访工作人员素质，加快信访工作信息化进程。信访问题解决的低效率，也与信访人员素质密切相关，要选拔一大批通晓法律政策、善于人际交往协调的高层次人才充实到信访队伍，培养一支业务精干、作风正派、廉洁高效的信访干部队伍。① 要加快信访工作信息化进程，提高政府接受和输出信访信息速度和水平，增强政府处理突发、偶发、大型信访问题的能力，拓宽政府与民众沟通的渠道。第四，要建立和完善信访工作制度。在继续坚持推行“信访联席制度”② 的同时，还可以考虑建立定期排查和信访信息报送制度与建立信访工作通报提醒制度和综合考评制度。③ 第五，建议取消信访量排名制。信访制度的目的在于保障民众的信访申诉权、消解社会矛盾和维持社会稳定。信访排名制度的存在，一方面将诱使地方政府为了“稳定政绩”而对上访公民进行打压，另一方面也会激发民众为了“让上面知道情况”而屡屡上访。最后，要树立信访法治观念，正确看待“上访”问题。信访权是宪法赋予公民的一项基本政治权利，“上访”是信访的一种具体手段和

① 为此，有学者提出了“信访职业主义”的思路，通过专业人才引入，信访信息化建设与和谐使者活动创建等措施，充分发挥信访在公民利益表达中的作用。（参见张炜《公民的权利表达及其机制建构》，人民出版社2009年版，第181—206页。）

② 2004年8月，在胡锦涛总书记的批示下，中央建立了“集中处理信访突出问题及群体性事件联席会议制度”，随后，这种“联席会议制度”在各地逐步推开（http://npc.people.com.cn/GB/14997/3654039.html）。

③ 严明清、李广平：《关于建立和完善有效化解社会冲突的地方信访工作制度》，《江汉论坛》2005年第12期。

方式。《信访条例》第16条明确规定:“信访人采取走访形式提出信访事项,应当向依法有权处理的本级或者上一级机关提出。”在第18条也明确规定:“多人采用走访形式提出共同的信访事项的,应当推选代表,代表人数不得超过5人。”从这些法条中可以看出,法律并没有禁止所谓的“越级上访”和“集体上访”。同时既有研究也表明,上访并不会对执政党的支配和社会秩序的稳定产生负面后果。[①] 但是在实际生活中,上访(尤其是集体上访、越级上访)却时常遭到各级政府部门及官员的扼制,上访者也屡屡蒙受一些官员的打击和报复。为此,应该加强对《信访条例》的学习和宣传,让各级政府官员树立起应有的信访法治观念,切实保障包括失地农民在内的广大公民的信访权。

统一立法,推进信访工作法治化。《信访条例》只是国务院制定的一个行政性法规,它仅仅只对政府部门的信访工作具有约束力,而信访涉及的问题不仅十分复杂,其牵涉的面也很广泛,很多信访事项涉及党委、立法和司法等诸多领域,因此,信访工作程序与其他法定程序之间的关系都需要进一步理清。为切实保障信访这一公民的基本民主权利,国家应该考虑将这种制度纳入严格的法制轨道,适时出台《信访法》,以统一的法律规定信访的接受主体、接受内容和解决问题的方式,明确划定信访机构的职能范围,这既是依法治国的基本要求,也是维护司法权威、推进信访工作有法可依的现实需要。首先,要规范信访接受主体的行为。一方面,为了充分整合资源,彻底改变目前信访部门林立、彼此搪塞推诿、运行机制紊乱与效率低下的局面,将众多设在立法、司法、党政系统内部的信访机构进行优化整合,成立国家信访监察局这一常设机构,归属于全国人民代表大会。另一方面,对信访机构工作人员的职责要有严格规定。为了保证民意的切实表达和公民权利的充分行使,《信访法》中必须明确规定信访工作人员接受信访的法律义务和相关责任,要强化国家机关领导人的信访工作责任,杜绝不作为。其次,要规范信访接访内容。信访制度的主要功能是表达民意、救济权利,因此《信访法》中必须明确规定其接访内容是公民的批评类和建议类问题;同时在《信访法》中明确规定信访部门的督办权、处分建议权,

---

① 陈映芳:《贫困群体利益表达渠道调查》,《战略与管理》2003年第6期。

适当发挥救济渠道的功能。《信访法》中应严格将申诉和控告案件纳入司法渠道，禁止接受此类案件，将此类案件重新归口到司法渠道，减少对司法的消解作用，树立全社会对法律和司法的信赖，树立司法的裁判权威。[①] 最后，要规范信访处理和信访终结的程序和要求。《信访法》中必须严格明确信访问题的解决程序，属于行政领域内解决的问题不能引入司法诉讼程序；同时《信访法》必须对国家机关解决信访问题给予刚性规定，如受理信访的时限要求和告知义务、办理信访事项的时限要求和书面答复义务、书面答复应当必备的实体内容等，明确规定在这些方面的违规责任。[②]

建立信访委员会制度。在《信访法》将众多设在不同部门内部的信访机构整合形成一套完整的信访体系的基础上，信访制度的改革可以在条件成熟时，尝试着成立一个专门处理信访案件的专门委员会。具体来说，可借鉴国外的议会监察专员制度或行政监察专员制度，建立我国的信访委员会制度，将其集中放在全国人民代表大会和地方各级人民代表大会之下，与人大的其他专门委员会相并列。信访委员会受理公民、法人和其他组织就行政机关、司法机关的执法和司法行为是否合法、是否合理的各类案件，以调查、建议等方式指导行政机关和司法机关做出更符合信访人合法利益的改进建议和指导。这种建议和指导不具有当然的法律强制力，但其结论应受到相应国家机关的重视。信访人有权在行政复议或行政诉讼之前、之后向信访专员寻求救济，但已经进入行政复议或行政诉讼程序的不得向专门委员会寻求救济，除非法院认为所诉事实不属于其受理范围并予以驳回。[③] 建立信访委员会制度仅需对我国宪法的既有规定略作调整即可，并不牵涉重大的体制变动。按照《宪法》第 71 条的规定，“全国人民代表大会和全国人民代表大会常务委员会认为必要的时候，可以组织关于特定问题的调查委员会，并且根据调查委员会的报告，作出相应的决议，调查委员会进行调查的时候，一切有

① 王雪莲：《从维护稳定看信访制度创新》，《中国人民公安大学学报（社会科学版）》2004 年第 4 期。

② 于向阳：《平安山东与法治信访建设》，《政法论丛》2004 年第 6 期。

③ 田文利：《信访制度改革的理论分析和模式选择》，《社会科学前沿》2005 年第 2 期。

关的国家机关、社会团体和公民都有义务向它提供必要的材料”。我们只需将这种调查委员会加以改造，将其规定为以监督专员主持、实行首长负责制的常设机关，就可以为人大信访委员会制度的设置提供宪法基础。需要明确的是，设立人大信访委员会制度不仅有利于增强人大代表的责任意识和权力意识，改善人大“橡皮图章”的形象，而且还有助于把长期以来被虚置的人大监督权真正落到实处。此外，该制度的设计也与近年来呼声很高的人大代表专职化这一改革思路相契合，因此有着较好的民意基础。全国人民代表大会可以在参考《信访法》、《人大代表法》的基础上，制定《中华人民共和国全国人民代表大会和地方各级人民代表大会信访委员会法》，对信访监督专员的产生、任期、职权、行使职权的方式等作出明确规定。①

（二）提升大众媒体在失地农民利益表达中的作用

大众媒体又称新闻媒体，是公共信息和社会舆论传播的载体和媒介，主要包括报纸、广播、电视、互联网等。随着信息时代的到来，大众媒体已经成为人们日常生活不可或缺的一部分，同时也成为公共信息沟通和民众利益表达的重要工具和渠道。② 正如刘华蓉在《大众传媒与政治》中指出的那样，“大众传播媒介以它影响的广泛性和内容的丰富性弥补了政府部门可能存在的不足，它为公民提供了政治表达最迅速、最广泛、最丰富的渠道”③。目前我国的大众传媒发展态势迅猛，全国共有2000多家报纸、9000多种期刊、267家广播电台和296家电视台。到2011年末，全国有线电视用户13852万户，全国广播综合人口覆盖率和电视综合人口覆盖率分别达到95.0%和96.2%。④ 随着城市数字化

---

① 关于信访委员会制度，笔者认为其与人民代表大会监督专员制度是相同的，其具体方案可参见林伯海《人民代表大会监督制度的分析与构建》，中国社会科学出版社2004年版，第370—373页。

② 王勇：《论大众传媒在弱势群体利益表达中的作用》，《理论导刊》2008年第4期。

③ 刘华蓉：《大众传媒与政治》，北京大学出版社2001年版，第95页。

④ 报纸期刊数据来源于《2010年全国新闻出版业基本情况》，中华人民共和国新闻出版总署网站；电视电台数据来源于《中华人民共和国2011年国民经济和社会发展统计公报》，中华人民共和国国家统计局网站。

电视和广播电视村村通工程的推进，覆盖全国城乡，包括卫星、有线、数字化等形式在内的多元一体的广播电视传输网络已基本形成。完备的大众传媒网络，保证了公共信息的快捷准确的传播，扩大了公民的知情权与参与权。与此同时，大众传媒在信息建构和议题设置方面所具有的独特优势，也为失地农民这一社会弱势群体提供了一种有效的利益表达渠道。为此，要疏通失地农民利益表达的通道，就应该更好地提升大众媒体在失地农民利益表达中的效用。

随着我国大众传媒的扩展普及和农民权益意识的不断提高，“有问题找媒体”正逐渐成为当前很多失地农民利益表达的一种方式。[①] 与信访、党政部门、人大政协等传统利益表达渠道相比，大众传媒在失地农民利益表达中具有不可比拟的独特优势。这主要表现在：首先，大众传媒为失地农民利益表达提供了一条便捷有效的直接通道。然综观现有的各种制度化利益输入渠道，毫无例外地具有间接表达和中介输入的特点，失地农民的利益诉求并不能直接被反映到相关决策层。由于大众传媒所传递的信息具有公开性、权威性、显著性和直达性的特点,[②] 自然成为重要的失地农民利益输入渠道。一方面，它减少了利益输入的中间环节，有助于失地农民的要求接近决策核心，实现自主利益的有效表达。另一方面，作为沟通公众与政府的桥梁，传媒往往以弱势群体代言人的身份为很多无法与决策系统接触的人群提供了表达问题与意见的窗口，从而扩大了政策问题的来源，有效地克服了政府决策的一些“盲区”[③]。其次，大众传媒能够增强失地农民利益表达的效能。失地农民处于社会的最底层，在遭遇种种利益剥夺和权益损害面前，有着强烈的利益表达欲求。但现有的利益表达渠道要么由于形式主义和官僚作风早

① 在安北开发区实地调查中我们就发现，失地农民对《焦点访谈》、《新闻调查》、《今晚十分》（秦巴省电视台的一个法制节目）等“敢讲真话、能为老百姓说话”的节目极为关注，他们也乐于通过这些节目去“找寻”应对当下困境的出路。“找记者、找电视台反映问题”常常成为他们诉求利益的一种途径，虽然他们也对这种利益表达的效果心存质疑。（类似情形请参见梁建增《焦点访谈红皮书》，文化艺术出版社 2002 年版；罗杰·西尔弗斯通《电视与日常生活》，陶庆梅译，江苏人民出版社 2004 年版。）

② 郭庆光：《传播学教程》，中国人民大学出版社 1999 年版，第 126 页。

③ 聂静虹：《论大众传媒在利益表达中的功用》，《求实》2003 年第 11 期。

已锈迹斑斑，要么门槛太高成本太大而形同虚设。所谓“人微言轻”，他们的利益诉求很难得到地方政府的重视。大众媒体通过信息的大量生产、复制和大面积传播，它能够在短时间内将同类信息传遍整个社会，凭借信息声势来建构起“社会焦点问题”。而这些“焦点问题”也易于为政府和执政党所注意，[①] 失地农民利益表达的相关信息也能为政府和执政党所获悉。因此，大众传媒可以将失地农民的真实呼声与利益诉求进行提炼与融合，化无数个微弱含糊的声音为清晰有力、掷地有声的合法要求，并在国家法律法规和政策的框架下，向政府和执政党表述其应得的合法权益。最后，大众传媒为探寻失地农民问题解决之道搭建了平台。公开性是大众传媒的本质特征，也是现代民主政治的本质要求。通过自上而下、自下而上的多重信息传递，大众传媒能够在失地农民与政府间、失地农民与社会不同利益阶层间构筑起公开的信息交流与反馈的平台。依托这个平台，“整个社会透过公共媒体交换意见，从而对问题产生质疑或形成共识”。[②] 这既有助于疏导矛盾，为矛盾各方提供更大的斡旋余地，也为寻求最终解决失地农民问题的道路搭建了平台。

通过以上的分析可以看出，大众媒体以其独特的优势，为失地农民利益表达提供了一条有效的途径。然而，应该承认，就当前我国大众媒体在现实政治和社会生活中的实际运行及其影响来看，失地农民的利益还无法经由媒体渠道得以充分表达。首先，在宏观层面上，媒体充当“党和政府的喉舌”[③] 之角色有余，而承担“社会公器”之角色不足。从理论上讲，大众传媒从其诞生起便负有两种职能：一是作为政权的“喉舌”（多依附于政府组织，以政治权威的意志为导向来整合社会，这仅仅是政府、政权政治的延伸）；二是充当社会的公共空间（对上负责但不迎合，相对独立但不回避主流，贴近下层但不从俗）。[④] 但是我

---

① 例如在孙志刚事件中，《南方周末》等媒体就发挥了很大的作用。

② 乔·萨托利：《民主新论》，冯克利、阎克文译，东方出版社 1998 年版，第 195 页。

③ 冯健：《中国新闻实用大词典》，新华出版社 1996 年版，第 20 页。

④ 张福平：《公共空间：大众传媒的必然选择》，《郑州大学学报（哲学社会科学版）》2003 年第 6 期。

国传媒在很长一段时间内却只注重“正面宣传”，而忽略了“公共空间”[①] 构建。诚然，公共传媒应将更多的注意力放在创造正确的舆论宣传和增进公众对执政党和政府行为的认知上，但如果仅仅局限于此、满足于此，显然既有悖于媒体内在的公共属性，也与党和人民的期望相去甚远。毕竟，从功用而言，大众传媒作为“第四种权力”，它来自于民，理所当然服务于民；从本质上说，大众传媒多向互动信息传递的特点，决定了它能够在促进权力机构与民众、权力机构内部系统之间以及社会各利益主体全面沟通方面发挥应有的功效。这也是人们常说的，大众传媒不能仅仅做执政党和政府的“传声筒”，它同时还应该是社会的“公众代言人”，及时全面地传送出公众的声音，表达出社会的愿望和利益诉求。其次，在微观层面上，大众媒体在对失地农民利益诉求的关注中充满着在公正与市场之间徘徊的矛盾。一方面，大众传媒作为社会环境的守望者，无论是出于社会稳定的考虑或自身新闻源的需要，都会提供一定的时间和空间来反映包括失地农民在内的弱势群体的利益。分裂的社会阶层暗藏着社会动荡的危险，被压抑日久的弱势群体，如果其利益长期处于被忽视的状态，就有引起社会动荡的潜在危险，威胁社会的和谐和稳定。而促进社会整合与社会利益协调，恰是大众媒体的一份责任。另一方面，大众媒体的运转又是在市场经济条件下完成的，要适应市场的需要，要保证经济效益，传媒在受众群体的选择上就不能不有所偏向。在“社会效益”与“经济效益”、“社会公正”与“市场份额”之间，传媒面临着艰难的抉择。在此情形下，嫌“贫”爱“富”成为很多大众传媒的选择。[②] 在这种“传媒歧视”下，以失地农民为代表的社会弱势群体被有意“剔除”出来，媒体上很少甚至不会出现他们所关注的话题，其利益诉求的声音在一定程度上被漠视。最后，以新闻效应为报道标准，也在一定的程度上制约了大众媒体对失地农民利益的关注。有关研究表明，在日常报道中，

① 公共空间又称公共领域（public sphere），系德国社会学家哈贝马斯提出的概念，指的是介于私人领域与公共权威之间的非官方领域，其所指包括报纸、杂志和书籍等。（参见哈贝马斯《公共领域的结构转型》，曹卫东等译，学林出版社 1999 年版。）

② 朱胜龙：《报刊：“嫌贫爱富”为哪般》，《新闻出版交流》2003 年第 2 期；罗建华：《“公众性”拷问“传媒歧视”》（http://media.people.com.cn/GB/5200916.html）。

只有当弱势群体的利益受到严重侵害时或在较大范围内产生影响时，媒体才会对此予以注意。而且通常在报道过程中，仅仅将其当作一般的社会新闻来处理，很少对之进行深入调查和认真思考。[①] 这种以追求“轰动性”为标准的报道方式，无疑会把众多失地农民诉求利益的声音给淹没。我们知道，任何社会问题，其解决的最佳时机应该是它刚刚出现的萌芽阶段，而矛盾的不断累积激化，不仅增加了问题解决的难度，也会给当事人带来巨大的经济和精神负担。如果这个问题关涉到某一人数众多的群体或阶层时，还将对整个社会稳定造成重大的负面影响。事实上，今天中国城市化过程中出现的严峻的失地农民问题，从某种角度来说，与大众传媒对此问题反应迟钝、淡漠也有着一定的关联。

失地农民作为一个弱势群体，“他们掌握的资源很少，尽管可能人数众多，但他们的声音很难在社会中发出来。我们不能不承认的一个事实是，涉及弱势群体的利益的时候，往往要靠政府和大众媒体来为他们说话，他们自己的声音是很微弱的。说句老实话，如果政府和媒体都不为他们说话，他们自己很难具有有效地表达和追求自己利益的手段”[②]。大众媒体作为当前我国弱势群体利益表达的一个主要途径，[③] 应当在失地农民的利益诉求方面发挥更大的功效和作用。针对大众媒体当前存在的诸多不足之处，笔者认为，媒体应通过以下几项措施，克服既有缺陷，使之真正成为失地农民利益表达的一条重要渠道。首先，大众媒体要实现角色转变，增强表达功能。大众传媒不仅要成为“党和政府的喉舌”，更要担当起“社会之公器”，成为社会各个阶层的话语诉求与利益表达的平台。正如马克思所说：“报刊只是而且应是有声的人民（确实按人民的方式思想的人民）日常思想和感情的表达者。”[④] 事实上，“喉舌”与“公器”之间并不矛盾，随着社会转型的加速和利益主

① 杨敦显：《媒介传播和民工的利益表达》，《当代传播》2005 年第 6 期。

② 孙立平：《断裂——20 世纪 90 年代以来的中国社会》，社会科学文献出版社 2003 年版，第 68—69 页。

③ 当前我国弱势群体利益表达的主要途径有两个：“人民信访和新闻传播渠道”。（见罗以澄、詹绪武《新闻传媒发展与和谐社会构建》，《当代传播》2006 年第 1 期。）

④ 《马克思恩格斯全集》第 1 卷，人民出版社 1962 年版，第 77—78 页。

体日趋多元，实现利益协调、促进利益整合已日渐成为执政党和政府的一项重要职能，这就要求执政党和政府要充分体察民情、了解民意、集中民智，协调多方利益，进行科学民主决策。大众传媒作为一种双向媒介，它介于政府和民众之间，其多元互动的信息传递特点，既能为执政党和政府的决策提供更加丰富和更加充实的信息资源，又能为社会公众提供表达利益、传送需求的平台。因此，大众传媒应该改变传统的单向式、灌输式的传播模式，关注社会的声音，对公众尤其是对包括失地农民在内的弱势群体，给予应有的社会关怀。其次，坚持经济效益和社会效益并重，切实关注失地农民权益。如前所述，由于过于注重经济效益，事实上存在的“传媒歧视”严重抑制了失地农民的利益表达。有识之士曾对此发出这样的疑问：“如果媒体漠视弱势群体的情况继续发展下去，并变本加厉地朝政治权力和广告商靠拢，社会各个阶层的群体的利益如何得到平衡？如何不保证他们之间的利益分配爆发矛盾，甚至引起社会的动荡？媒介如何起到一种平衡剂的作用，去缓解社会各阶层的矛盾？”① “铁肩担道义，妙手著文章”，对公平正义的不懈追求不仅是传媒从业人员的职业道德，也是整个媒体的社会责任。大众媒体要改变一切屈从于市场、唯“财”是求的错误倾向，要以回应建设社会主义和谐社会诉求为发展方向，以赢取社会公信为发展目标。具体地说，在对待失地农民利益诉求问题上，媒体应从思想上重视失地农民的利益和要求，拓展报道内容，深化报道主题，要全面理解和把握失地农民的经济利益和政治权利。与此同时，媒体应不断地探照社会上存在的对失地农民的各种排斥问题，并将这些问题及时报道、传播出去。这种“瞭望塔”功能不仅仅是获得信息，更重要的是引起疗救的注意。② 最后，媒体应该加大对各种侵犯失地农民权益事件的介入力度，强化舆论监督。大众媒体的一个显著特点就是它的舆论监督性。舆论监督体现了社会舆论对国家权力机构的制约，是社会政治功能中的一个重要的纠错

---

① 彭伟步：《中国媒体远离弱势群体》，《中国报道周刊》（http：//www. weachina. com/html/01464. htm）。

② 杨明品、贺筱玲：《新闻舆论监督社会功能论》，《海南大学学报（人文社会科学版）》2001 年第 2 期。

机制。媒体利用警觉锐利的双眼，时刻注视着国家权力的运行，稍有偏差，便发出呼喊。舆论监督作为与行政、立法、司法相并列的“第四种权力”，有利于维护社会公众利益，防范权力机关的腐败，维护社会的公正和正义。早在19世纪，马克思任《新莱茵报》主编时，就主张舆论监督，他精彩地论述了大众传媒的监督作用，“报刊按其使命来说，是公众的捍卫者，是针对当权者孜孜不倦的揭露者，是无处不在的眼睛，是热情维护自己的自由的人民精神的千呼万唤的喉舌”①。在当前，我国的失地农民问题日益突出，因官商勾结、权力腐败而导致的失地农民利益受损事件屡屡发生，面对“第四种权力，你在哪里?”② 的质疑，媒体不应在失地农民利益表达中失去宝贵的监督功能，而是需要加大介入力度，参与到失地农民利益表达的过程中去，强化舆论监督功能，正像深受农民欢迎和信任的《焦点访谈》所秉持的理念一样，对滥用公共权力和社会丑恶现象进行舆论监督。大众传媒只有具备这样的品格，才能发挥其独特优势，真正成为失地农民利益有效表达的平台。

（三）改革和完善其他利益表达渠道

为密切党群关系、干群关系，确保党和政府能够倾听人民的心声、体察民情、了解民意，新中国成立以来我们已经建立起了以人民代表大会制度为核心，包括政党制度、政治协商会议和基层群众自治制度等在内的一整套群众利益表达制度，这些制度在一定程度上为人民诉求利益、主张权益提供了基本的制度环境。但在实际的社会生活中，在现行的政治体制和权利框架下，国家完全主导社会，农民的政治空间和行为能力被压缩在极度狭小的领域，他们的利益很难得到充分而有效的表达。在基层，《中华人民共和国村民委员会组织法》虽然从法律上赋予

① 转引自徐耀魁《西方新闻理论评析》，新华出版社1998年版，第343页。

② 四川自贡农民刘正有因失地为了向地方政府讨要“说法”而走上了历时八年的漫漫上访路，其间虽然也得到包括法学专家在内的社会各界的广泛关注和帮助，但至今他仍是求告无门。该事件曾受到国内部分媒体的关注，但是四川和自贡的媒体却普遍保持沉默，刘由此发出了这样的呼喊。（这句话最初见于陈桂棣、春桃《中国农民调查》，人民文学出版社2004年版，第46页。）

了农民对村级事务充分自治的权利，而通过民主选举事实上也的确有助于农民利益的有效表达。但是，正如我们在前面所分析的那样，在现实中，村委会选举并非源于农村社会自下而上的民主诉求，而是出于国家稳定农村社会、加强基层政权的政策调整，村民自治是“自治不足”、“管理有余”。在与农民利益密切相关的土地征用过程中，村委会很难对政府的决策和制度安排有多少发言权，更不能形成制衡作用。在国家层面来看，最能体现人民当家作主，最能保障包括失地农民在内的广大公民利益充分表达的制度安排就是人民代表大会制度。虽然我国宪法规定了每个公民的权利是平等的，而且新修订的选举法又对城乡平等选举权做出了明确规定，但是正如研究者所分析的那样，一方面，很多以农民身份当选的人大（或政协）代表，因为他们的户口在农村，但从事的已经不是农业，不再是原来意义上纯粹的农民；另一方面，在政治运行中，并不一定是农民代表人数越多，越能代表农民的权利，它同样难以回应“谁能代表农民”的问题。现代民主理论认为，一个国家的民主性主要体现在它所代表的社会利益群体的广度上，每个利益群体都应当在国家政治系统中有相应比例的代表，通过这些代表来反映该群体的利益。一个利益群体代表的缺乏必然会导致在国家政治过程中，其利益诉求有可能被忽视进而利益受到损害。① 从大多数农民在土地征用过程中权益屡屡遭受损害这一结果来看，缺少一个反映自身利益的、平衡的政治结构，应是许多损农、伤农政策轻易出台的重要原因。中国共产党作为执政党，“三个代表”的价值诉求和“全心全意为人民服务”的理念，使它理所当然地成为失地农民最恰当的利益诉求对象。但是正如有学者分析的那样，党与所有阶层的利益都保持一致，这就有一个利益协调的问题和妥协问题，是向农民倾斜还是向工人倾斜，是向农村倾斜还是向城市倾斜，倾斜的一方得利，而不能倾斜的一方受损。究竟向谁倾斜取决于两个方面，一是国家发展战略，一是力量对比，特别是影响决策阶层的势力。② 在以城市为主导的城市化过程中，从土地收益分配到

---

① 杨正喜、唐鸣：《论当代中国农民利益表达机制的构建》，《中州学刊》2006 年第 3 期。

② 邓大才：《谁能为农民代言》，《中国党政干部论坛》2004 年第 9 期。

失地农民补偿安置等诸多政策中，我们能比较清晰地看到党在利益协调中的这种倾斜。

为保障失地农民的权益，真正实现社会的稳定和谐，一是要不断改革和完善现有的选举制度，充分发挥人大和政协在失地农民利益表达上的功能和作用。要通过修改《选举法》等法律法规，提高农民代表的数量和质量。当前要推动人大及人大代表选举制度的改革，具体落实“中华人民共和国公民在法律面前一律平等”的宪法原则精神，在人大代表的选举中体现出城乡选民的平等性。选举本身就是一种利益表达活动，在选举制度的改革中加强利益表达机制的构建，首先就要把最广大农民的意愿直接反映出来，而选举的广泛性和平等性在某种程度上表明利益表达的充分性和公正性。为此，要通过改善农民的选举活动来强化利益表达的功能，在选举的起点上确保农民利益表达制度资源分配的公正性。在选举活动中，真正允许农民采用各种合法形式的政治参与，就要完善选举参与机制，让农民主动地、认真地、全面地参与人大代表产生的选举过程。要强化人大和政协在国家权力结构中的作用，积极探索监督政府权力运作的途径和方式，彻底扭转人大和政协“橡皮图章”、“表决机器”的被动局面。人大代表、政协委员应该进一步密切和人民群众的联系，特别是要加大对包括失地农民在内的弱势群体的帮助和保护，要真正做合格的“百姓代言人”。

二是要进一步完善失地农民利益表达的政党代表制度。失地农民虽然没有专门代表自身利益的党派，但就利益代表的广泛性和利益表达的有效性来说，中国共产党理应成为失地农民合法权益和利益的“庇护神”。当前，在坚持和改善中国共产党的领导的同时，要加强党实现社会公平正义、增促社会进步、努力构建社会主义和谐社会的执政能力和执政水平。这就要不断加强党的基层组织建设，不断提高党员干部的整体素质和能力，积极探索“人民利益代表”“代表人民利益”的路径和方法。要更加有力地执行党的群众路线，不仅要强调“到群众中去”的利益代表过程，更要强调“从群众中来”的利益表达过程，使失地农民看到党在保障其权益、实现其合法利益的过程中，不仅扮演着并非无足轻重的角色，而且在接受失地农民利益表达的过程中是广泛存在的。换句话说，失地农民在表达自身利益的活动过程中可以随时找到代

交易的成本以及政府管理的成本"①。因此，要实现失地农民利益有序而充分的表达，要保障失地农民的合法权益和利益，就必须不断提高农民的组织化程度，积极拓展失地农民利益表达的组织空间。

首先，农民组织化是构建失地农民与国家和政府互动合作的新型关系，解决失地农民问题的前提。国家治理理论告诉我们，国家与社会或者说政府与公民之间的互动合作是进行公共治理，保障公民权利，实现公民利益的合理方式。② 同样，解决失地农民问题也需要构建农民与国家和政府的互动合作机制，而农民与政府的互动合作机制的形成离不开一个组织化的农民社会，农民组织化正是构建这种互动合作机制的前提条件。社会互动理论认为，社会互动是社会上个人与个人、个人与群体之间通过信息传播而发生的相互依赖性的社会交往活动。社会互动的类型包括竞争、冲突、强制、顺从与顺应、合作五种类型。③ 失地农民问题的形成在一定意义上是因为政府与农民互动类型的不合理，即政府和农民在个体利益与社会利益、短期利益和长期利益上存在竞争和冲突的情况下，政府通过公共权力的强制性互动而对农民的土地进行征收的一种互动方式。只有建立起政府与失地农民合作的互动方式才能解决这一问题。社会互动中的合作方式即人与人、群体与群体之间为达到对互动各方都有某种益处的共同目标而彼此相互配合的一种联合行动。人们之所以需要合作，是因为仅靠某一方的单独行动往往无法实现这种利益和目标。④ 解决失地农民问题、推动整个社会和谐发展是政府和失地农民共同利益之所在，在政府和失地农民之间缺乏任何一方的参与都无法解决这一问题，只有相互配合才能使问题得到有效解决。而合作发生在群体与群体之间，分散化的群体之间是无法合作的，只有组织化的群体即具有一定组织结构的群体之间方能实现合作。这意味着作为公共组织的政府和分散化的失地农民是无法实现合作的。因此，提高农民组织化是

① 景跃进：《当代中国利益传输机制的转换》，载陈明明主编《权利、责任与国家》，上海人民出版社 2006 年版，第 34 页。

② 胡筱秀：《行政发展与国家治理结构现代化》，《江苏社会科学》2005 年第 3 期。

③ 郑杭生主编：《社会学概论新修》，中国人民大学出版社 2003 年第 3 版，第 125—136 页。

④ 同上书，第 136—137 页。

构建政府与失地农民互动合作关系解决失地农民问题的前提。以政府向失地农民提供征地补偿款为例，补偿标准和发放方式的确定应该经历一个谈判过程，而在农民高度分散化的情况下，达成谈判方案的成本实在太高。此外，在农民高度分散化的情况下，征地信息的有效传递也是一个很大的问题。① 同时农民只有组织化才能有效监督政府，保证征地行为的相对公正，因为组织起来的农民才会有权威，从而约束政府可能发生的自利性问题。

其次，农民组织化是失地农民实现和维护自身权益的组织保障。失地农民问题的实质是农民在承包土地上的合法权益遭受剥夺，其政治原因则是农民权力的贫困，他们虽然一直享有文本上的崇高地位，但在实际生活中却是“弱势群体”，而造成这一结局的一个重要原因在于他们缺乏真正属于自己的组织。在现代国家，利益表达通常都是以一定的利益代表性组织作为载体的，我国也不例外。在我国，几乎所有的社会群体都有自己的代言组织或自我保护组织，“工人有工会，妇女有妇联，青年有青联，文艺工作者有文联，科技工作者有科协或社联……这些组织不仅表达不同社会成员的利益要求，维护各自的利益，而且还发挥着监督政府以及相互监督的功能，然而，占人口绝大多数的农民却没有组织起来”②。由于组织载体的缺失，高度分散、缺乏组织权威的农民在政府主导的征地政策面前只能被动顺应，无法也无能自救。因此，农民只有组织起来，才能充分表达自己的利益，维护自身合法权益。马克思在《路易·波拿巴的雾月十八日》一文中，对于农民组织化程度低下而致使利益难以有效保护曾有一个经典的论述。他说：“小农人数众多，他们的生活条相同，但是彼此间并没有发生多种多样的关系。他们的生产方式不是使他们互相交往，而是使他们互相隔离。”“每一个农户差不多都是自给自足的，都是直接生产自己的消费品，因而他们取得生活资料多半是与自然交换，而不是靠与社会交往。”于是，“法国农

---

① 在河北“定州事件”中，由于信息扭曲使失地农民对征地补偿款总额存有误解，从而引发了致死六条人命的恶性事件。（详情请参见孙立平《博弈：断裂社会的冲突与和谐》，社会科学文献出版社 2006 年版，第 235—238 页。）

② 洪大用：《当代中国农民利益集团的几个问题》，《社会学与社会调查》1992 年第 6 期。

民的广大群众，便是由一些同名相加形成的，好像一袋马铃薯是由袋中的一个个马铃薯所集成的那样……由于各个小农彼此间只存在地域的联系，由于他们利益的同一性并不使他们彼此间形成任何的共同关系，形成任何的全国性的联系，形成任何一种政治组织，所以他们就没有形成一个阶级。因此，他们不能以自己的名义来保护自己的阶级利益，无论是通过议会或通过国民工会。他们不能代表自己，一定要别人来代表他们。"[①] 项继权对爱尔兰农民协会（IFA）调查后也指出："爱尔兰农民也一度处于一种分散的无组织状态，农民难以形成一股有组织的社会政治力量，在与有组织的工商业者的政治竞争中始终处于一种劣势地位，农民的利益也得不到有效的保护。"但是爱尔兰农民协会建立以后，"从此，爱尔兰农民得以以一个组织整体的形象出现在国内外政治舞台上并以一个声音讲话，有力地表达农民自己的要求和意愿，进而有可能最大限度地争取和保障自身的利益。"[②] 以上论述都说明了这样一个道理：农民组织化程度低的直接后果就是农民自我保护能力的孱弱，个体农民往往很难抵御外界对自己合法权益的侵犯，他们只有组织起来，只有作为一个整体采取行动，才能维护和保障自己的利益。[③]

最后，农民组织化能够有效消解失地农民制度外利益表达行动，有助于维持社会稳定。近年来，随着土地征用规模的不断扩大，土地问题已成为农民维权抗争的焦点。[④] 为诉求其在土地上的权益和利益，失地农民大规模的集体上访活动频繁发生，围堵各级党政司法机关的申诉示威活动也屡见不鲜，各种自残式请愿、报复犯罪等极端利益表达方式也时有耳闻，让人震惊……诸如 2000 年江西的"丰城事件"、2001 年福建南平"水口电站移民事件"、2004 年四川"汉源事件"、2005 年河北"定州事件"、2006 年福建莆田"东郊村事件"等等。鉴于近期频频出现的农民集体性抗争和群体性上访事件，有学者甚至认为中国农村出现了严重的政治危机，其突出表现就是农民已经进入了"有组织抗争"

① 《马克思恩格斯选集》第 1 卷，人民出版社 1972 年版，第 693 页。

② 项继权：《农民协会组织的功能和作用——爱尔兰农民协会（IFA）的调查与思考》，《华中师范大学学报（人文社会科学版）》1999 年第 5 期。

③ 高红：《中国农村的社会主义合作》，《当代世界与社会主义》2003 年第 1 期。

④ 于建嵘：《土地问题已成为农民维权抗争的焦点》，《调研世界》2005 年第 3 期。

的阶段。[①] 诚然，上述事例皆属于典型事件，于建嵘博士研究的样本点也仅仅是一个个体性问题。但是，由于制度化表达渠道的阻塞及有效组织载体的缺失，失地农民非理性抗争已经到了非常严重的地步，给整个社会的稳定与发展带来了巨大的压力却是一个决不可轻视的共性问题。根据美国政治学家米格代尔的分析，分散的农民可能是“革命者”的社会基础，而有组织的农民则可能是改良主义者甚至是保守主义者的社会基础。[②] 如果通过组织化过程把分散的农民团结起来，既为失地农民提供了合法的利益表达机制，增强了失地农民与政府的沟通能力，同时也有利于缓和失地农民与政府之间的矛盾，维持社会稳定。具体地说，首先，农民组织搭建了失地农民与政府协商与对话的平台。从政治学角度来说，“民主不能简单地被理解为‘选举’，更不能直接与‘自治’画等号，在理解现代民主制度时，人们更关注这个社会是否拥有强大的协商机制”[③]。对我国广大农民来说，由于担当协商平台的组织载体的缺失，长期以来，在各项涉农政策的制定中，他们都处于“被安排”、“被支配”的地位。如果农民拥有属于自己的组织的话，他们就能在一定程度上改变这种“去主体化”地位：通过业已存在的各种组织，农民关于土地征用的意见和要求可以有效地通达到政策制定者那里，而政府就土地征用做出的相关政策和决定也能够清晰明白地传递到失地农民手中，这无疑在很大程度上降低了彼此“交易”的成本。其次，农民组织能增强失地农民利益表达的效度。利益表达效度的增加同时也意味着利益表达成本的降低。在组织化程度提高以后，农民可以通过这些组织工具向政府集中阐发他们在土地征用方案、补偿款发放办法、人员安置和社会保障等等诸多问题上的利益和要求，并能就政府业已出台的相关决策提出自己的建议和批评。农民组织化程度提高后，对政府来说，他们可以根据被征地农民集体传递出的信息，全面准确地了解他们的诉

① 于建嵘：《中国农村的政治危机：表现、根源和对策》（http：//www. ccrs. org. cn，2003 -4 -27）。

② J. 米格代尔：《农民、政治与革命——第三世界政治与社会变革的压力》，李玉琪、袁宁译，中央编译出版社1996年版。

③ 程同顺等：《农民组织与政治发展：再论中国农民的组织化》，天津人民出版社2006年版，第406页。

求，保障土地征用决策的科学化、合理化，实现更合理的价值分配，满足失地农民的要求；对被征地农民来说，在拥有合法组织后，他们可通过组织的形式向政府表达自己的利益诉求，这就能在很大程度上降低他们采取其他过激行动的可能，从而降低他们利益表达的成本，减少因此而引发的各种社会矛盾和社会问题。最后，农民组织是失地农民与政府矛盾的缓冲机制。社会缓冲机制是指能分解社会冲突、吸附社会混乱因素的一种机制。[①] 缓冲机制是联结社会和国家的中介，发挥缓冲作用的传统单位是家庭和社会的其他组织共同组成的一个缓冲网，以减缓不稳定因素对国家和社会造成的冲击力。农民组织作为政府与被征地农民的中介，当政府与被征地农民出现矛盾冲突时，如土地征用范围过大、征地补偿标准过低、安置房迟迟无法落实等等问题，这些都有可能成为失地农民群体性事件发生的原因，政府就可以通过农民组织向被征地农民作出解释，失地农民的不满也可在组织内得以宣泄和释放，沟通、缓解压力、调解矛盾。“三农”学者党国英认为，社会集团的组织化程度越高，社会集体之间的对话成本就越低，妥协的可能性就越大[②]。如果把分散的农民组织起来，政府与失地农民的对话成本可以大大降低，失地农民的愿望就容易通过秩序化的组织渠道得到表达，一些突发事件可以得到缓冲和调节。

（二）拓展农民组织空间的措施

组织化程度的提升对于维护和保障失地农民合法权益、搭建失地农民与政府沟通协调的平台和载体、规范失地农民利益表达行动、维持社会稳定和谐都是十分必要的，对此，人们已达成共识。近年来，很多学者站在农民的立场上，从维持农民权益出发，主张“让农民组织起来”，并从不同的角度，提出了很多具有建设性的理论设想。最具有代表性的是于建嵘，他通过发表《农民有组织抗争及其政治风险——湖南省某县调查》、《我为什么主张重建农民协会》、《中国农村的政治危

---

① 殷勤：《农民组织化与农村政治稳定》，《美中公共管理》2005 年第 4 期。

② 党国英：《农民组织与中国农村社会稳定》，中国社科院网站（http：//sym2005. cass. cn/file/2005101747355. html）。

机：表现、根源和对策》等一系列文章，呼吁重建农民协会，保障农民利益充分表达。党国英《我们为什么要为农民说话?》，则从制度成本和政治社会学的角度，认为社会集团的组织程度越高，社会集团之间的对话成本越低，妥协的可能性就越大，高度离散的社会群体最容易受到谣言的蛊惑，并很容易成为极端领袖人物的基础，这种规律也在各种农民事变中得到了证实。[①] 温铁军也一直倡导要提高农民的组织化程度。在 CCTV2003 年度经济人物颁奖仪式上，温铁军说："希望农民组织起来，只有提高农民组织化程度，组织起来才有能力跟资本讨价还价，要工钱，土地不被侵占。"[②] 从我国农村社会生活的实际来看，随着改革的持续推进和农民权益意识的不断高涨，农民也不断发出了"组织起来"的吁求：一方面，近年来，以生产、销售、采购等为纽带组建起来的专业合作经济组织在各地农村大量兴起，无论从组织数量还是从组织规模来看都有了较大的提高。另一方面，随着多元化利益格局的形成，一种新的农民自组织开始在很多农村地区自发建立。如 2003 年 1 月，湖南衡阳县由"减负上访代表"商议成立的农民协会，明确提出"农民协会是农民自己的组织，它在中国共产党的领导下，保护自己的合法权益，带领农民学法、执法并能监督基层的工作；要让农民可以参政议政，把农民的心里话通过合法组织的沟通向党交心，确保农心与党心的心心相连；可以减小农民上访的广度，对稳定局势大有好处，等等"[③]。显然，这类组织已经超出了经济联合体的范围，初步具有了利益整合和表达。如何回应农民这种组织化要求，显然中央的态度是非常明确的。党的十六届三中全会《决定》就明确指出，"支持农民按照自愿、民主的原则，发展多种形式的农村专业合作组织"[④]，十六届四中全会进一步提出："要创新管理方式，拓宽服务领域……发挥社团、行业协会和社会中介组织提供服务、反映诉求、规范行为的作用，

---

① 党国英：《我们为什么要为农民说话?》，《南方周末》2000 年 12 月 7 日。

② 许志永：《在法治的夹缝中游走》（http：//finance. sina. com. cn/roll/20040114/0924602737. shtml）。

③ 转引自于建嵘《农民有组织抗争及其政治风险》，《战略与管理》2003 年第 3 期。

④ 潘盛洲：《十六届三中全会决定展现中央深化农村改革 4 重点》，《瞭望周刊》2003 年 11 月 20 日。

形成社会管理和社会服务的合力。”① 因此，我们应该因势利导，采取相应措施，不断提高农民组织化水平，满足时代发展的要求和广大农民群众的利益诉求。

要发挥政府的主导作用。尽管农民有组织起来的客观要求，但是对于我国的广大农民来说，他们既缺乏自主建立各类经济组织和政治组织的经济资源，又缺乏建立组织所必需的政治资源和政治技巧。这是因为：一方面，随着家庭联产承包责任制制度效应不断减弱，农业和农村经济发展正处于一个徘徊期，农民迫切需要找到持续发展的新路径；另一方面，在长期“被安排”、“被支配”的农业政策之下，中国农民既缺乏自发并且制度化地组织起来的文化传统，又面临着国家诸多客观政策环境的制约。因此，政府在提高农民组织化的过程中应该发挥积极的推动作用，并对农民组织的活动和发展提供一定的政策优惠和支持。从近期中央领导同志的讲话和农口部门出台的各项政策来看，中央对农村发展专业合作经济组织等各类农民合作组织是支持的。2006 年《中共中央、国务院关于推进社会主义新农村建设的若干意见》中明确提出，要“积极引导和支持农民发展各类专业合作组织，加快立法进程”。2006 年 10 月 31 日全国人大常委会审议并通过了《中华人民共和国农业专业合作社法》，对各种实体型农民专业合作经济组织的建立、运行、法人主体资格和其他相关事宜作了明确的规定，为明确国家在农民专业合作经济组织中的责任，该法还专门设立了“扶持政策”一章，对产业政策、财政扶持、税收优惠等问题作出了规定，要求国家通过财政支持、税收优惠和金融、科技、人才的扶持以及产业政策引导等措施，促进农民专业合作社的发展。应该说，这部法律的实施，必将有力地促进农村专业经济合作组织的快速健康发展。在这部法律中，虽然并未涉及非经营性农民合作组织和类似于农民协会这样的政治组织，但这应该看作是个发展趋势。各级政府应转变观念，提高对农民组织化的必

① 本书编写组：《党的十六届四中全会〈决定〉学习辅导百问》，学习出版社、党建读物出版社 2004 年版，第 19—20 页。

要性及重要性的认识，坚持“引导而不领导、扶持而不干预”[①] 的基本思想，为农民的经济和政治组组的健康发展提供良好的制度保障和政策环境。可以借鉴浙江瑞安的做法，[②] 采取先试点后推广的方式，在已建立专业合作社或行业协会的经济比较发达的乡镇，逐步将其升格为规范的统一的农民协会组织，同时在税收、财政、教育等方面给予支持。农民要在政府的引导和帮助下，以自愿互助为基础成立农民协会，这样才能保证重建农民协会不会偏离它本身的性质，健康有序地开展。

要制定相应的法律法规。推动农民组织化的发展，首先要制定相应的法律法规，做到有法可依、有章可循，这既是建设社会主义法治国家的需要，更是国家治理法治化的应有之义。国家只有通过立法，对各种农民组织的性质、法律地位、机构设置、活动原则等做出明确的法律规定，为农民组织的成长提供可靠的法律环境，才能从根本上保障农民经济和政治组织的健康有序发展。从实践来看，当前我国农民经济组织和政治组织在发展中遭遇的各种困境，大多与缺乏相应的法律规定有很直接的关系。以至于有学者感叹道：“迄今为止，中国尚没有一部关于农民组织的法规，从而也就无法以法律的形式对农民组织的书信、性能、组织形式、活动方式等加以规定，也就无法确定其法人资格、法律地位，对农民组织的各项优惠政策也无法以立法的形式加以保护。”[③] 当然，由于中国法制建设的历程还很短，立法机关面临的立法压力较大，法律的出台和完善客观上也需要有一个过程。但是农民经济组织和政治组织在中国产生和发展既是现实发展的需要，也是客观趋势，不能总是等到客观形势非要立法不可的地步，才考虑对农民组织立法的问题。为了促进农村经济社会的发展和保障农村社会政治的稳定，保证农民组织的健康成长，应尽快制定和出台统一的《农民组织法》。建议立法部门和行政主管部门从实现社会和谐的高度，认真研究我国农民自组织缺乏法制支持的现状，制定和出台相关的政策和法律，依法推动农民组织快

① 李锦顺：《重建农会：我国农村持续发展的新能量》，《农业现代化研究》2003 年第 6 期。

② 郭涛涛：《瑞安新农协调查》，《新世纪周刊》2007 年 3 月 25 日。

③ 魏道南、张晓山编：《中国农村新型合作组织探析》，经济管理出版社 1998 年版，第 108—112 页。

速健康发展。

要强化和规范组织的利益表达功能。当前我国农村存在的各类专业合作组织，从其功能上来讲，主要是从事同类农产品生产、经营的农民自愿组织起来，在技术、资金、购销、加工、储运等环节进行互助合作，通过自我服务、自我管理、自我发展，以提高市场竞争能力，增加成员收入为目的的一种产业组织形式。这些组织在团结农民、服务农民、传递信息、连接市场、助民增收方面发挥了较大的作用，但也必须认识到其不足之处。利益表达功能的缺失是这类组织不能有效保障和维护农民利益的重要因素。而从新时期出现的各种农民准政治组织来看，由于缺乏制度内的身份认同，它们大多行动隐秘、利益诉求狂热偏激，因利益表达失真、利益表达“失效”而最终导致利益表达不能。为此，在新的历史时期要提高农民的组织化程度，就是在充分保障农民利益的前提下，把分散的农民组织起来，把离散的农民利益诉求和主张聚合起来，通过与政府和其他社会组织的互动与对话、沟通和合作，从而达致整个社会利益和权益的动态平衡。从这个层面来看，农民组织化不断提高的过程，就是农民利益表达能力不断增强、利益表达行动日趋规范的过程。在完善而健全的法律和制度框架之下，在执政党和政府的大力支持和积极引导下，各类农民组织不但要敢于表达农民要求，同时也要善于表达农民意愿。这样的农民组织才符合现代社会的基本要求，才能真正代表农民利益，集中表达农民的意愿，才能有效保护和增进农民利益。

要保障组织独立自主运作。对于提高中国农民的组织化问题，一方面，需要政府的大力帮助、引导和支持；另一方面，政府又不能违背农民的意愿和农民组织的基本原则，越俎代庖、操之过急。在新的历史时期“让农民组织起来”，就必须认真总结我国历史上农业合作化运动的经验教训，关键是要充分尊重农民的意愿和利益要求，切实保障农民各类经济组织和政治组织的相对独立性，避免这些组织成为地方政府的附属。因此，农民组织应该具有独立的法律地位与法人资格。在组织结构上，应是一个从中央到基层的纵向阶梯结构，同时在各个层次上，又要包含各种次级组织或专门组织，形成一个纵横交错的网络结构。这种系统的结构能有效保障农民组织运作的独立自主性，从而避免受到其他社会组织的干预。在人事制度上，各类农民组织的领导人理所当然地应由农民来担任，同时要通过一定的制度安排，使广大农民享有充分的选举权和被选举权，以及对组织领导人的监督权，保证组织按照农民的意愿自主运作。当然，为确保组织正确的发展方向，它必须接受中国共产党的领导，但是这种领导主要体现在思想和政治上的领导，中国共产党要维护农民组织的自主权利，不能随意干预属于农民组织职权范围内的各项事务，否则，农民组织的独立自主性就无法得到保障。

主要参考文献

（一）著作类

1. 艾尔东·莫里斯、卡洛尔·麦吉拉·吉缪勒：《社会运动理论的前沿问题》，刘能译，北京大学出版社 2002 年版。
2. 艾尔·巴比：《社会研究方法》，李银河译，四川人民出版社 1987 年版。
3. 本书编写组：《党的十六届四中全会〈决定〉学习辅导百问》，学习出版社、党建读物出版社 2004 年版。
4. 本书编委会：《中国开发区综览》，中国建材工业出版社 1996 年版。
5. 布赖恩·特纳：《社会理论指南》，李康译，世纪出版集团、上海人民出版社 2003 年版。
6. 程同顺：《当代中国农村政治发展研究》，天津人民出版社 2000 年版。
7. 程同顺：《当代比较政治学理论》，南开大学出版社 2001 年版。
8. 程同顺等：《农民组织与政治发展：再论中国农民的组织化》，天津人民出版社 2006 年版。
9. 查尔斯·蒂利、西德尼·塔罗：《抗争政治》，李义中译，译林出版社 2010 年版。
10. 曹锦清：《黄河边的中国》，上海文艺出版社 2000 年版。
11. 陈桂棣、春桃：《中国农民调查》，人民文学出版社 2004 年版。
12. 陈映芳等：《征地与郊区农村的城市化——上海市的调查》，文汇出版社 2003 年版。
13. 陈庆云：《公共政策学》，北京大学出版社 2006 年版。
14. 陈新民：《德国公法学基础理论》（上册），山东人民出版社 2001 年版。
15. 陈锐雄：《民法总则新论》，三民书局 1982 年版。
16. 陈锡文：《中国城市化：农民、土地与城市发展》，中国经济出版社 2004 年版。
17. 陈明明：《权利、责任与国家》，上海人民出版社 2006 年版。
18. 《辞海》（上卷），上海辞书出版社 1999 年版。
19. 大卫·丹尼：《风险与社会》，马缨等译，北京出版社 2009 年版。
20. 杜赞奇：《文化、权力与国家：1900—1942 年的华北农村》，王福明译，江苏人民出版社 2003 年版。
21. 戴维·波普诺：《社会学》，李强等译，中国人民大学出版社 2000 年版。
22. 戴维·伊斯顿：《政治体系》，马清槐译，商务印书馆 1993 年版。
23. 戴维·伊斯顿：《政治生活的系统分析》，王浦劬等译，华夏出版社 1989 年版。
24. 戴维·格伦斯基编：《社会分层》，王俊等译，华夏出版社 2005 年第 2 版。
25. 戴星翼、何惠琴：《社区发育与社会生活》，上海大学出版社 2000 年版。
26. 董海军：《塘镇：乡镇社会的利益博弈与协调》，社会科学文献出版社 2008 年版。
27. 董晓宇：《行政组织学》，中共党史出版社 1999 年版。
28. 迪尔凯姆：《社会学方法的准则》，耿玉明译，商务印书馆 1995 年版。
29. 杜尔凯姆：《自杀论》，王力译，商务印书馆 1934 年版。
30. 《邓小平文选》第 3 卷，人民出版社 1993 年版。
31. 冯健：《中国新闻实用大词典》，新华出版社 1996 年版。
32. 方江山：《非制度政治参与——以转型期中国农民为对象分析》，人民出版社 2000 年版。
33. 费孝通：《乡土中国·生育制度》，北京大学出版社 1998 年版。
34. 费孝通：《江村经济》，商务印书馆 2004 年版。
35. 风笑天：《社会学研究方法》，中国人民大学出版社 2001 年版。

36. 福柯：《权力的眼睛——福柯访谈录》，严锋译，上海人民出版社 1997 年版。
37. 高佩义：《中外城市化比较研究》，南开大学出版社 1991 年版。
38. 郭元晞：《资本扩张》，西南财经大学出版社 1998 年版。
39. 郭庆光：《传播学教程》，中国人民大学出版社 1999 年版。
40. 道格·麦克亚当、西德尼·塔罗、查尔斯·蒂利：《斗争的动力》，李义中等译，译林出版社 2006 年版。
41. 格林斯坦、波尔斯比编：《政治学手册精选》（下卷），储复耘译，商务印书馆 1996 年版。
42. 哈贝马斯：《公共领域的结构转型》，曹卫东等译，学林出版社 1999 年版。
43. 哈罗德·D. 拉斯韦尔：《政治学：谁得到什么？何时和如何得到?》，杨昌裕译，商务印书馆 2003 年版。
44. 何明修：《社会运动概论》，三民书局 2005 年版。
45. 何·皮特：《谁是中国土地的拥有者》，林韵然译，社会科学文献出版社 2008 年版。
46. 贺雪峰：《新乡土中国》，广西师范大学出版社 2003 年版。
47. 亨廷顿：《变化社会中的政治秩序》，王冠华等译，生活·读书·新知三联书店 1988 年版。
48. 胡鞍钢等主编：《第二次转型：国家制度建设》，清华大学出版社 2003 年版。
49. 黄宗智：《长江三角洲小农家庭与乡村发展》，中华书局 2000 年版。
50. 黄光国、胡先缙等：《面子：中国人的权力游戏》，中国人民大学出版社 2004 年版。
51. 黄仁宇：《赫逊河畔谈中国历史》，生活·读书·新知三联书店 1997 年版。
52. 黄宗智：《长江三角洲小农家庭与乡村发展》，中华书局 1992 年版。
53. J. 米格代尔：《农民、政治与革命——第三世界政治与社会变革的压力》，李玉琪、袁宁译，中央编译出版社 1996 年版。
54. 加布里埃尔·A. 阿尔蒙德、小 G. 宾厄姆·鲍威尔：《比较政治学：体系、过程和政策》，曹沛霖等译，上海译文出版社 1987 年版。

55. 江泽民：《论“三个代表”》，中央文献出版社 2001 年版。
56. 江红义：《国家自主性理论的逻辑：关于马克思、波朗查斯与密里本德的比较分析》，知识产权出版社 2011 年版。
57. 景天魁等：《社会公正理论与政策》，社会科学文献出版社 2004 年版。
58. L. 科塞：《社会冲突的功能》，孙立平译，华夏出版社 1989 年版。
59. 李昌平：《我向总理说实话》，光明日报出版社 2001 年版。
60. 李琼：《政府管理与边界冲突：社会冲突中的群体、组织和制度分析》，新华出版社 2007 年版。
61. 李楯编：《法律社会学》，中国政法大学出版社 1999 年版。
62. 梁建增：《焦点访谈红皮书》，文化艺术出版社 2002 年版。
63. 梁治平：《寻求自然秩序的和谐》，中国政法大学出版社 1997 年版。
64. 梁慧星主编：《民商法论丛》第 2 卷，法律出版社 1994 年版。
65. 廖小军：《中国失地农民研究》，社会科学文献出版社 2005 年版。
66. 林伯海：《人民代表大会监督制度的分析与构建》，中国社会科学出版社 2004 年版。
67. 林大津：《跨文化交际研究》，福建人民出版社 1996 年版。
68. 《列宁全集》第 5 卷，人民出版社 1959 年版。
69. 刘爱玉：《选择：国企变革与工人生存行动》，社会科学文献出版社 2005 年版。
70. 刘军宁等编：《自由与社群》，生活 · 读书 · 新知三联书店 1998 年版。
71. 刘华蓉：《大众传媒与政治》，北京大学出版社 2001 年版。
72. 陆学艺：《当代中国社会阶层研究报告》，社会科学文献出版社 2002 年版。
73. 卢梭：《社会契约论》，何兆武译，商务印书馆 1980 年版。
74. 罗杰 · 西尔弗斯通：《电视与日常生活》，陶庆梅译，江苏人民出版社 2004 年版。
75. 罗沛霖、杨善华：《当代中国农村的社会生活》，中国社会科学出版社 2005 年版。
76. 《马克思恩格斯选集》第 1 卷，人民出版社 1995 年版。

77. 《马克思恩格斯选集》第 2 卷，人民出版社 1972 年版。
78. 《马克思恩格斯选集》第 3 卷，人民出版社 1995 年版。
79. 《马克思恩格斯选集》第 4 卷，人民出版社 1995 年版。
80. 《马克思恩格斯全集》第 1 卷，人民出版社 1962 年版。
81. 《马克思恩格斯全集》第 8 卷，人民出版社 1961 年版。
82. 马克斯·韦伯：《儒教与道教》，洪天富译，江苏人民出版社 1993 年版。
83. 毛寿龙：《政治社会学》，中国社会科学出版社 2001 年版。
84. 孟德斯鸠：《论法的精神》（上册），张雁深译，商务印书馆 1982 年版。
85. 尼克拉斯·卢曼：《信任：一个社会复杂性的简化机制》，瞿铁鹏等译，上海人民出版社 2005 年版。
86. 皮埃尔·布迪厄、华康德：《实践与反思——反思社会学导论》，中央编译出版社 1998 年版。
87. 棚濑孝雄：《纠纷的解决与审判制度》，王亚新译，中国政法大学出版社 1994 年版。
88. 秦晖：《农民中国：历史反思与现实选择》，河南人民出版社 2003 年版。
89. 清华大学社会系主编：《清华社会学评论特辑》第 1 辑，鹭江出版社 2002 年版。
90. 渠敬东：《缺席与断裂：有关社会失范的社会学研究》，上海人民出版社 1999 年版。
91. 乔·萨托利：《民主新论》，冯克利、阎克文译，东方出版社 1998 年版。
92. 让·马克·夸克：《合法性与政治》，佟心平、王远飞译，中央编译出版社 2002 年版。
93. 任之：《当代中国民告官》，时代文艺出版社 1999 年版。
94. 荣敬本、何增科等：《从压力型体制到民主合作体制的转变——县乡两级政治体制改革》，中央编译出版社 1998 年版。
95. 孙立平：《博弈：断裂社会的利益冲突与和谐》，社会科学文献出版社 2006 年版。

96. 孙立平：《失衡：断裂社会的运作逻辑》，社会科学文献出版社 2004 年版。
97. 孙立平：《断裂：20 世纪 90 年代以来的中国社会》，社会科学文献出版社 2003 年版。
98. 苏振芳：《社会保障概论》，中国审计出版社 2001 年版。
99. 沈彭主编：《21 世纪地政研究与探索》，中国大地出版社 2003 年版。
100. 陶东明、陈明明：《当代中国政治参与》，浙江人民出版社 1998 年版。
101. 同春芬：《转型期中国农民的不平等待遇透析》，社会科学文献出版社 2006 年版。
102. 王太高：《行政补偿制度研究》，北京大学出版社 2004 年版。
103. 王亚南：《中国官僚制度研究》，中国社会科学出版社 1981 年版。
104. 王小波：《沉默的大多数：王小波杂文随笔全编》，中国青年出版社 1997 年版。
105. 王振海：《公共政治论》，山东人民出版社 2005 年版。
106. 王伟光：《利益论》，人民出版社 2001 年版。
107. 王道勇：《国家与农民关系的现代性变迁》，中国人民大学出版社 2008 年版。
108. 万向东：《都市边缘的村庄》，中国社会科学出版社 2005 年版。
109. 魏道南、张晓山编：《中国农村新型合作组织探析》，经济管理出版社 1998 年版。
110. 温珍奎：《文化的民间传承机制与传统诉讼理念的形成》，华文出版社 1999 年版。
111. 吴国光主编：《九七效应》，太平洋世纪研究所 1997 年版。
112. 徐耀魁：《西方新闻理论评析》，新华出版社 1998 年版。
113. 谢鹏程：《公民的基本权利》，中国社会科学出版社 1999 年版。
114. 《徐勇自选集》，华中理工大学出版社 1999 年版。
115. 西摩·马丁·李普赛特：《政治人：政治的社会基础》，张绍宗译，上海人民出版社 1997 年版。
116. 徐昕：《论私力救济》，中国政法大学出版社 2005 年版。

117. 夏征农主编:《辞海》(上卷),上海辞书出版社 1999 年版。
118. 于建嵘:《抗争性政治:中国政治社会学基本问题》,人民出版社 2010 年版。
119. 于建嵘:《岳村政治》,商务印书馆 2001 年版。
120. 应星:《大河移民上访的故事》,生活·读书·新知三联书店 2001 年版。
121. 应星:《“气”与抗争政治:当代中国乡村社会稳定问题研究》,社会科学文献出版社 2011 年版。
122. 杨善华主编:《当代西方社会学理论》,北京大学出版社 1999 年版。
123. 《林肯选集》,朱曾汶译,商务印书馆 1983 年版。
124. 袁银传:《小农意识与中国现代化》,武汉出版社 2000 年版。
125. 伊藤滋:《城市与犯罪》,夏金池、郑光林译,群众出版社 1988 年版。
126. 袁方、王汉生:《社会研究方法教程》,北京大学出版社 1997 年版。
127. 翟学伟:《中国社会中的日常权威》,社会科学文献出版社 2004 年版。
128. 张汝立:《农转工——失地农民的劳动与生活》,社会科学文献出版社 2006 年版。
129. 张柠:《土地的黄昏:中国乡村经验的微观权利分析》,东方出版社 2005 年版。
130. 张静:《基层政权——乡村制度诸问题》,浙江人民出版社 2000 年版。
131. 张庆华:《中国土地法操作实务》,法律出版社 2003 年版。
132. 张炜:《公民的权利表达及其机制建构》,人民出版社 2009 年版。
133. 詹姆斯·S. 科尔曼:《社会理论的基础》,邓方译,社会科学文献出版社 1990 年版。
134. 詹姆斯·E. 安德森:《公共决策》,唐亮译,华夏出版社 1990 年版。
135. 詹姆斯·斯科特:《农民的道义经济学:东南亚的反抗与生存》,

程立显、刘建等译，译林出版社 2001 年版。

136. 赵树凯：《农民的政治》，商务印书馆 2011 年版。

137. 赵昌文：《农业宏观调控论》，西南财经大学出版社 1996 年版。

138. 郑杭生：《中国特色社会学理论的探索：社会运行论、社会转型论、学科本土论、社会互构论》，中国人民大学出版社 2005 年版。

139. 郑杭生主编：《社会学概论新修》，中国人民大学出版社 2003 年第 3 版。

140. 郑杭生：《当代中国农村社会转型的实证研究》，中国人民大学出版社 1996 年版。

141. 郑杭生：《中国特色社会学理论的应用》（卷二），中国人民大学出版社 2005 年版。

142. 郑欣：《乡村政治的博弈生存》，中国社会科学出版社 2005 年版。

143. 中央办公厅信访局、国务院办公厅信访局编：《信访学概论》，华夏出版社 1991 年版。

144. 朱光磊：《当代中国政府过程》，天津人民出版社 1997 年版。

145. 朱苏力：《法治及其本土资源》，中国政法大学出版社 1996 年版。

146. 周晓虹主编：《现代化进程中的中国农民》，南京大学出版社 1998 年版。

147. Deborah Stone, *Policy Paradox: The Art of Political Decision Making*, W. W. Norton Company, Inc., 2001.

148. Durkheim E., *Suicide*, New York: Free Press, 1957.

149. Merton R., *Social Theory and Social Structure*, New York: Free Press, 1951.

150. Emile Durkheim, *The Division of Labor in Society*, trans. By W. D. Halls, Free Press, 1991.

151. Henri Ledfebvre, *The Production of Space*, translated by Donald Nicholson-Smith. Oxford: Blackwell, 1991.

152. James C. Scott, *Weapons of the Weak: Everyday Forms of Peasant Resistance*, Yale University Press, 1985.

153. Kevin O. Brien, Lianjiang Li, *Selective Policy Implementation in Rural China*, Comparative Politics, 1999.

154. Mark Irving Lichbach and Alan S. Zuckerman, *Comparative Politics: Rationality, Culture, and Structure*, Cambridge: Cambridge University Press, 1997.
155. McCarthy D. John and Mayer N. Zald, *Social Movements in a Organizational Society*, New Brunswick, N. J. Transaction, 1987.
156. McCarthy D. John and Mayer N. Zald, *The Trend of Social Movement in Amercia: Professionalization and Resources Mobilization*, Morristown. N. J.: General Learning Press, 1973.
157. Samuel Popkin, *The Rational Peasant: The Political Economy of Rural Society in Vietnam*, California University Press, 1979.

（二）论文类

1. 白呈明：《农民失地问题的法学思考》，《人文杂志》2003 年第 1 期。
2. 陈映芳：《贫困群体利益表达渠道调查》，《战略与管理》2003 年第 6 期。
3. 陈剩勇、林龙：《权利失衡与利益协调》，《青年研究》2005 年第 2 期。
4. 陈超群：《失地农民知情权的法律保护》，《沧桑》2005 年第 6 期。
5. 陈益元：《后公社时期的国家权力与农村社会：研究回顾与展望》，《中国农史》2006 年第 2 期。
6. 陈先发等：《农民张其均痛说“告状难”》，《乡镇论坛》2005 年第 6 期。
7. 陈新锋：《从生存成本看对失地农民的补偿标准》，《中国土地》2005 年第 5 期。
8. 陈俊：《失地农民问题与制度变迁》，《市场与人口分析》2006 年第 2 期。
9. 陈映芳：《征地农民的市民化——上海市的调查》，《华东师范大学学报（哲学社会科学版）》2003 年第 3 期。
10. 陈晨等：《关注城市化进程中的弱势群体——对被征地农民经济补偿、社会保障与就业情况的考察》，《经济体制改革》2004 年第 1 期。

11. 陈尔彪：《被征地农民安置问题探讨——基于广东省的调查》，《中国行政管理》2012 年第 6 期。
12. 迟福林：《赋予农民长期而有保障的土地使用权》，《人民日报》1999 年 1 月 5 日。
13. 丛旭文、黄晶梅：《城市化失地农民的社会保障问题研究》，《求索》2012 年第 3 期。
14. 崔凤、张海东：《社会分化过程中的弱势群体及其政策选择》，《吉林大学社会科学学报》2003 年第 3 期。
15. 党国英：《我们为什么要为农民说话?》，《南方周末》2000 年 12 月 7 日。
16. 邓大才：《谁能为农民代言》，《中国党政干部论坛》2004 年第 9 期。
17. 杜业明：《现行农村土地发展权制度的不均衡性功能及其变迁》，《西北农林科技大学学报（社会科学版）》2004 年第 1 期。
18. 戴者春：《当前我国农民“轻讼”意识的成因探析》，《理论与现代化》2002 年第 1 期。
19. 风笑天：《近十年我国社会学实地研究述评》，《社会学研究》1998 年第 2 期。
20. 冯晓平、江立华：《农民与政府互动下的征地制度变迁》，《科学社会主义》2011 年第 6 期。
21. 付顺东、张襄誉：《农民话语权：应对加入世贸的冲击》，《社会》2002 年第 7 期。
22. 郭涛涛：《瑞安新农协调查》，《新世纪周刊》2007 年 3 月 25 日。
23. 高红：《中国农村的社会主义合作》，《当代世界与社会主义》2003 年第 1 期。
24. 关涛：《我国农村集体土地所有权制度的完善——以“三农”问题为背景的分析》，《烟台大学学报（哲学社会科学版）》2004 年第 3 期。
25. 国务院发展研究中心农村部、农民日报编辑部联合课题组（赵树凯执笔）：《矛盾、引导和历史的契机——关于 196 封农民来信的初步分析》，《农民日报》1998 年 12 月 8 日。

26. 郭正林：《当代中国农民的集体维权行动》，《香港社会科学学报》第19期2001年春/夏季号。
27. 郭于华：《“道义经济”还是“理性小农”：重读农民学经典论题》，《读书》2002年第5期。
28. 郭于华：《“弱者的武器”与“隐藏的文本”——研究农民反抗的底层视角》，《读书》2002年第7期。
29. 葛如江、潘海平、王新亚：《谁制造了2000万失地农民——城市化浪潮中的新弱势群体调查》，《中国改革（农村版）》2004年第1期。
30. 国土资源部耕地司、利用司、规划院联合调研组：《征地安置专题调研报告》，2002年。
31. 国务院发展研究中心课题组：《中国失地农民权益保护及若干政策建议》，《改革》2009年第5期。
32. 国土资源部2002年征地制度改革重点调研课题组：《征地制度改革研究课题组总报告》，2002年。
33. 高勇：《4000万失地农民的不满》，《人民日报（理论版）》2004年2月3日。
34. 胡筱秀：《行政发展与国家治理结构现代化》，《江苏社会科学》2005年第3期。
35. 洪大用：《当代中国农民利益集团的几个问题》，《社会学与社会调查》1992年第6期。
36. 黄天元：《浅析我国征地制度中“公共利益”界定与征地范围划分》，《经济地理》2006年第5期。
37. 韩俊：《将土地农民集体所有界定为按份共有制》，《中国经济时报》2003年11月29日。
38. 韩俊：《中国农村土地制度建设三题》，《管理世界》1999年第3期。
39. 胡奎、姜抒：《2003年中国遭遇信访洪峰，新领导人面临非常考验》，《瞭望东方周刊》2003年第4期。
40. 胡荣：《村民委员会的自治及其与乡政府的关系》，《二十一世纪》（香港）1998年12期。

41. 何清涟、张祥平：《“圈地运动”与中国社会心理的变迁》，《战略与管理》2000 年第 4 期。
42. 胡必亮：《关于城市化与小城镇的几个问题》，《唯实》2000 年第 1 期。
43. 黄德林、唐承敏：《公民的“知情权”及其实现》，《法学评论（双月刊）》2001 年第 5 期。
44. 姜长云：《农村土地与农民的社会保障》，《经济社会体制比较》2002 年第 1 期。
45. 姜明安：《界定“公共利益”、完善法律规范》，《法制日报》2004 年 7 月 1 日。
46. 姜作培：《农民市民化必须突破五大障碍》，《中共杭州市委党校学报》2002 年第 6 期。
47. 纪晓岚、朱逸：《我国发达地区失地农民社会保障模式比较与对策研究》，《毛泽东邓小平理论研究》2011 年第 2 期。
48. 冀县卿、钱忠好：《基于市民化后失地农民视角的征地制度满意度研究：来自江苏省的调查数据》，《中国土地科学》2011 年第 11 期。
49. 江立华、符平：《断裂与弥补——农民工权益保障中的法与政府角色》，《社会科学研究》2005 年第 6 期。
50. 康晓光：《经济增长、社会公正、民主法治与合法性基础——1978 年以来的变化与今后的选择》，《战略与管理》1999 年第 4 期。
51. 康岚：《失地农民被征用土地的意愿及其影响因素》，《中国农村经济》2009 年第 8 期。
52. 孔喜梅、杨启智：《质疑农村土地的社会保障功能》，《中国土地》2004 年 Z1 期。
53. 李锦顺：《重建农会：我国农村持续发展的新能量》，《农业现代化研究》2003 年第 6 期。
54. 李廷豪等：《越级、重复上访原因及对策浅析》，《决策探索》2005 年第 6 期。
55. 李景鹏：《中国现阶段社会团体状况分析》，《唯实》1999 年第 8—9 期合刊。

56. 李俊：《我国信访制度的成本收益分析》，《南京社会科学》2005 年第 5 期。
57. 李春敏：《列斐伏尔的空间生产理论探析》，《人文杂志》2011 年第 1 期。
58. 李一平：《城郊农民集体维权行动的缘起、方式与机理分析》，《中共中央党校学报》2005 年第 3 期。
59. 李炳坤：《论加快我国小城镇发展的基本思路》，《管理世界》2000 年第 3 期。
60. 李君文：《非语言交际的跨文化差异——“沉默”的文化涵义对比》，《漳州职业大学学报》2003 年第 1 期。
61. 李强：《后全能体制下现代国家构建》，《战略与管理》2001 年第 6 期。
62. 李国际：《我国征地补偿与安置法律问题探析》，《湖北社会科学》2009 年第 11 期。
63. 刘丽英：《GDP 诱惑与失地农民》，《中国新闻周刊》2003 年第 12 期。
64. 梁小明：《不要让自杀成为弱者的武器》，《中关村》2003 年第 12 期。
65. 刘作翔：《现代化进程中的中国社会秩序结构及其模式选择》，《法制现代化研究》1998 年第 4 期。
66. 刘燕萍：《征地制度创新与合理补偿标准的确定》，《中国土地》2002 年第 2 期。
67. 刘云升、韩树军：《为当代中国农民的诉讼观辩解》，《河北法学》2005 年第 12 期。
68. 刘书鹤：《农民“有土地就有保障”吗?》，《中国社会保障》2003 年第 2 期。
69. 刘春风：《强化土地保障功能与建立农村社会养老保障》，《合作经济与科技》2005 年第 19 期。
70. 刘海云、刘吉云：《失地农民安置模式选择研究》，《商业研究》2009 年第 10 期。
71. 刘学峰：《关于公共政策的本质思考》，《首都师范大学学报》1999

年第 4 期。
72. 陆益龙：《西方学者眼中的中国农民及乡村社会》，《浙江学刊》2002 年第 4 期。
73. 梁永郭：《论中国农村土地养老保障制度》，《经济论坛》2005 年第 10 期。
74. 骆群：《“弱势群体”再界定》，《南京社会科学》2007 年第 3 期。
75. 罗伊・普罗斯特曼：《特供信息》，中国市场经济研究会，2003 年。
76. 罗以澄、詹绪武：《新闻传媒发展与和谐社会构建》，《当代传播》2006 年第 1 期。
77. 吕林、周欣：《浅论我国选举制度的现状与完善》，《法制与社会（理论版）》2006 年第 2 期。
78. 莫于川：《判断“公共利益”的六条标准》，《法制日报》2004 年 5 月 27 日。
79. 马银录：《向农民道歉》，《新华文摘》2003 年第 4 期。
80. 马戍：《小城镇的发展与中国的现代化》，《中国社会科学》1990 年第 4 期。
81. 聂静虹：《论大众传媒在利益表达中的功用》，《求实》2003 年第 11 期。
82. 潘盛洲：《十六届三中全会决定展现中央深化农村改革 4 重点》，《瞭望周刊》2003 年 11 月 20 日。
83. 彭伟步：《中国媒体远离弱势群体》，中国新闻研究中心网（ht-tp：//www. cddc. net. 200 – 07 – 08）。
84. 钱忠好：《规范政府土地征用行为，切实保障农民土地权益》，《中国农村经济》2004 年第 12 期。
85. 齐明山：《转变观念　界定关系——关于中国政府机构改革的几点思考》，《新视野》1999 年第 1 期。
86. 宋振远等：《“公共利益”岂能成为随意敛钱的障眼法?》，《半月谈（内部版）》2003 年第 10 期。
87. 孙立平：《权利失衡、两极社会与合作主义宪政体制》，《战略与管理》2004 年第 1 期。
88. 孙立平：《改革以来中国社会结构的变迁》，《中国社会科学》1994

年第2期。
89. 孙立平等:《中国社会结构转型的中近期趋势与隐患》,《战略与管理》1998年第5期。
90. 孙立平:《让民众权利表达合法化》,《中国社会导刊》2004年第4期。
91. 孙立平:《迈向实践社会学》,《学海》2002年第3期。
92. 孙立平:《实践社会学与市场转型过程分析》,《中国社会科学》2002年第5期。
93. 孙立平:《和谐社会:用制度规范利益表达》,《学习月刊》2005年第8期。
94. 孙立平:《构建以权利为基础的制度安排》,《南方日报》2003年12月31日。
95. 史清华、晋洪涛、卓建伟:《征地一定降低农民收入吗:上海7村调查——兼论现行征地制度的缺陷与改革》,《管理世界》2011年第3期。
96. 童中贤:《地方政府征地补偿机制理性分析》,《公共管理学报》2005年第4期。
97. 童庐、吴从环:《组织重构:乡村现代化的社会基础》,《天津社会科学》1998年第4期。
98. 佟达:《为什么乡村开始仇恨城市?》,《新周刊》2005年1月11日。
99. 唐海华:《"压力型体制"与中国的政治发展》,《宁波党校学报》2006年第1期。
100. 田文利:《信访制度改革的理论分析和模式选择》,《社会科学前沿》2005年第2期。
101. 王雪莲:《从维护稳定看信访制度创新》,《中国人民公安大学学报(社会科学版)》2004年第4期。
102. 王继宣:《从参政党角度看我国政党制度面临的现实挑战及其对策》,《马克思主义与现实》2004年第4期。
103. 王晓敏:《从"贿选"事件频发看如何完善人民代表大会制度》,《理论与探讨》2002年第5期。

104. 王海涛：《中国农民法律意识现状探讨》，《政法论坛》2000 年第 5 期。
105. 王海安：《上万农民为何上法庭?》，《政府法制》1998 年第 11 期。
106. 王汉生、王迪：《农村民间纠纷调解中的公平建构与公平逻辑》，《社会》2012 年第 2 期。
107. 王慧博：《城市化进程中失地农民市民化调查状况比较分析》，《宁夏社会科学》2010 年第 7 期。
108. 王慧博：《失地农民市民化社会融入研究》，《江西社会科学》2011 年第 6 期。
109. 王宁：《代表性还是典型性——个案的属性与个案研究方法的逻辑基础》，《社会学研究》2002 年第 5 期。
110. 王思斌：《社会转型中的弱势群体》，《中国党政干部论坛》2002 年第 3 期。
111. 王勇、王淑卿：《失地农民就业困境与出路》，《广东农业科学》2011 年第 18 期。
112. 王勇：《论大众传媒在弱势群体利益表达中的作用》，《理论导刊》2008 年第 4 期。
113. 王勇：《社会冲突论视域中的弱势群体利益表达》，《探索》2011 年第 4 期。
114. 王鹏翔：《中国土地政策改革的选择与取向——中国土地政策改革国际研讨会会议综述》，《中国农村观察》2006 年第 6 期。
115. 汪晖、陶然：《论征地制度的系统性改革与突破》，《东南学术》2009 年第 6 期。
116. 吴宜恭：《现代产权制度的要求和特点》，《厦门日报》2003 年 11 月 17 日。
117. 吴毅：《村治中的政治人——一个村庄村民公共参与和公共意识分析》，《战略与管理》1998 年第 1 期。
118. 吴玲、周冲：《中部农业大省土地流转以及失地风险研究》，《当代世界与社会主义》2010 年第 6 期。
119. 吴长青：《从“策略”到“伦理”：对“依法抗争”的批评性讨论》，《社会》2010 年第 2 期。

120. 吴东作：《“土地财政”的政治经济学分析——基于马克思地租“国债（国税）”理论视角》，《经济问题》2010 年第 8 期。
121. 文军：《“被市民化”及其问题——对城郊农民市民化的再反思》，《华东师范大学学报（哲学社会科学版）》2012 年第 4 期。
122. 文军：《农民市民化：从农民到市民的角色转型》，《华东师范大学学报（哲学社会科学版）》2004 年第 5 期。
123. 翁定军：《冲突的策略：以 S 市三峡移民的生活适应为例》，《社会》2005 年第 2 期。
124. 徐琴：《可行能力短缺与失地农民的困境》，《江苏社会科学》2006 年第 4 期。
125. 夏华：《收入分配失衡与“低价工业化”增长机制的牵扯》，《改革》2011 年第 3 期。
126. 许欣欣：《从职业评价和择业取向看中国社会结构变迁》，《社会科学研究》2000 年第 4 期。
127. 肖唐镖：《近二十年来中国大陆农村政治稳定状况的变化》，《二十一世纪》（香港）2003 年第 2 期。
128. 杨正喜、唐鸣：《论当代中国农民利益表达机制的构建》，《中州学刊》2006 年第 3 期。
129. 杨明品、贺筱玲：《新闻舆论监督社会功能论》，《海南大学学报（人文社会科学版）》2001 年第 2 期。
130. 杨敦显：《媒介传播和民工的利益表达》，《当代传播》2005 年第 6 期。
131. 杨善华、苏红：《从“代理型政权经营者”到“谋利型政权经营者”：向市场经济转型背景下的乡镇政权》，《社会学研究》2002 年第 1 期。
132. 杨涛：《社会公正视角下的失地农民》，《农业经济》2006 年第 10 期。
133. 杨盛海、曹金波：《失地农民市民化的瓶颈及对策思路》，《广西社会主义学院学报》2005 年第 2 期。
134. 姚蕾：《城市化进程中失地农民的利益损失及对策》，《兰州学刊》2005 年第 2 期。

135. 严明清、李广平：《关于建立和完善有效化解社会冲突的地方信访工作制度》，《江汉论坛》2005 年第 12 期。
136. 于学花、栾谨崇：《国外征地制度的特点与中国征地制度的创新》，《理论探讨》2007 年第 4 期。
137. 于立深：《行政立法过程的利益表达、意见沟通和整合》，《当代法学》2004 年第 3 期。
138. 于向阳：《平安山东与法治信访建设》，《政法论丛》2004 年第 6 期。
139. 于建嵘：《土地问题已成为农民维权抗争的焦点》，《调研世界》2005 年第 3 期。
140. 于建嵘：《信访制度与宪政建设——围绕〈信访条例〉修改的争论》，《二十一世纪》2005 年第 6 期。
141. 于建嵘：《农村黑恶势力与基层政权退化》，《战略与管理》2003 年第 5 期。
142. 于建嵘：《农民有组织抗争及其政治风险》，《战略与管理》2003 年第 3 期。
143. 于建嵘：《中国信访制度批判》，《中国改革（综合版）》2005 年第 2 期。
144. 于建嵘：《当前农民维权活动的一个解释框架》，《社会学研究》2004 年第 2 期。
145. 应星：《作为特殊行政救济的信访救济》，《法学研究》2004 年第 3 期。
146. 殷勤：《农民组织化与农村政治稳定》，《美中公共管理》2005 年第 4 期。
147. 袁曙宏：《“公共利益”如何界定?》，《人民日报》2004 年 8 月 11 日。
148. 张冉燃：《利益博弈》，《瞭望新闻周刊》2004 年第 19 期。
149. 张孝直：《中国农村地权的困惑》，《战略与管理》2000 年第 2 期。
150. 张瑞、郑金香：《城市化过程中失地农民的就业问题探析》，《生产力研究》2009 年第 9 期。
151. 张文宏、阮丹青：《城乡居民的社会支持网》，《社会科学研究》

1999 年第 3 期。
152. 张琪：《农村城市化过程中促进转居农民就业的对策研究》，《人口与经济》2003 年第 1 期。
153. 张静：《规则的不确定：一个法律社会学的解释框架》，《中国社会科学》2003 年第 1 期。
154. 张成福：《公共行政的管理主义：反思与批判》，《中国人民大学学报》2001 年第 1 期。
155. 张学英：《可持续生计视域下的被征地农民就业问题研究》，《贵州社会科学》2010 年第 4 期。
156. 张寿正：《关于城市化过程中农民失地问题的思考》，《中国农村经济》2004 年第 2 期。
157. 张磊：《业主维权运动：产生原因及动员机制》，《社会学研究》2005 年第 6 期。
158. 张鸣：《关注农民中的失语现象》，《决策与信息》2006 年第 8 期。
159. 张万金：《八年的诉求：一位农民的失望与希望》，《江淮法制》2005 年第 4 期。
160. 张照栋、刘舵：《中国集体土地所有权权能探析》，《贵州警官职业学院学报》2002 年第 4 期。
161. 张宇燕：《利益集团与制度非中性》，《改革》1994 年第 2 期。
162. 张福平：《公共空间：大众传媒的必然选择》，《郑州大学学报（哲学社会科学版）》2003 年第 6 期。
163. 邹富良：《土地资源商品化与土地资源资本化——对失地农民社会保障效果的比较》，《调研世界》2009 年第 5 期。
164. 周诚：《农地征用中的公正补偿》，《中国土地》2004 年第 1—2 期。
165. 朱明芬：《浙江失地农民利益保障现状调研及对策》，《中国农村经济》2003 年第 3 期。
166. 郑杭生：《农民市民化：当代中国社会学的重要研究主题》，《甘肃社会科学》2005 年第 4 期。
167. 郑杭生、吴力子：《“农民”理论与政策体系急需重构》，《中国人民大学学报》2004 年第 5 期。

168. 周军、刘晓霞:《失地农民市民化身份转换的障碍分析及其对策》,《理论探讨》2010 年第 2 期。
169. 周飞舟:《生财有道:土地开发和转让中的政府和农民》,《社会学研究》2007 年第 1 期。
170. 周作翰、张英洪:《当代中国农民的信访权》,《当代世界与社会主义》2006 年第 1 期。
171. 周作翰、张英洪:《论当代中国农民的政治权利》,《湖南师范大学社会科学学报》2005 年第 1 期。
172. 周其仁:《农地征用垄断不经济》,《中国改革》2001 年第 12 期。
173. 赵晓力:《信访的制度逻辑》,《二十一世纪》2005 年 6 月号。
174. 赵孟筱、陈建华:《论中国农村息讼问题》,《甘肃农业》2005 年第 9 期。
175. 赵树凯:《社区冲突和新型权力关系》,《中国农村观察》1999 年第 2 期。
176. 赵树凯:《虚弱的乡镇权力》,《经济时报》2004 年 11 月 29 日。
177. 郑震:《空间:一个社会学的概念》,《社会学研究》2010 年第 5 期。
178. 邹树彬、唐娟、黄卫平:《2003 年人大代表竞选的群体效应:北京与深圳比较》,《马克思主义与现实》2004 年第 2 期。
179. 曾鹏、戴利朝、罗观翠:《在集体抗议的背后——论中国转型期冲突性集体行动的社会情境》,《中国研究》2006 年第 2 期。
180. 赵凌:《社科院报告直面信访严峻形势》,《南方周末》2007 年 4 月 5 日。
181. 赵凌:《新条例能否带来新一轮信访洪峰》,《南方周末》2005 年 1 月 20 日。
182. 赵玲:《我国农村社会现实矛盾产生的原因及对策探究》,《马克思主义与现实》2005 年第 4 期。
183. 赵旭东:《国土资源听证立法简况》,《中国土地》2004 年第 4 期。
184. 中国社会科学院课题组:《努力构建社会主义和谐社会》,《中国社会科学》2005 年第 3 期。
185. 朱胜龙:《报刊:“嫌贫爱富”为哪般》,《新闻出版交流》2003 年第 2 期。

186. Parsons T. , "Durkheim", In *International Encyclopedia of the Social Sciences*, Vol. 4, N. Y: Macmillan and Press, 1968.

187. Michel Foucault, "Questions on geography", In: C. Gordon (ed) . *Power/Knowledge: Selected Interview and Other Writings 1972 - 1977*, New York: Pantheon Books, 1980.

后　记

本书是在我的博士论文基础上修改完成的。促进失地农民有序表达利益既是一个重大的理论问题，也是一个关涉整个社会和谐稳定的现实问题。针对这一问题，学术界业已展开了诸多探讨，本书亦是一种尝试，期望通过对特定场域中失地农民利益表达行动的分析和探讨，以此来揭示城市化进程中失地农民利益表达效能不高的深层根源，并就失地农民利益有序表达机制构建提出自己的看法和思考。今不揣粗浅鄙陋将其出版，意在求教于方明，以勉今后。

在本书付梓之际，首先要深深感谢我的博士生导师郑杭生先生和江立华先生。郑先生宽厚仁慈的长者风范，海纳百川的博大胸怀，高山仰止的理论素养，顶天立地的家国情怀，一直深深地感染和鼓舞着我；江先生淡泊平和的处世态度，锐意求新的治学精神，深邃敏锐的学术思维给了我无尽助益。在求学道路上，能遇到先生使我倍感荣幸和珍惜，我将从他们的教导中受益终生。

感谢华中科技大学雷洪教授，中央财经大学杨敏教授，华中农业大学钟涨宝教授和华中师范大学向德平教授、夏玉珍教授对本书初稿提出的诸多宝贵意见。感谢给予我指导和帮助的西南交通大学张建强教授、杨筱刚教授，云南大学王彦斌教授，贵州财经大学徐大佑教授，贵州省社科院史昭乐研究员，重庆工商大学文传浩教授。感谢重庆师范大学柯佳敏教授、邓卓明教授、陈志军教授、王桂林教授、孔毅教授和陈洪教授对我工作和学术研究的关心和点悟。感谢我的同门、同窗和多年相交好友，愿友谊长存。

同时，要感谢安北县党政领导和有关部门提供的数据和资料，感谢安北开发区失地农民对我们的理解和支持，没有他们的真诚配合，这本著作的出版是绝对不可能的。

此外，要感谢国家哲学社会科学基金规划办公室为本著作提供的研究条件，感谢中国社会科学出版社和责任编辑王茵博士为本书的出版，给予的大力支持和投入的辛勤劳动。

最后，要感谢我的家人。感谢我的妻子刘春女士，她对家庭和孩子的悉心照料，让我能心无旁骛地读书和写作；感谢我的儿子王之睿，他的点滴成长让我看到美好希望；感谢我的岳母，她帮我们承担了大部分家务，让我得以静心阅读思考。

王勇

2014 年 7 月 15 日于重庆